Wala Bok

L'auteure

Fatou Kandé Senghor est basée à Thiès à 70 kilomètres de la capitale sénégalaise Dakar, où elle est née. Elle est une artiste-visuelle aux multiples facettes qui utilise plusieurs médias pour ce qu'elle nomme « déclencher la confrontation paisible ». Elle utilise la photographie, la vidéo, le cinéma, l'écriture, la gravure traditionnelle et la céramique. Elle a fondé Waru Studio, une plateforme de dialogue, un laboratoire de créativité et de pensée constructive pour y recevoir des artistes de sa génération de tous les coins du monde sur la route du voyage. Elle développe une technique originale d'initiation au cinéma et à la vidéo, en wolof et en pratique, pour vulgariser ce médium dans des quartiers défavorisés. En collaborant avec des centres d'éducation alternative, elle encadre des jeunes à trouver leur place et à comprendre l'environnement dans lequel ils vivent.

Elle a étudié le cinéma, les civilisations et les langues à l'Université Charles de Gaulle de Lille, France. En marge de sa production artistique, Kandé Senghor a travaillé avec le réalisateur Wim Wenders sur *The Invisible* (2007), un documentaire sur des femmes violées par les guerriers Mayi Mayi au cours de la guerre civile au Congo. Elle a été une collaboratrice privilégiée de Sembène Ousmane. En 2006, sur l'invitation d'Okwui Enwezor, elle présente des travaux photographiques dans l'exposition *Snap Judgements* à l'International Center of Photography à New York. Le documentaire *The Other in Me* (2012) explore les ficelles de connexion, d'identité, d'appartenance et de la diaspora entre deux frères jumeaux identiques. En 2015, son film *Donner naissance* sur l'énigmatique sculpteure sénégalaise Seni Camara est sélection officielle à la biennale de Venise. A part sa recherche sur le hip hop, elle contribue à de nombreuses réflexions sur les questions de genre.

Wala Bok

Une histoire orale
du hip hop au Sénégal

Fatou Kandé Senghor

AMALION

© Amalion 2015
Deuxième impression, version révisée 2021
Amalion
BP 5637 Dakar-Fann
Dakar CP 10700
Sénégal
http://www.amalion.net
http://www.twitter.com/amalion

ISBN 978-2-35926-015-1 (broché)
ISBN 978-2-35926-049-6 (ebook)

Conception couverture par Will McCarty
Mise en page par Stéphane Seck
Toutes les photos dans le livre © Fatou Kandé Senghor sauf photos de couverture et pages iv et 172 © Jacques Daniel Ly; Page 70 © Sandy Haessner; Page 244 © SMKandji/Skillzography

Tous droits de reproduction, de traduction, d'adaptation, de représentation réservés pour tous pays. Aucune partie de cet ouvrage ne peut être traduite, adaptée ou reproduite de quelque manière que ce soit sans l'autorisation d'Amalion.

A nos enfants

Sommaire

Prélude 1

L'Intro 5

I : L'HISTOIRE DU HIP HOP AU SÉNÉGAL 11

Chapitre 1 : Le hip hop à Dakar : les origines de la ville pionnière 13

Chapitre 2 : Dakar–New York et le courant transatlantique 19
    Track 1 : Le block party – *Eugene Adams* 19
    Track 2 : Rap américain, état des lieux – *Greg Thomas* 22
    Track 3 : Le rap, la forme la plus visible du hip hop aujourd'hui –
    Ousmane Sène 28
    Track 4 : Citoyenneté et politique – *Abdoulaye Niang* 29

Chapitre 3 : Les débuts de tout et des précurseurs 33
    Duggy Tee de Positive Black Soul 34
    Awadi de Positive Black Soul 35
    Xuman de Pee Froiss 37
    Lord Alajiman ex-Daara J 39
    Daara J Family 45
    Keyti de Rapadio, Liberté 1 49
    Matador de Wa BMG 44 55
    Manu de Wa BMG 44 57
    Jojo de Yatfu 58
    Daddy Bibson de Pee Froiss 62
    Baïdy Sall, Bideew Bou Bess 68
    Maxi Krezy 71
    DJ Gee Bayss, Pee Froiss 75

Chapitre 4 : Un mouvement bien en place : La Nouvelle Vague 77
    Mass de Black Diamonds 78
    Fou Malade, Le Bat'Haillons Blin-D 81

- Gaston...83
- Kilifa et Thiat de Keur Gui...85
- Poupa Ndiago de Black Mbolo...88
- Books de Sen Kumpe...89
- Nigger Jah de Tigrim Bi...91
- Simon de Bisbi Clan...94
- Fata El Presidente...95
- Bakhao et Djibril de Da Brains..100
- 5 Kième Underground..103
- Alien Zik..105
- J har 1/2...106
- DJ Alla de Bat'Haillons Blin-D.......................................107
- Neew Bi..110
- Niagass..111
- Docta..112
- K-nibal..115
- Crazy Cool...119
- Canabasse...121
- Lodia...122

Chapitre 5 : Les coulisses..125
- Mister Kane, producteur..126
- Safouane Pindra, producteur et promoteur Hip Hop Awards............132
- Matador, Africulturban...138
- Amadou Fall Ba, Festa2H..139
- Simon, Bisbi Clan..145
- Gaby Ba, Iris Audioviz...146
- Docta..149

Chapitre 6 : Les femmes du hip hop.......................................155
- ALIF..156
- Safouane Pindra...160
- Moona...161
- Sister Coumbis..163
- Keyti..165

II : LA COMMUNAUTÉ DU HIP HOP SÉNÉGALAIS.............167

Chapitre 7 : L'éducation..169

Mass de Black Diamond 170
DLJ Sound 170
Awadi 170
Fou Malade 171
Xuman 173
Katapult, DJ et journaliste 174
Simon 175
Keyti 176
Maxi Krezy 176
Matador 177

Chapitre 8 : La politique ou l'engagement 179
Duggy Tee 179
Awadi 181
Sen Kumpe 182
Keyti : Je suis un radical 183
Manu de Wa BMG 44 184
Alajiman 185
Daara J Family 186
Xuman de Pee Froiss 187
Fou Malade : Y'en a marre, un vrai mouvement 188
Keur Gui 193
Simon, Bisbi Clan 196
Neew Bi et son Mouvement Citoyen ? 197
Da Brains 198
Bideew Bou Bess 198
Safouane Pindra : La vérité sur les élections de 2000 199
Krazy Kool de Fuk'N'Kuk 199
Nigger Jah de Tigrim Bi 200
Simon, Bisbi Clan 201
Niagass : Y'en a vraiment marre 202
Canabasse 203
Fou Malade : La lutte à Niarry Kasso 204

III : L'IDENTITÉ, LA CULTURE ET LE MOUVEMENT HIP HOP SÉNÉGALAIS 209

Chapitre 9 : Hip hop sénégalais, copie du hip hop américain ? 211

DLJ Sound 211
Tigrim B 212
Keyti 212
Thiat 213

Chapitre 10 : L'Underground loyauté, la célébrité et l'objectif 215
Jojo de Yatfu 216
Fou Malade 216
Lalataké de Rapattack 217
Awadi 220
Tigrim Bi 220
Chronik 2H 223
Xuman 224
Djiss Mo, Fuk'N'Kuk, Crazy Kool 224
Manu, Wa BMG 44 225
Keyti 227
Keur Gui 228
K-nibal 229
DLJ Sound 231

Chapitre 11 : Les Beefs et les Clashes 235

Chapitre 12 : Hip hop industrie – Rappeur ou métier ? 245
Black Mbolo 246
Simon, Bisbi Clan 246
Alajiman 247
Neew Bi 248
Keyti 249
K-nibal 250
Chronik 2H 251
Katapult 254
Keur Gui 255
Neew Bi 258
Keyti 258
Nix 261
Bideew Bou Bess 262
Manu de Wa BMG 44 263
Fou Malade 264
Safouane Pindra, Dakar All Stars 265

Daara J Family 267
  Bideew Bou Bess 268
  Da Brains 269
  Maxi Krezy 270
Chapitre 13 : Impact..273
  Mass, Black Diamonds 273
  Nix 274
  Matador 275
  Keyti 276
  Xuman 279
Conclusion : Outro, la liberté normée......................................281
Bibliographie..290
L'Éditeur 291

Prélude

Ku mënul bawul, lu yaxxu yawa
«Celui qui agit dans l'ignorance est seul comptable de toute déconvenue.»

Je m'appelle Fatoumata Bintou Kandé, je suis née en 1971 à Dakar au Sénégal. J'ai grandi entre le Nigeria, le Ghana, le Bénin, le Togo, le Cameroun et toutes les autres capitales africaines, européennes, et américaines où j'ai posé une valise ou un sac, le temps d'un séjour court ou long.

Pour ma mère qui a été élevée entre les quartiers populaires de Dakar, Colobane puis Pikine, où se trouvaient les maisons de sa mère et Usine Bene Tally, la maison de son père, la culture de ses parents était une chose sacrée qu'elle ne nous aurait jamais laissé oublier. Mes frères, mes sœurs et moi-même avons eu la langue, la religion, la terre et les goûts des nôtres, quel que soit le temps passé hors du Sénégal. La logique pour chacun d'entre nous a été de retourner au pays après les errances, les récompenses, pour y faire nos nids, permanents ou temporaires. Aucun de nous ne s'était vraiment posé de questions, savoir quelle direction prendre lorsque l'on arrive à ce point « P » de la vie où les questionnements commencent. Nous savions d'où prendre les décisions : le Sénégal ! Chez nous !

Aujourd'hui, je vis et travaille au Sénégal. Je suis toujours en quête de dialogue avec les autres. Toutes les disciplines m'interpellent car elles ne sont que des médias pour entrer en conversation avec le reste du monde, même si la technologie de notre temps m'attire et m'anime plus qu'autre chose. N'en déplaise à nos spécialistes de la classification. Je fais partie de ceux qui se réclament militants de l'art, qui ne croient pas en « l'art pour l'art », et qui voient un combat partout et pour tout. Vous me trouverez sous *film maker*, costumière, artiste visuelle, photographe.

You name it, I got it. Par conséquent, je respecte le cliché dont est affublé l'homo-senegalensis d'avoir douze métiers. Dorénavant, rajoutez-y auteure.

Ceci étant dit...

Je suis née dans un pays perméable à toutes les influences musicales. Salsa, merengué et rock tournaient à plein régime, ne s'interrompant que pour laisser filtrer l'appel du muezzin, la musique n'étant pas déclarée "haram" dans le Sénégal de cette époque. Les slows les plus prisés étaient ceux de hard rock américain. Puis, j'ai voyagé dans des univers musicaux différents dans chacune des escales de ma vie. À cette époque, la télévision, dans quelques pays africains, au Nigéria par exemple, offrait déjà plusieurs chaînes alors que le Sénégal et la plupart des pays de l'Afrique francophone en était encore au programme unique, celui de l'État. À la télé nigériane que je consommais religieusement, il y avait de tout : de l'afrobeat, du juju music, du highlife, du reggae, du jazz, du funk, beaucoup de soul, de pop, de disco et une nouvelle forme de musique que je ne connaissais pas, le rap, ou devrais-je dire le DJ-ing (lire « dijéying ») et le MC-ing (lire « émsi ying »), avant que la forme actuelle du rap ne s'impose.

À Lagos, à l'époque, il y avait un marché du dimanche à l'autre bout de la ville appelé Alaba Market qui était une sorte de *louma* (marché hebdomadaire au Sénégal) gigantesque et extraordinaire où l'on vendait le tout dernier cri de la hi-fi et les nouveaux gadgets de la technologie avant les magasins agréés du centre-ville. Les marques japonaises, chinoises, allemandes occupaient le terrain dès les années 80. Des disques vinyles flambant neufs, des cassettes VHS de films, toute la filmographie de l'Inde, des clips, toute une industrie au meilleur des prix et aussi au « meilleur « de la piraterie. Dans ce marché, il y avait autant de vendeurs que de rabatteurs et d'escrocs. Les clients se cramponnaient à leurs porte-monnaie, de peur d'être dépouillés.

Certes, ce périple n'était pas de tout repos, mais qu'est-ce qu'on y faisait de bonnes affaires ! Au retour de ces pèlerinages dominicaux, nous ramenions des VHS d'émissions américaines produites dans l'underground avec Africa Bambaataa, DJ Kool Herc le Jamaïcain, Grandmaster Flash, Tony Toni Toné, Grandmaster Caz, Afrika Islam, Melle Mel, Fab 5 Freddy, Run-D.M.C, Busy Bee, Big Bank Hank, tous ces new-yorkais qui étaient des DJ (disc-jockey), des MC (master of ceremony), et/ou des danseurs. Je me souviens du danseur Crazy Legs en particulier, de Jojo et de son acolyte Jimmy D du Rock Steady Crew.

Lorsque je rentrais à Dakar en vacances, à la maison dans le quartier de la Patte d'Oie, qui, à l'époque était l'un des quartiers les plus excentrés, avant que la banlieue dakaroise ne se développe vraiment, il n'y avait que le bus « P8 » qui le desservait et notre quartier se terminait en impasse sur la place du marché face à la mosquée. Nous étions aussi entourés du sable fin des dunes du Sahara. À la Patte-d'Oie, les jeunes pratiquaient surtout le « *break-dance* ». Parce qu'ils ne comprenaient pas ce que les MC disaient, c'était la danse qui les avait attirés en premier. Par contre, dans les quartiers de la Sicap, des stars de la danse s'étaient créées leur univers : « The Kings » ou « Chine Pop » avaient atteint un niveau intéressant. Dans ces quartiers-là, les jeunes avaient repéré le *flow* de la musique américaine, et les sonorités de la langue les interpellaient déjà. Ils s'évertuaient à copier mots et accents, sans nécessairement comprendre les contenus.

Voilà comment à l'adolescence, j'étais une consommatrice avertie, accro à la philosophie hip hop. Avec mon accès aux produits, underground ou non, films et revues via Alaba Market, je vivais l'évolution du hip hop sur plusieurs plateformes africaines et internationales, j'étais déjà bilingue, donc je savais ce qui se passait dans les mouvements francophones et anglophones et puis je parlais la langue Wolof de chez moi, qui est celle de la majorité des sénégalais et celle qui émergeait dans notre rap. À Dakar, je pouvais aller à quelques podiums organisés dans les écoles lorsque l'année scolaire tirait à sa fin et à quelques matinées entre l'Aldo, le Sahel et le Métropolis. On commençait à laisser la jeunesse du pays se produire dans tous ces temples. Nous avions donc notre Kool Moe Dee, notre Kid Creole, notre Dr. Dre, notre Sugarhill Gang, notre Wonder Mike locaux.

Puis des petites rencontres familiales s'organisaient dans les quartiers autour de causes : nettoyage du quartier, quête de fonds pour aider les plus démunis, ou pour quelque autre motif, et à ces occasions, le quartier entrait en fête dans une ambiance bon enfant, tandis que sa jeunesse gérait l'animation, tout en hip-hop bien sûr, danse, graffiti et *deejaying*, comme un block party dans le Bronx si lointain. On a appelé cela *foureul*, *xumbël*, *set setal*, *bal poussière*. La rue était bloquée, les habitants du quartier mobilisés, des repas sur le feu, de la boisson au frais, le temps d'un rassemblement populaire, communautaire, saint et encadré.

Que de chemin parcouru par le hip-hop depuis. Le continent africain s'est approprié le concept et a vu de véritables opportunités se mettre en place par la jeunesse et pour la jeunesse de ce continent. C'est cela que j'ai eu envie de raconter par la bouche de ceux qui y sont tombés, qui y sont nés, qui l'ont transformé et ennobli ; pour que les lecteurs voyagent dans cette histoire, qu'ils trouvent leurs propres marques et pour que les acteurs de ce mouvement lisent les moments de vie des autres et déterminent l'orientation future de ce mouvement, si mouvement il y a encore !

Alors suis-je vraiment légitime pour écrire sur le hip-hop ? Permettez que j'emprunte une citation d'un professeur français d'économie politique, Charles Dunoyer : « Je n'impose rien, je ne propose rien, j'expose ». *Fekke moo ma ci boole !* autrement dit, je suis obligée de m'impliquer par le simple fait d'être témoin !

Fans venus en masse au concert.

L'Intro

« Fii Moy Senegal Ndiaye »
Le Sénégal, un pays hanté par la contestation.

Le Sénégal est un territoire hanté par nos croyances ancestrales. Des génies en gardent les portes, les eaux et les ruelles. Parmi eux, beaucoup de déesses, qui ont choisi les récifs bleutés où les rires des habitants se mêlent à la chute des vagues : Mame Coumba Bang au Nord, Mame Coumba Lamb à Rufisque et, dans la région de Dakar, Coumba Castel à l'île de Gorée, Mame Ndiaré à Yoff et Leuk Daour aux Îles de la Madeleine. Dakar la coquette, celle qui fut choisie pour être la capitale et qui fait la belle sous le regard de ses esprits millénaires, est bel et bien habitée. Par les esprits de nos croyances, furtifs, invisibles mais très puissants, et par les autres qui n'auraient pas fait long feu dans d'autres pays que je connais bien : les esprits libres. Ceux qui nous incitent à nous défendre, ceux qui, au milieu de tous ces êtres d'un autre monde, sillonnent les quartiers de la capitale, telle une espèce rare qui rôde, veillant au grain. Ce sont les esprits protecteurs : les résistants, ceux qui, depuis les indépendances, soufflent le vent de contestation, enduisent de baume apaisant une cible toute particulière : la jeunesse.

Énigmatiques et mystérieux, parmi ces esprits, il y en a trois qui vont guider ce travail de recherche que j'entreprends. Mes rencontres avec chacun d'eux ont bousculé mes neurones d'une façon assez étonnante. J'ai nommé Iba Gaye Massar, musicien ; Issa Ramangelissa Samb, philosophe ; Ousmane Sembène, cinéaste. Militants, visionnaires, gardiens des lieux, instigateurs ; tous les artistes en herbe, lycéens et étudiants du Sénégal les connaissent.

Iba Gaye Massar est un musicien qui a un attachement profond pour le reggae. Il est soufi, de la confrérie mouride dont il est un des « Baye

Fall » (gardien du temple ou fou du guide) et il joue de toutes sortes d'instruments. Il est très impliqué dans la formation des jeunes dans les métiers de la musique, « les en bas de en bas » comme il les nomme, ceux qui n'ont accès ni aux cours, ni aux instruments.

Issa Ramangelissa Samb alias Joe Ouakam est un artiste, agitateur, philosophe, penseur et poète. Il est connu partout à travers le monde. Son action et son avis dans ce pays sont toujours attendus. Ce grand monsieur longiligne aux dreadlocks poivre et sel, pipe aux lèvres, peut être aperçu dans les rues de Dakar, les émissions à caractère culturel impliquant la jeunesse du pays, les concerts et autres évènements auxquels il est toujours convié et cela depuis bien des années.

Ousmane Sembène, cinéaste de ce continent que l'on ne présente plus, était une sentinelle infatigable qui a fait corps avec sa mission auprès de son peuple. Dans tous ses écrits et sa filmographie, accéder aux mêmes droits est au centre de toutes les intrigues. Le révolutionnaire qu'il fut, vivant pour le panafricanisme et la liberté des individus, est resté constant dans ses convictions et ses luttes.

Ces trois personnages ont une confiance aveugle en leur jeunesse et m'auront avertie et ouvert l'appétit. L'appétit de connaître Dakar, la capitale que j'ai dû quitter finalement pour Thiès fuyant l'asphyxie, et l'appétit pour la jeunesse d'un pays qui est suffoqué par ses traditions, ses religions, ses politiques, son système éducatif, les politiques d'ajustements structurels imposées, son urbanisation sauvage et l'envahissement du *mass media*. Toutes ces mutations exercent une pression terrible sur la jeunesse de ce pays et ont pour conséquence une riposte aux allures de bombe à retardement.

En effet, la jeunesse de mon pays étouffe ; celle qui rampe jusqu'au temple du savoir pour améliorer sa condition suffoque son université en s'y déversant à peine qualifiée pour y accéder, quand elle ne la boude pas complètement. Une jeunesse qui danse toute la nuit aux rythmes endiablés de son mbalax national, rap à tue-tête, s'entremêle sans penser à demain, suit aveuglément toutes sortes de guides spirituels, rêve d'ailleurs, se jette à la mer, aux dunes, pour trouver l'eldorado, puis attaque et mord tout et tout le monde à tort ou à raison. Quoi de plus normal ? Il faut que jeunesse se passe, vous me diriez, puis au milieu de ce tournis, tout de même, émergent des têtes, des talents, des espoirs, des leaders pour demain.

Iba Gaye Massar, un jour, dépité par un énième affrontement entre les étudiants et forces de l'ordre du pays, me dit :

« La jeunesse représente une grande partie de la population mondiale, donc elle est un pilier important qui impose le respect. Le respect commence par la formation. Former un jeune, c'est participer à une véritable construction de notre monde. C'est poser une brique bien solide qui n'est pas faite de sable uniquement, car c'est facile de faire un tas ou même une dune avec du sable, mais cela n'empêchera pas le vent de l'emporter en une seule rafale. Pour nous qui sommes de fervents croyants et qui sommes soufis, la formation de l'individu est capitale car elle forge le caractère. Tout être doit avoir une formation sociale, spirituelle, intellectuelle, technique… Un individu qui n'est pas formé est dépendant de celui qui a les moyens de la formation ou de l'investissement. Et nous n'aurons que des gens qui ne savent pas construire, alors qu'il leur faut un outil de travail et ensuite savoir s'en servir. Et avec cela comment parler de citoyenneté ? D'économie ? Un jeune bien formé partage et a toutes les bases pour parler hygiène, scolarisation, éducation, nation. L'effet boule de neige opère quand les bases sont assurées. »

Nous sommes restés silencieux après son coup de gueule. Il a gratté quelques notes sur sa guitare, puis a parlé d'autre chose. Même les esprits protecteurs ont mal. Avec eux, il y a beaucoup de moments comme ceux-là, où on est assis en silence à leurs côtés.

Comme ces trois personnages, j'aurais aimé arpenter cette ville aussi longtemps et aussi intensément pour la savoir, la vivre et la connaître, mais moi j'ai vécu à Lagos, à Cotonou, à Lomé, à Yaoundé, à Lille et à Paris et chaque année, de nouvelles villes s'ajoutaient à ma liste. Et voilà que, grâce à ces esprits, génies, veilleurs, Dakar s'offrait à moi ces sept dernières années, le temps que je m'en imprègne, suspendue à ses aux basques de sa jeunesse et de sa musique populaire : le hip hop. Nous y voilà, le sujet c'est bien le hip hop et le prétexte, notre abîme : la ville. La ville qui rassemble tout le monde au chevet de son roi et qui ne propose pas grand chose pour faire avancer le chantier. Issa Ramangelissa Samb et Ousmane Sembène aiment le hip hop. Ils donnent respect au courage et à la rage de jeunes qui utilisent, avec dextérité, leur langue, pensant ainsi à leurs publics mais aussi effectuant un travail de chroniqueur unique qu'aucun journaliste de la place ne peut fournir et qui, sans audiences spéciales auprès des autorités, communiquent à souhait avec la classe dirigeante de ce pays. Les esprits protecteurs aiment cette jeunesse qui est le thermomètre de « Sunugal » et une sentinelle. Leurs territoires, leurs langues : qui connait le combat de Sembène, reconnais bien là ses préoccupations. Il n'est donc pas étrange que la connexion avec le mouvement hip hop se soit faite très tôt. Les esprits protecteurs savent toujours d'où sort un créateur, un politique, un fauteur de trouble, une nouvelle vague, car ils ont les yeux et les oreilles un peu partout et surveillent les trajectoires.

« Madame Senghor… », c'est ainsi que Sembène m'a toujours appelée, en roulant les « r » et en y ajoutant une pointe moqueuse de révérence, « …l'immersion dans des lieux uniques, dans des lieux exclusifs, c'est cela la motivation principale de tout documentariste. Il faut arrêter votre cinéma pour faire un véritable travail de terrain. »

Il y a aussi une phrase empruntée au travail de Sembène, largement appliquée dans ma mission : « Observer tout, en étant accepté par les autres, c'est cela la quête constante. » Pour raconter le hip hop, il m'a dit de suivre les indices : « Trouves l'histoire des quartiers et tu trouveras les secrets des hommes, des femmes, de la jeunesse et de l'engagement social. »

Si tôt dit, si tôt fait…
Bienvenue dans l'histoire du hip hop au Sénégal

Le mouvement hip hop est composé de DJ, de break-dancers, de MC, de graffeurs et de designers qui habillent tout ce beau monde. Tous ses adeptes se définissent comme des poètes, des philosophes, des penseurs et surtout, comme le dit le professeur Aminata Diaw :

> « Ils sont bien les meilleurs chroniqueurs de la société moderne. Ils permettent des lectures innovantes de la société et du politique et ce sont eux qui sont les plus attentifs aux pulsations de la société, à ses inquiétudes, à ses angoisses. Ils donnent corps aux espoirs et espérances de cette même société à travers des mots justes et forts. »

Leurs quartiers sont leurs fiefs avec des codes, des lois, et des jeunes lords. L'immersion dans les impasses fleuries du Plateau habité par la bourgeoisie dakaroise, jusque dans la banlieue populaire où les concerts underground se terminent par des jets de pierres contre les forces de l'ordre, où des bagarres éclatent parmi les fans, tandis que les rappeurs tentent de calmer le public pour continuer la fête. J'y étais enfin. Ce n'est pas tous les jours que l'on a le privilège de partager cela avec une jeunesse que l'on a dit "malsaine". Tel un esprit invincible et invisible, protégée par le seul fait d'y être une invitée, je me délectais et recueillais la matière avec zèle. Chercheuse agréée par les enfants du quartier.

Loin des ghettos américains où la philosophie rap serait née, des banlieues françaises où j'ai vécu mes années d'étudiante, c'est la même quête qui subsiste dans les banlieues populaires urbaines de mon pays : la quête de reconnaissance. C'est dans cet environnement que le seul cri qui se fait entendre est celui qui est porté au loin par les rappeurs, puisque les adultes courbent l'échine, cassés par les efforts interminables pour joindre les deux bouts et abusés par leurs politiciens. Au Sénégal aussi, on taggue les murs, on chante l'indifférence de ceux qui sont à l'abri et de la classe dirigeante et on provoque le ghetto voisin. Au Sénégal aussi, quelques-uns écrivent, chantent et s'organisent pour que les benjamins de leurs familles, leurs fils, aient un destin différent, un destin conscient.

C'est lors de mes visites dans "les quartiers pourris", comme le dit Lalataké du groupe Rapattack du quartier Guinaw Rail (littéralement derrière la voie ferrée) que je vis le rap underground qui jette des pierres au rap des quartiers huppés et au rap en langue française et qu'à ma grande surprise, je découvre le rôle de l'Université Cheikh Anta Diop de Dakar dans la vie de ces jeunes issus d'un monde parallèle. Notre université, jadis Université de Dakar, a eu son moment de gloire après les indépendances et est devenue aujourd'hui une ruche à cancres et, paradoxalement, une niche privilégiée du hip hop : paroliers, créateurs de *beats* (sons), pirates (duplicateurs et distributeurs) y foisonnent.

Quelle bénédiction, parler hip hop, université, religion, quartiers, politique et avenir dans un seul ouvrage... pour comprendre les enjeux de l'existence même de la culture hip hop, seul garde-fou de nos sociétés, car seul environnement encore craint par les hommes politiques. Une ballade à travers l'histoire et la vie contemporaine dans la jungle urbaine et la vie dans les quartiers populaires, la vie dans les familles et la vie proposée à la télévision. Ce livre se veut témoin de son temps, telle une anthologie, mais en même temps c'est un journal intime. Avec toute la matière récoltée, cela m'a paru évident qu'un livre serait le meilleur réceptacle de toutes mes rencontres.

Faada Freddy et Ndongo D de Daara J Family.

I
L'HISTOIRE DU HIP HOP AU SÉNÉGAL

Nigger-Jah Tigrim Bi, alias Alioune Mbodj, représente le fameux quartier foisonnant de Pikine, banlieue populaire, qui compte plus de la moitié des habitants de la capitale.

Daddy Bibson, alias Cheikh Coly, MC hors pair, redouté dans le milieu pour son verbe et son venin. L'un des plus actifs avec de nombreux fans dans tout le pays.

Chapitre 1

Le hip hop à Dakar :
les origines de la ville pionnière

Lalataké, du groupe Rapattack, a dit que le rap appartient aux fils de l'Afrique, ceux qui ont souffert et que l'on a jeté sur toutes sortes de rives dans le monde et, par conséquent, il refuse d'accepter la paternité des États-Unis dans la création de ce mouvement devenu planétaire. Comment pourrait-on faire fi de la source ? L'engagement social à travers la création artistique a toujours existé aux côté des peuples. Le volcan n'a fait que faire éruption sur leur sol, rajoute-t-il.

En effet, à cette époque, au pays de l'Oncle Sam, le volcan avait trop longtemps retenu son amertume dans ses entrailles. Le "politiquement correct" explosait en mille morceaux. Les médias étaient envahis et ne fermaient plus les vannes contrôlées par la minorité blanche, très religieuse. Le hip hop est arrivé comme une cure longtemps attendue qui stimulait la personnalité, la solidarité communautaire et la voix des minorités face à la politique américaine de l'époque. Tout effrayait les bourgeois américains, alors ils s'attaquaient à toutes les formes d'expression : le rock, le hard rock, et d'autres formes de musique trop énergiques. Toutes les tendances sont passées à la censure de cette majorité morale.

Le virus de l'uniformisation de la bourgeoisie allait de l'architecture de leurs domiciles à leur gastronomie. Et soudain, voilà que les minorités pouvaient détourner la trajectoire de la culture *mainstream* en toute résistance et inonder les médias. Toute ma génération depuis l'autre bout du globe en perçoit les remous, les sons, les images et découvre toute une série de long-métrages mythiques sur le graffiti, le *break-dance*, les DJs, le rap et l'amour *freestyle*, films cultes qui se révèlent à nous, montrant une réalité *made in USA* qui nous avait échappé : le ghetto et la pauvreté.

Le Bronx, Harlem, leurs immeubles déprimants, leurs crimes sordides atterrissent devant nous. La pauvreté des américains devient branchée et cool.

Pour nous, le hip hop est né aux États-Unis dans les années 70, mais nous en reconnaissions les vibrations familières. Nous en avons déduit que cela faisait bien longtemps que la forme « griotique » de revendication, de contestation et de réunification de ce rap existait chez nous, en Afrique et dans le monde entier : c'est cela la musique des peuples. La motivation est millénaire. Bien sûr, aux États-Unis, au début c'était une question de vie et de mort, sans *fun* ni glamour. Lalataké a raison. On déclamait sur des terrains secrets, à l'abri du maître, du chef, à mots ouverts, semi-couverts, rimes et vers, pourvu que l'on exulte.

Le hip hop moderne a été motivé par la quête d'un monde meilleur et la reconnaissance de la diversité culturelle, dans un contexte spécifique. À cette époque, aux États-Unis, le Bronx, quartier célèbre situé dans la ville économique de New York, est l'incubateur de ce mouvement. Dans les années 20 et 30, c'est déjà un quartier d'émigrants d'Europe de l'Est et d'Irlande. Très vite, la communauté juive s'y installe, suivie à la fin des années 50 et 60, de noirs américains, de jamaïcains, de caribéens puis d'asiatiques. Le Bronx fait peur aux responsables de la ville qui l'ignorent superbement. La violence et la terreur règnent. Les gangs dans les quartiers de New York où s'entassaient les minorités font rage et la sécurité de la bourgeoisie s'organise pour que cela ne déborde pas dans leurs cadres de vie. La population américaine en avait ras le bol de la violence de cette période, depuis la politique ségrégationniste, l'assassinat du pasteur Martin Luther King, la fièvre de Mai 68, les affrontements suite à l'assassinat de Malcolm X, les horreurs de la guerre du Vietnam, l'apparition de bandes révolutionnaires issues des minorités. C'est dans ce contexte qu'une organisation pacifique nommée « La Nouvelle Conscience Planétaire » fut accueillie, la Zulu Nation. Toutes les ethnies, toutes les races, toutes les classes sociales la composent et se comportent comme une famille. Un jeune homme, ancien chef de gang, émerge et son nom résonne jusqu'à ce jour comme le parrain de ce mouvement : c'est Afrika Bambaataa.

Entre temps, le mouvement prend une sacrée ampleur. Au Sénégal et ailleurs, nous n'échappions pas à ce modèle de gestion par la haute bourgeoisie d'un pays. L'après-indépendance n'avait pas effacé les clivages, ni aboli l'exploitation d'une classe par une autre. Les fils de privilégiés régnaient sur les fils de pauvres. Alors, il n y a rien à perdre pour les jeunes de Dakar ; ils sont ouverts aux bruits du monde, à la quête de renouveau. Mai 68 a secoué la planète entière et les étudiants de l'Université de Dakar ont donné quelques frayeurs au gouvernement. Le président du Sénégal de l'époque, Léopold Sédar Senghor, mate la rébellion et envoie les perturbateurs sous les drapeaux.

Dans les années 80, la jeunesse est comme l'eau qui dort quand le hip hop américain arrive à elle. Un micro, des lumières, des mots, des oreilles qui en demandent, encore et encore. Les courageux se lancent. Nous sommes dix ans après l'émergence du mouvement aux États-Unis ; les jeunes suivent de près ce que font les Américains et adaptent les recettes ; très vite, cela passionne toute une génération. Cette musique circulera partout sur le continent.

En Afrique, le Sénégal fut un des pionniers à rejoindre le mouvement hip hop international, les yeux rivés sur les résistants du mouvement américain, mais également sur le mouvement hip hop français qui faisait ses premiers pas. Au début, ce sont les fils de quartiers bourgeois qui reviennent de vacances et qui ramènent cette musique à leurs cousins et connaissances du bled. Puis, très vite, les jeunes Sénégalais se définiront comme des griots modernes qui doivent dénoncer leurs conditions de vie dans les ghettos urbains de leur pays. Ils réclament leur dû en tant que citoyens.

Pendant ce temps aux États-Unis, l'héritage pacifique de ce concept hip hop, sauce Afrika Bambaataa, qui s'est largement propagé dans le monde, est en danger depuis que le hip hop est devenu une industrie cotée en bourse. Comme le système capitaliste est réactif et efficace, les géants du capitalisme mondial se sont investis dans le créneau nouveau du hip hop pour mieux le vendre et plus tard l'accaparer en nous persuadant que le mouvement en détient encore les rennes et, par conséquent, est seul responsable de ce que nous voyons sur le hip hop à la télévision. De la musique à la mode, rien n'est épargné. La confusion est semée. Les jeunes Africains, qui avaient épousé cette aventure de rébellion par l'art au nom d'une justice sociale sont peu à peu perturbés. Ils se retrouvent face à un hip hop festif et libre, bien loin de la culture pacifique et réfléchie qui les avait séduits. La jeunesse du monde a du mal à résister au mimétisme du hip hop commercial (la version servie par les *majors*, les maisons de disques de l'anglais *"major record labels"*), audacieux, impertinent et fort lucratif. Finalement, même ceux qui commençaient à trouver leur propre voie musicale, basculent dans les eaux troubles de la production commerciale. Le hip hop souffre, mutilé par ses propres adeptes, et donc l'esplanade est libre pour le véritable business. La crise vécue aux États-Unis est la même en France. Chez l'Oncle Sam, bien sûr, les moyens suivent. Au pays, la confusion totale créée par le capitalisme des majors américaines prend une autre dimension que guettent les politiques. Mais, cette crise n'est pas spécifique au hip hop ; elle est visible dans tous les secteurs qui peuvent intéresser les géants du capitalisme.

Wall Street a bel et bien remis en question l'héritage du concept hip hop, remplacé par une toute une industrie vestimentaire, une production musicale légère et focalisée sur la fête, la drogue, les armes et le sexe, mais qui se vend très bien. Entre *show business* et radicalité, c'est toute la nation hip hop qui vit des mutations complexes. Néanmoins, une génération de jeunes poètes reste fidèle à ses idéaux de lutte pour une meilleure existence des minorités et refuse un style musical imposé par les grands producteurs.

Les sonnettes d'alarme retentissent

À Dakar, les jeunes s'y mettent, toutes les ruelles ont un rappeur vedette ou un groupe qui représente sa rue ou son quartier. C'est la dextérité des jeunes issus des quartiers populaires de Dakar qui maîtrisent et manient le français, l'anglais ou le wolof en plus d'autres langues locales, sans avoir eu une formation académique très poussée, qui éveillent des curiosités et attirent l'attention des adultes. Tous ces jeunes croient encore en la philosophie première du hip hop parce que c'est la seule religion qui leur offre une lueur d'espoir. Ils sont créatifs et s'organisent avec les moyens du bord pour se former et s'autoproduire, leurs conditions sociales et économiques ne changeant pas, leur pays ne s'intéressant pas à eux, à leurs quartiers, à leur éducation, à leurs familles, à leur avenir. Ils n'ont que la télévision qui leur offre le mirage d'une vie meilleure à l'américaine à travers 24 heures non stop de clips vidéo de rap commercial. La suite, c'est le contenu de cet ouvrage, photos, biographies, quartiers, cette ballade dans l'espace Dakar et ses *favelas* qui tenteront de répondre aux questions que je me pose.

Quel sera l'avenir de ces jeunes au sein de ce mouvement mondial, entre les derniers résistants qui, pour la plupart, vivent dans des pays développés et peuvent vivre simplement de leur art en refusant la gloire et la fortune offerte par les maisons de disques, et les autres qui sont des pantins commerciaux hissés au rang de dignes représentants de ce que l'on appelle hip hop. Et quel sera l'avenir de ceux qui vivent sur un continent sous-développé où, comme le dit le groupe Sèmbèdèkè de Conakry : « Ils font un pas en avant, mille pas en arrière. » Quel avenir pour ce mouvement mondial qui vit la même crise sur tous les continents ? Au moment où la jeunesse n'a de repères que dans les textes fournis par les « diseurs de vérité », vivant dans un contexte social et économique très dur, se déclarant porte-parole des « sans voix » et tiraillés secrètement eux aussi entre vivre de leur art à « l'américaine » (femmes, voitures, dollars) ou rester à jamais de dignes chroniqueurs.

Cet ouvrage se composera de témoignages et d'images d'archives des pionniers du hip hop au Sénégal, de ses rappeurs, de ses danseurs, de ses MCs et DJs ; mais cet ouvrage présente aussi la nouvelle génération qui apporte un radicalisme au vitriol, et parfois du fondamentalisme religieux. Puis, aujourd'hui, il existe toute une tendance qui accompagne les disciplines traditionnelles du hip hop : la mode, le roller-skate, les clips vidéo, les *video girls*, les *happenings*, le *slam*, la coiffure, la vidéo d'art et, enfin, le *live*. La naissance du hip hop live crée la différence, lève la barre plus haut et réorganise les données à l'intérieur du mouvement. Les live du Daara J, de Positive Black Soul avec Awadi et Duggy Tee, de Bibson, de Nix, font vibrer les scènes. Les jeunes vidéastes enchaînent

Bat'Haillons Blin-D : la bande à Fou Malade à l'origine du groupe. La plupart de ses acolytes vivent en France aujourd'hui. Le bataillon a un nouveau visage et de nouvelles recrues.

les clips à la sauce américaine qui *relook* le paysage audiovisuel. Les frères Gelongal ou les frères Mancou Bah, les frères Wone, deviennent les champions de clips. La musique mbalax n'est pas en reste. Elle confie son imagerie à cette jeunesse accro aux nouvelles technologies et habile avec Final Cut Pro. Les caméras Sony Z7 et Canon 5D et 7D ajoutent le plus nécessaire aux clips. Les filles dites au « teint commercial », au teint clair, sont les références dans les clips, la chair claire ou rien pour le rap commercial. Tout cela ajoute une pierre à l'édifice, même si ceux qui critiquent la pseudo-économie nouvelle créée par le hip hop sont nombreux. Le mouvement pâtit toujours de sa mauvaise image et des conditions économiques de nos pays dits « émergents ».

Mame Xa, auteur de « Door Waar », tube phare d'un album produit par le label Optimiste Produktions.

DIP fait partie des nouvelles signatures du monde du graffiti qui ont gagné en notoriété et en respect.

Chapitre 2

Dakar–New York et le courant transatlantique

Track 1 : Le block party
Eugene Adams

Le Bronx à la fin des années 1960, début 1970, c'était vraiment mon époque. Nous avons dû être les derniers à vivre la candeur du Bronx de cette période-là. Le meilleur souvenir que je garde c'est durant l'été quand il y avait des *block parties*. On bloquait une allée, on sortait les jeux pour les enfants ; les familles leurs barbecues avec de la bonne viande et des saucisses à griller pour tout le monde, de la bonne musique très forte et les voisins qui prenaient du bon temps. C'était pour le bien du quartier et du bon voisinage. Cela nous permettait de nous identifier, de nous familiariser et de parler des choses qui ne fonctionnaient pas très bien dans le quartier. On célébrait la communauté, notre quartier, nos enfants dans cet espace sain que nous voulions préserver pour eux. Les familles noires américaines, en particulier, avaient vécu au même endroit pendant deux ou trois générations, donc c'étaient des lieux que nous maîtrisions vraiment. Quand j'étais jeune, nous écoutions les Ohio Players, Marvin Gaye, Earth, Wind and Fire pendant ces *block parties*.

En 1973, le *block party* est toujours aussi populaire mais les nouvelles musiques émergentes prennent le dessus. Les MCs parlent sur de la musique afro-américaine ou latino car les deux communautés ont une histoire très proche, et plus tard, sur de la musique des Caraïbes.

Le reggae dancehall de la Jamaïque, de Trinidad et Tobago faisait aussi son entrée, puisque de nouveaux immigrants s'installaient dans les quartiers déjà peuplés de minorités. Mais le but de ces fêtes était toujours de créer des affinités et de s'amuser en famille dans une ambiance bon enfant. Nous dansions, poussions notre imaginaire pour rivaliser de dextérité, histoire de se montrer et de partager.

Le contexte social et politique dans lequel nous vivions à l'époque aussi devint particulier. Nous étions partis du mouvement des droits civiques des Noirs, la lutte des femmes, la guerre du Vietnam, le président Nixon impliqué dans un énorme scandale, pour tomber dans une crise économique très sérieuse qui touchait surtout New York, le cœur des affaires. La situation a dégénéré lorsque, pour sortir de cette crise, des mesures draconiennes ont été prises, surtout dans les services sociaux (hébergement, éducation et santé) et par conséquent les plus démunis ont été abandonnés. Cela a tout de suite affecté les minorités. Dans le Bronx, les familles perdaient leurs maisons, le sud du Bronx tombait en ruine. Certains opportunistes en profitaient pour brûler des bâtiments afin de pousser la communauté noire hors de ces quartiers et pour plus tard reconstruire du flambant neuf et repeupler le secteur avec des communautés qui avaient les moyens. Voilà le contexte qui a favorisé l'instabilité. Nos plus jeunes frères n'ont pas eu les opportunités que nous avions eues à travers tous les services sociaux. La précarité avait pris le dessus. Et bien sûr, la criminalité était au plus haut. Plus rien ne venait jusqu'aux habitants du Bronx. Des jeunes de rien du tout avaient quadrillé le Bronx en secteurs, des gangs se sont fait des réputations de tueurs. Même hors du Bronx, il y avait des répercussions. Des Noirs d'un côté, des Latinos de l'autre, des frères séparés par leur appartenance à des gangs différents. Il fallait être dans un gang pour ne pas être le gamin ordinaire qui se faisait prendre son blouson ou ses chaussures. La jeunesse du Bronx se bagarrait, volait, avait constamment des altercations avec la police. Je me souviens bien qu'ils étaient vraiment très jeunes et que les caïds prêts à tout casser, à tuer, couvaient les créatifs du groupe qui se cachaient pour rentrer chez leurs parents. C'est cela le contexte dans lequel cette forme artistique qu'est le hip hop a pris racine, mais elle n'était pas un art de tueur ni de vandale, mais plutôt une sorte de lucarne de réconfort et d'espoir.

Les jeunes prenaient leurs graffitis et la danse très au sérieux. Le graffiti était au premier plan. Des wagons de métros entiers étaient tagués pendant la nuit, les signatures rivalisaient de visibilité. C'est beaucoup plus tard que la machine boulimique s'est lancée sur le hip hop, sur le rap en particulier. Je ne parle pas des jeunes qui se livrent à leur art au coin de la rue, ni d'artistes confirmés du hip hop, je parle de la machine commerciale qui transforme les concepts premiers pour en faire un vecteur de messages et d'enseignements dangereux pour la jeunesse. La machine qui a introduit l'image du gangster dans le rap, du fumeur d'héroïne puis de cocaïne, du jeune homme qui détruit sa propre communauté au nom de la célébrité et de l'argent, même s'ils produisent énormément de hip hop. La machine commerciale est tellement puissante qu'elle est allée intoxiquer la jeunesse du monde entier aujourd'hui. L'héroïne bien sûr était déjà présente dans le ghetto, c'est comme ça dans les quartiers très pauvres, et la cocaïne colombienne avait fait son entrée depuis la guerre du Vietnam, mais le hip hop était à l'abri de tout ça. Justement, c'est cette image que la machine commerciale a ramenée et collée aux acteurs du mouvement. Des jeunes noirs qui ne s'aiment pas et n'aiment pas les leurs, qui s'insultent, ne respectent ni leurs femmes, ni leurs enfants, utilisent toutes les drogues possibles et prônent l'oisiveté et la violence. Les jeunes dansaient, chantaient, écrivaient, dessinaient ; ils ne pouvaient pas faire tout cela en étant accrocs. Cette sacrée machine s'est acharnée sur la communauté et a même convaincu les jeunes noirs de cette image préfabriquée.

Je donne l'exemple d'un jazzy qui montait sur scène avec une vingtaine d'autres gars avec leurs pantalons tombant sur leurs fesses et qui n'avaient pas de rôle dans la musique du rappeur. Ils étaient là pour la frime, le posse, le groupe. Mais ils montaient sur scène quand même. Pendant ce temps, au bas de la scène, il y avait des gars comme eux, costauds, qui tiraient les câbles, ajustaient les lumières, passaient les micros, réglaient les détails techniques. À la fin du concert, le jazzy rentre en limousine avec ses deux chanteurs et son producteur, les vingt gars du posse prennent le métro – il est deux heures du matin – pour retourner au quartier. Le lendemain, ils jubilent sur la soirée passée et font les commentaires comme s'ils étaient jazzy et se préparaient pour la prochaine date, tandis que les jeunes comme eux qui bossaient dans la salle de spectacle, le lendemain du concert, ils sont à nouveau là, mais cette fois-ci pour un opéra. À la fin du mois, ils empochent un salaire qui fera vivre leur famille. Alors je ne sais pas à quoi on pense aujourd'hui en pensant que le posse peut être un modèle d'épanouissement. Voilà une prouesse de la machine.

Eugene Adams est Directeur des programmes collaboratifs au Bronx Community College, États-Unis. Ces dernières années, il s'est intéressé aux thématiques de la jeunesse, ses pratiques esthétiques et artistiques.

Track 2 : Rap américain, état des lieux
Greg Thomas

Ceux qui fonctionnent réellement dans ce mouvement font des distinctions très claires entre le rap commercial qui passe dans les médias et ce qui est désigné comme le véritable hip hop et la révolution hip hop. C'est très important de commencer là pour mieux comprendre le hip hop. Nous sommes dans un contexte économique où tout est focalisé sur le pouvoir d'achat des consommateurs blancs des États-Unis. C'est pour cela aussi que le rap commercial est un terreau fertile. En ce moment, c'est ce rap-là qui est mis en avant et qui est représentatif de tout un mouvement. Ce mouvement souffre de cette image machiste et gangster du hip hop. C'est tout cela l'impérialisme américain ; ça commence à l'intérieur avant de s'étaler sur l'extérieur. Ce hip hop est de la musique populaire blanche sur un *beat*, ça devrait s'appeler "hip popular". Quand les "conscients" que nous sommes pensent à notre hip hop, nous pensons à sa conscience, à son histoire, à son origine, à ses disciplines multiples qui, d'ailleurs, ne sont pas dominées par son rap et ses MCs.

Aujourd'hui, beaucoup de personnes ne connaissent pas l'histoire du hip hop, alors ils s'en tiennent à ce qui leur est servi, et souvent mal servi, à travers des médias qui appartiennent à la majorité blanche : MTV, BET, les chaînes locales. Les politiques de gestion et de programmation des radios sont pires que tout. Ce sont elles qui nous régurgitent le hip hop exploité par les blancs qui n'a rien à voir avec un hip hop connecté à sa véritable philosophie et à sa base : la communauté noire.

C'est une question très complexe. L'impérialisme américain exploite à fond le hip hop mais en même temps il le méprise complètement. C'est un rapport d'amour passionnel et de haine. Le système le met en circulation sous une forme détournée puis vote des lois contre sa circulation, puis l'attaque à longueur de journée pour ses propos et son comportement. C'est une dynamique intéressante, non ?

Lorsque l'on parle de hip hop, on devrait parler d'autorité au sein de ce hip hop et éviter d'aller vers les recherches académiques d'intellectuels blancs, et noirs, d'ailleurs (rires), ou d'allumer sa télévision. Nous en sommes à un point où il faut refaire le bien de notre hip hop, il y a des repères à connaître : Afrika Bambaataa, par exemple, que l'on a tendance à oublier, a été écarté des débats alors qu'il est toujours très actif. Il y a des informations erronées comme, par exemple, ceux qui croient que le hip hop a commencé avec Def Jam ou avec les tubes de l'année dernière. Nous avons besoin que le hip hop reprenne ses galons, parce que c'est une affaire de communauté, c'est une affaire de dévouement social et non une affaire d'argent. La communauté noire a créé quelque chose de puissant et tout le monde s'en est vite rendu compte.

Accès à ce hip hop-là : la bonne base de données

Ainsi, le problème du hip hop aujourd'hui est le même chez toutes les communautés noires à travers le monde, à savoir : la mise en place d'institutions significatives pérennes qui assurent leur rôle de sentinelle. Des institutions fortes qui se défendent et qui défendent leurs communautés face à la colonisation, la néo-colonisation et l'impérialisme. Beaucoup de nos problèmes peuvent être résolus par l'existence d'institutions noires autonomes. Des écoles maintiendraient les enfants de cette communauté dans le système scolaire, des radios et télévisions prôneraient le respect, la fierté et le travail bien fait, plutôt que la destruction et les travers des fils de cette communauté. C'est celui qui contrôle la situation qui contrôle les définitions, l'image et la réputation.

Nous n'avons pas ces institutions aujourd'hui et nous ne les avions pas dans les années 50 non plus, c'est ça le problème. Sinon, ils auraient récupéré le hip hop, récupéré l'image et la détermination de notre communauté. Donc ça empire parce que le pouvoir blanc nous écrase avec ses concepts. La communauté souffre également de ne pas avoir de moyen de communication efficace.

Des critiques s'acharnent sur le hip hop parce qu'ils n'en savent rien et ils peuvent attaquer un rappeur qui, dans un morceau, parle comme s'il détestait la culture des siens et de ses enfants. Il mettrait à nu des problèmes de sa communauté sans recherches sérieuses et offrirait à tous ces critiques blancs ou noirs (il y a beaucoup de "vendus") l'opportunité de dire : « Vous avez vu comment ils se traitent entre eux ? ». Vous savez, même dans notre communauté, vous pouvez vous adresser à la génération de vos parents qui ne savent pas forcément ce qui anime le hip hop, ce qui est pardonnable, mais ils n'entreront pas dans un dialogue sur cette question car leur avis est déjà forgé par les médias. Donc la rupture est opérée là même où le hip hop aurait dû trouver refuge. C'est comme ça que l'ennemi gagne du terrain.

Vous comprendrez aisément que nous sommes cernés et que parmi nous nous n'arrivons pas à mettre en place une plateforme de dialogue pour déterminer ce qui est quoi et où nous allons. Il y a de l'hostilité et de la négativité dans le milieu et ça pourrit tout. Nous ne sommes pas prêts, pas outillés pour aborder ces problèmes et les résoudre : le vrai, le faux, comment aller de l'avant et surtout comment se défendre contre ceux qui ont programmé notre destruction.

La bonne voie hip hop : qui est radical et qui ne l'est pas ?

Il n'y a pas de classification facile. On ne peut pas opposer l'*old school* à la *new school*. Avec les contemporains, on ne peut pas dire qu'ils ne sont que radicaux et ne s'amusent pas de temps en temps avec un son populaire et dansant. La classification est une négociation. Même les artistes se disent : « Je vais faire trois tubes pour la radio et le reste de l'album est pour moi ». Ou ils choisissent un style très dansant pour passer un message très puissant et très radical. Ce n'est pas immuable et ce n'est pas simple à déterminer.

Il y a une nouvelle expression, *true school* depuis que *old school* et *new school* sont sur les lèvres de tous les critiques et journalistes. Dans le hip hop aux États-Unis aujourd'hui, même le concept du nom de scène a reculé, il y en a qui utilisent leur nom d'esclave : « Je suis Lloyd Banks » (rires), et ils n'ont pas peur de se copier et de se ressembler. Vous pouvez en regarder trois, quatre et vous dire c'est lequel celui-là encore ? Avant, il fallait un nom de guerre qui vous positionnait dans un contexte spécifique. Le contrôle de l'industrie du disque, donc du profit, a cassé le *feeling* et la réglementation de ce mouvement. L'originalité, la performance, la collaboration ou le *freestyle* pointu ont disparu. On n'invite pas à des *featurings* des artistes que l'on aime ; on fait des collaborations commerciales de têtes d'affiches pour gagner de l'argent parce que c'est ce que le public veut voir.

La scène hip hop au Sénégal, en ce moment, est très vive, et pourtant je n'ai passé qu'un seul mois ici et je perçois bien la dynamique. Elle nous rappelle notre scène à un moment donné. Le hip hop au Sénégal a des noms, des personnalités très différentes et ça, c'est génial ! Quand j'entends à Dakar un nom comme Fou Malade, Pacotille ou Keyti, ça me ramène très loin dans l'histoire de notre hip hop à ces moments intéressants quand nous n'étions pas encore phagocytés par le commercial. Les paroles sont intéressantes et il faut monter sur scène et faire du live, c'est capital. De voir des jeunes qui viennent de partout juste pour écouter et en plus qui connaissent les paroles, de voir qu'il y a un posse dans chaque ruelle de Dakar.

Aux États-Unis il y a des artistes comme Immortal Technique, qui est incroyable. Common est une sacrée réussite aussi ; il tente l'expérimental puis revient à ses sources. Il est habile, intelligent, il va dans le cinéma puis revient. Et, bien sûr, il y a Dead Prez, loyaux et dynamiques. Ils ont réfléchi à tout. Ils ont des stratégies artistiques dans leurs textes et en marketing qui sont extraordinaires. Flo Brown de Jersey est une femme avec une nouvelle formule et une démarche très personnelle. Jean Grae, Black Market Militia, Last Poets, et même Bambaataa sont toujours présents. Nous ne sommes pas obligés d'écouter des sons de 50 Cent à longueur de journée sur les ondes comme un message subliminal qui nous pousse à acheter par réaction et non parce qu'on aime. Personne ne jugera le jazz sur la base de King G, alors il faut se battre pour que le hip hop ne soit pas vu ainsi. Et on doit arrêter de dire que le hip hop meurt parce que c'est une communauté qui le fait vivre et pas un gars de l'autre côté de la rive qui met des disques pour accompagner des travailleurs américains qui n'attendent que le vendredi soir pour se déchaîner et qui font confiance à ces radios pour savoir quoi penser et quoi acheter. Nous ne serons pas complices et nous ne ferons pas du tube de l'été un mode de vie.

Souvenez-vous que dans l'histoire, toutes les formes artistiques révolutionnaires ont eu un contre-mouvement : le jazz avec le *swing*, la soul a eu le rock et la pop, puis le funk avec le disco, jusqu'au hip hop avec son pop commercial. On prend des *beats* hip hop, des artistes hip hop, des nanas sexy toutes blanches, des petits gars, des *boy bands*, des producteurs qui remplacent le flair des DJs, des chorégraphes qui se vendent au meilleur prix et le tour est joué. Donc nous avons besoin de radios pirates. Nous devons trouver des alternatives pour faire face à tous ces vendus qui sont payés pour nous mépriser et nous traîner dans la boue. C'est le *white mass murder*, ils nous dénoncent et se dénoncent eux-mêmes sans scrupules, c'est là où nous en sommes. Par exemple, la mort du rappeur Tupac Shakur a permis à d'autres comme Dmx,

Ja Rule et 50 Cent d'arriver au devant de la scène devenue libre pour faire de l'argent. Il y avait réellement un vide. Chez les femmes, dites-moi qui, à part Erykah Badu, Lil' Kim, Lauryn Hill, a fait quelque chose d'original depuis. Personne dans le commercial. Puis Bessie Smith arrive comme une copie suivie d'autres mauvaises copies, en oubliant que les originaux avaient une mission dans un environnement prédéterminé. La surface sans les objectifs.

Souvenez-vous, Lil' Kim laissait passer au moins trois ans entre ses albums et entre les deux, les copies se positionnaient. Elle est sexuelle et politique parce c'est son environnement, elle n'est pas hypocrite ; le faux puritanisme des Américains ne l'atteint pas. Les gens veulent être libérés de son agressivité mais ça ne les dérange pas qu'un homme soit comme ça. Ainsi Missy Elliot et Eve ne sont pas des menaces pour la société, on peut les promouvoir à fond. Elles peuvent occuper le devant de la scène. Elles ne sont pas des *queen bitches*, reines pétasses. Les bourgeois sont comme ça ; depuis leur salon ils peuvent sélectionner qui sera boycotté sur les médias majeurs.

East contre West

Voilà une très bonne trouvaille commerciale. Revenir à la rivalité positive dans le hip hop pour le transformer en un appareil à destruction et à sensation à travers l'histoire de Tupac Amaru Shakur et Biggie Smalls. Comment positionner un artiste comme Tupac qui a des origines à Washington, à New York, et en Californie ? Et bien que Biggie et Tupac aient toujours dit clairement que leurs conflits les concernaient personnellement et ne provenaient pas des régions des États-Unis, l'opportunité était trop belle. On a dramatisé, on a fait des paris encore une fois pour l'aspect commercial, en recréant des cartels, pour mettre en avant des pauvres noirs sans cervelle qui se tirent dessus. Dans les années 60 cela a existé, cette affaire de territoire avec les gangs, mais on connaît le contexte de l'époque. Ce n'était pas une opposition côte Est contre côte Ouest. C'est la conspiration qui continue. C'est tragique, cette affaire interne est devenue globale. Alors que faire de tous les producteurs qui ne sont ni du *East* ni du *West* et qui occupent les devants de la scène ? Il n'y a pas que ces deux côtes-là aux États-Unis, c'est une erreur grave à corriger. Les médias sont ironiques ; c'est le Sud de notre pays qui a le plus à dire pourtant. Les médias nous disent quel auteur choisir et que nous ne pouvons en choisir qu'un seul à la fois et donc pour le rap c'est la même chose : « Voilà l'artiste du moment ». Voilà pourquoi l'*underground* est fonctionnel dans tous les domaines dans le monde. Les américains ne savent même pas tout ce qui se produit à l'intérieur des États-Unis. Alors imaginez cette production underground hors du territoire.

On me dit très critique de nos critiques, mais c'est normal, ils sont ignorants. Si tu cites cinq artistes que tu ne veux pas voir à la télé, il faut en citer cinq, dix, quinze que tu voudrais y voir. Le hip hop n'est pas né avec la télévision ni avec la radio mais au coin de la rue, comme à Dakar en ce moment. Donc, il y a un investissement personnel à faire pour tous ces critiques qui doivent descendre là où ça se passe et s'approvisionner. Nous devons être autonomes. Imaginez que l'on ferme la télé ou la radio. On fait comment ? On avait quoi avant ? Pour tous les acteurs du mouvement c'est la même chose, le critique comme le MC, si tu n'as pas affûté tes *skills*, tes atouts dans la rue avant de te lancer dans le hip hop, tu n'es pas hip hop, tu es pop.

Nous avons besoin d'avoir accès à ce qui se passe dans le pays, et hors du pays. Les médias ne nous donneront pas accès à cela. Il faut qu'on se débrouille tout seuls.

Quand tu es hip hop, tu dis « je suis hip hop », tu ne dis pas « je suis un fan ». Il ne faut pas que l'on nous arrache le hip hop. Il ne faut pas laisser la bourgeoisie blanche internationale nous prendre le hip hop. Vous vous rendez compte comment les noirs américains avec un passé aussi lourd que celui de l'esclavage ont enfin créé une forme artistique qui a tout de suite trouvé des liens profonds avec les noirs d'Afrique et de tous les autres continents ? Sérieusement, regardez comme cette connexion est forte… c'est tellement important. C'est pour cela que cette expression est attaquée, parce qu'elle nous rend forts. C'est à nous, c'est la culture *black*. Ce n'est pas du hip hop en costume.

Greg Thomas est professeur associé à l'université de Syracuse dans l'État de New York. Il est le fondateur et le directeur de publication du magazine « Proud Flesh » *et l'auteur des ouvrages* « The Sexual Demon of Colonial Power » *et* « Hip hop Revolution in the Flesh : Power, Knowledge and Pleasure in Lil' Kim's Lyricism ».

Track 3 : Le rap, la forme la plus visible du hip hop aujourd'hui
Ousmane Sène

Le rap ou le hip hop n'est pas né dans les années 1970. Il y avait déjà dans le jazz et certaines manifestations américaines depuis les années 1929, des choses qui ressemblaient beaucoup au hip hop. C'est une musique qui fonctionne essentiellement sur la base du rythme, mais également sur la base de ce que l'on appelle la rime. Ces vers existent dans la production musicale afro-américaine depuis très longtemps. Le rap se distingue aujourd'hui surtout par sa forme radicale. C'est cette facette qui attire ou qui dégoûte. Quand nous parlons de l'aspect du hip hop qui "dégoûte", c'est peut-être le langage grossier. Mais, ça c'est parce que nous n'avons pas interrogé notre histoire, parce que je me rappelle que dans la culture sérère comme dans la culture lébou, des oncles qui parlaient un sérère pur du plus profond du Saloum et à chaque fois ils sortaient des injures de leurs bouches. Les grandes personnes pouvaient le faire mais pas les jeunes. C'était ça la différence. Dans la culture afro-américaine elle-même, il y a une tradition qui s'appelle *the dozen*, vous êtes là à vous insulter l'un et l'autre. Les insultes et l'injure existent bel et bien dans les règles qui régissent la communauté. C'est dans la *high society*, la société polie, que l'on ne veut pas reconnaître son existence, mais cela fait partie de notre culture et ce n'est pas la chose la plus mauvaise qui en fasse partie, d'ailleurs. Il faudrait que nous refassions l'histoire de nos sociétés, la sociologie des sociétés africaines pour voir la position, le rôle, la fonction de ce que l'on appelle l'insulte. Je me rappelle même, dans le roman de Chinua Achebe, *Le monde s'effondre*, dans les premières pages, quand Okonkwo se demandait quelle était l'ampleur ou la signification de son pouvoir, il a insulté ses vis-à-vis. Donc, partout où nous avons nos oncles et nos papas qui parlent, il y a des injures qui fusent de gauche à droite, mais cela n'empêche pas que nous soyons dans des sociétés civilisées et tout à fait correctes.

Il y a des écrits dans le monde universitaire sur le hip hop. Il y a une rappeuse très connue aux États-Unis, Sister Souljah, qui a écrit un livre *No disrespect* avec une introduction par Professeur Cornel West. Il y a également le livre intitulé *Rap the Lyrics* qui fait la genèse du rap, du hip hop, du début à nos jours. Dans la préface du livre, la fonction du rap est assimilée à celui du griot dans nos traditions.

Dr. Ousmane Sène est professeur de littérature africaine et africaine-américaine au Département d'anglais à l'Université Cheikh Anta Diop, et le directeur de l'Association de recherche Ouest Africaine (WARA) à Dakar, au Sénégal.

Track 4 : Citoyenneté et politique
Abdoulaye Niang

Si, à une époque, on prêtait peu l'oreille à ce mouvement, ce n'est plus le cas de nos jours. On fait appel à ses acteurs pour des questions très sensibles, ce qui veut dire que l'on reconnaît à ce mouvement la capacité à parler efficacement des problèmes sociaux. C'est un acquis qu'il ne faut pas négliger, au-delà de leur manière de les exprimer. Sur le fond, il y a un accord sur la possibilité d'utiliser le hip hop comme une plateforme réellement significative pour être un porte-parole efficace pour la population sénégalaise.

En remontant l'histoire, tout le monde sait que le hip hop a été étroitement lié aux gangs aux États-Unis. Le personnage le plus populaire de ce mouvement, Afrika Bambaataa, avait utilisé le hip hop dans toutes ses branches pour sortir les jeunes de cette culture de gangs. Après avoir été témoin de la mort de son meilleur ami, abattu par la police, il a eu une prise de conscience qui l'a amené à réfléchir à cette spirale de mort et à prendre de nouvelles positions, en y embarquant les autres jeunes autour de lui. C'était une époque où les gangs étaient intenables, à un point tel qu'eux-mêmes étaient conscients qu'une trêve était nécessaire. En 1975, la *Zulu Nation* est en place et d'emblée se déclare un mouvement de paix et non un gang. C'est la première loi à suivre par toutes les personnes qui doivent intégrer ce mouvement. Le slogan *Peace, love, unity and having fun* est bien clair. Ce qui montre que le hip hop s'est intéressé très tôt à utiliser l'art comme un vecteur de la culture de paix, donc de la non-violence.

Il est vrai que dans la culture du hip hop, il y a des éléments d'expression qui vont au-delà de l'œuvre d'Afrika Bambaataa. Prenons par exemple, les *battles* (batailles), cela évoque un esprit d'affrontement. C'est une pratique que l'on retrouve dans toutes les branches, c'est un affrontement qui met en avant le symbolique. Il est souhaitable d'être agressif pour avoir des chances de gagner, mais aussi il faut être très intelligent. C'est une sorte de théâtralisation de la violence. Il est même recommandé d'aller juste devant le visage de son adversaire pour gagner. On le fait pour que la violence réelle n'intervienne pas. C'est une formule intelligente qui permet aux gens d'évacuer le "trop plein" de douleur, de colère, afin de ne pas tomber dans la bassesse. Le battle est une pratique culturelle qui pousse le jeune à se discipliner, parce que, quand on perd un battle, on ne se défend pas en donnant un coup de poing comme on le voit dans le champ politique, mais en retournant à la planche de travail pour revenir plus fort encore.

Donc, c'est également une culture de l'excellence qui vous pousse à aller de l'avant car on est obligé de prendre l'entière responsabilité de sa défaite. Puis on a la chance de revenir, de reprendre un micro et éventuellement de gagner une nouvelle partie. Et ça c'est une leçon de vie très importante que le hip hop nous donne à travers son *battle* que certains perçoivent comme une gesticulation et de l'agressivité.

Le hip hop, qui est une micro société, a la possibilité de trouver des pratiques qui sont en mesure de civiliser les comportements. Le hip hop civilise les comportements par la capacité de dépassement et par le culte de l'excellence. C'est la proposition du hip hop comme comportement lorsque nous avons de la violence et de la contradiction à évacuer entre nous. Le hip hop propose aussi des méthodes d'engagement citoyen. En Afrique, de manière générale, quand on parle de hip hop, on parle d'engagement ; les thématiques des compilations, les slogans des graffitis dans Dakar se positionnent très clairement. Ce sont des messages qui interpellent les classes dirigeantes et tous les citoyens. Le graffiti pour la petite histoire du grand mouvement autour du tag, c'est un jeune homme d'origine grecque du pseudonyme "Taki 183", « Taki » d'une variante de son prénom « Demetaki » et « 183 », le numéro de sa rue, qui, de manière pacifique, fit un immense tag pour montrer qu'il existait au milieu de son quartier, Washington Heights, parmi les autres Américains laissés pour compte qui n'étaient pas montrés à la télévision, ceux qui n'étaient ni blancs, ni bourgeois. Au lieu de s'entretuer dans les gangs, il y avait autre chose à faire.

À Dakar, l'investissement de jeunes du mouvement pour le nettoyage de marchés prouve que les jeunes ne se contentent pas de dénoncer, mais mettent la main à la pâte. Même les danseurs qui revivifient des pas de danses locaux dans des chorégraphies modernes posent un acte citoyen. Bien au-delà de ce qui est le plus visible, le plus médiatisé, tout ce qui est *bling bling*, tout ce qui fait sensation et qui fait partie du hip hop, il ne faut pas l'oublier parce que c'est aussi une culture de la diversité. Plus profondément, le hip hop a été une leçon de vie pour des jeunes à qui on disait « Vous ne valez rien, vous ne pouvez rien faire. » Alors, qu'au contraire, en étant imprégné de sa foi, de sa volonté, de sa capacité au dépassement, on pouvait devenir quelqu'un pour soi-même et pour toute une nation. C'est un legs qu'il faut continuer à vivifier pour que le hip hop soit toujours à l'avant-garde des mouvements d'engagements, et au-delà de l'engagement, un art qui devienne un métier et qui se confronte à d'autres réalités, entre le côté business et le côté artistique.

Pour ceux qui ne connaissent pas l'histoire du hip hop sénégalais, il faut qu'ils sachent que la notion d'engagement politique n'a pas commencé avec le mouvement « Y'en a marre ». La vérité historique est nécessaire. Prenez les tout premiers sons du Positive Black Soul ou PBS, cela exprime déjà une volonté politique. Ils disent « Nous ne sommes ni PS ni PDS » ; il y a déjà une démarcation par rapport aux politiciens professionnels. C'était une manière de dire « Nous ne sommes pas comme vous, mais cela ne nous enlève en rien le droit de nous exprimer sur la chose politique. » Qui disait que la politique est une chose trop sérieuse pour être laissée aux politiciens ? C'est quelque chose qui appartient à tout le monde. La politique, dans sa définition primaire, veut dire la gestion des affaires de la cité et cela ne veut pas seulement dire qu'il n'y a que ceux qui sont à l'Assemblée Nationale qui ont le droit de s'y intéresser, puisque toute décision qu'ils prennent a un impact sur les citoyens. Donc, en changeant de démarche, et en portant le combat de l'engagement politique dans le champ du politique, les gens commencent à se poser des questions. À savoir : cette jeunesse a-t-elle le droit de parler de ces questions comme si elle était un parti politique officiellement constitué ?

Voilà, nous entamons un nouveau chapitre de l'histoire du hip hop au Sénégal. Les règles changent, un développement constant. Le hip hop a été à un tel niveau de succès, de reconnaissance, que certains de ses acteurs ont cru qu'il fallait passer à la vitesse supérieure. Ce sont des choix qui n'engagent pas tous les artistes. Certains ont jugé que s'arrêter uniquement à dire ce que l'on a à dire ne suffisait pas dans un micro ou sur un mur ; ils sont descendus dans l'arène politique. Mais aussi, on ne peut pas nier que lorsqu'un artiste descend dans la rue, il a plus de visibilité. Et on ne peut pas détacher la visibilité de la carrière d'un artiste. Et la notion de leader intervient dans le positionnement. Si vous menez un mouvement, et même si l'on pense que vous avez raison, si l'on vient vous rejoindre, on se met en position d'infériorité. Dans le mouvement, on se dit "unis" et "frères", mais l'autre est toujours un concurrent potentiel. Ce n'est donc pas seulement une question d'engagement politique ; il y a aussi des questions stratégiques qui sont derrière tout cela. Et, qu'on le veuille ou non, si l'on a cette visibilité pour un engagement politique ou de quelque nature que ce soit, ça ne peut pas ne pas impacter votre carrière. Et à un certain moment si on se prend au jeu, je dis bien "si" – je pose une hypothèse – est-ce qu'on n'arrive pas à inverser les priorités en se rendant compte que ce qui était primitivement un engagement politique ne devient pas un élément de promotion personnelle ? C'est une question sociologique.

Dr Abdoulaye Niang est sociologue à l'université Gaston Berger de Saint-Louis, Sénégal. Sa thèse de doctorat porte sur le hip hop.

Xuman est rentré de Côte d'Ivoire au moment où tout le mouvement rap s'emballe à Dakar. Il s'impose son style et prend sa place. Aujourd'hui il développe le projet du journal rappé avec l'artiste Keyti (Rapadio) et le studio Next Level, une jeune équipe de production composée d'adeptes du mouvement.

Chapitre 3

Les débuts de tout et des précurseurs

Les rappeurs et MCs dont les noms sont inscrits parmi les pionniers et les premiers à faire danser la jeunesse sénégalaise portaient avec eux la réputation des quartiers où ils avaient grandi. À cette époque c'était important d'obtenir le respect du bled que l'on représentait. Duggy Tee du quartier Liberté 6 ; Awadi de Amitié 2 ; Xuman du Pee Froiss était de Fass, puis de la Sicap ; le trio Daara J, alors composé de Lord Alajiman et Daara J Family, venait de la Médina, Colobane et Gibraltar ; Keyti de Liberté 1 ; Matador et Manu Wa BMG 44 de la grande banlieue populaire, Thiaroye, Jojo de Yatfu, ou Bibson de Fass ; Bideew Bou Bess, Maxy Crazy, DJ Gee Bayss, tous étaient gonflés à bloc par le public de leur fief. Chacun de mes entretiens s'est fait dans leur fief, à quelques exceptions près, histoire de tester leur *street notoriety* (très important dans le hip hop, la cote de popularité dans son propre quartier). Ces pionniers sont restés dans l'histoire de notre hip hop parce qu'ils ont persévéré, se sont réalisés un temps soit peu et qu'ils ont ouvert la voie à une nouvelle vague qui viendra elle aussi se positionner dans cette histoire commune.

J'ai choisi de faire ces entretiens après les avoir vus en performance, *live* sur de belles scènes (où la technique était au rendez-vous) et j'ai fait les podiums très exigeants au fin fond du ghetto, face à des publics voraces et sans pitié avec la technique rudimentaire et assourdissante. L'avantage, de mon côté aussi, au moment où l'on se pose pour discuter est le fait que je les connais déjà, enfin, je connais leur musique, leur écriture, leur *flow*, leurs *feelings* et souvent un membre proche ou éloigné de leur famille parce que nous sommes de la même génération, de la même ville et que j'ai grandi avec leur musique. Les précurseurs se souviennent de ces moments bon enfant, après que certains d'entre eux, pour ne pas dire tous, aient maintes fois changé d'acolytes, ou de groupes maintes fois, que les séparations et ruptures se soient faites tranquillement, logiquement ou non.

Duggy Tee de Positive Black Soul, le quartier Liberté 6

Pour moi, le hip hop c'est une philosophie, une façon de vivre, de penser. Déjà à l'époque, encore au lycée, je savais que c'était ce qui ferait toute ma vie. C'est cette façon de sentir les choses et de les exprimer qui me plaisait. Le hip hop est une culture très riche qui venait compléter le sénégalais que j'étais. J'ai commencé par la danse : le *break-dance*, mais je fréquentais d'autres jeunes qui faisaient du tag, du graffiti et de la poésie, plus proche du slam d'aujourd'hui que du rap. Pour moi, le hip hop c'est la vie, nos moments de vie précieux ou douloureux que nous avons la liberté d'exprimer et qui nous permettent d'être entendus.

A nos débuts, il y avait énormément d'obstacles. Les gens disaient que nous nous prenions pour des Américains. Pour eux, il n'y avait que les Américains qui avaient le courage de faire du rap. Et partout où nous allions, les gens se moquaient de nous et nous chassaient. Nous allions dans les boîtes de nuit et nous supplions pour qu'on nous laisse passer en spectacle, mais on nous disait : « Dégagez, il n'y a pas de rap ici. » « C'est quoi le rap ? » « Si vous avez des *rap* (djinns ou génies en wolof), allez ailleurs ». Alors, nous avons persévéré dans ce que nous faisions et quelques années après, ce sont ces mêmes personnes qui venaient négocier avec nous pour que nous fassions des spectacles. Ces gens qui n'y croyaient pas, aujourd'hui, ont des filles et des fils qui se reconnaissent dans le hip hop, alors ils sont forcés de reconnaître que ce n'était pas de la bouffonnerie.

Quand le vent a tourné, nous, les danseurs, étions les vedettes. Nous étions les *bad boys* de l'underground, fringués à mort, agiles et anticonformistes. Nous étions les nouveaux guerriers. Et plus tard nous faisions de cet univers notre tout, notre passion et notre métier. Et ce métier nous a tout donné. En 1988, l'année scolaire au Sénégal fut annulée. Beaucoup de jeunes dont les parents n'avaient pas les moyens de les expédier ailleurs se sont retrouvés à se chercher dans la ville. Une formation, un stage, tout le monde courait et les parents se faisaient du mauvais sang. Moi, je fais partie de ceux qui ont choisi de faire de la musique, j'aimais déjà ça. Je passais tout mon temps à apprendre par cœur des textes. Beaucoup de jeunes comme moi de la troisième à la terminale se retrouvaient dans la rue pour écouter ou voir ce qui changeait leur quotidien. C'est vrai que le hip hop américain circulait à fond dans nos rues, mais en 1984, nous avons tous eu des insomnies après les projections des films « *Break Street* » puis « *Beat Street* ». Nous voulions être dans leur peau et partager leurs histoires, leurs histoires d'injustice. En 1994, c'était fou, Dakar était en feu tellement la ville grouillait de rap. Le groupe américain Public Enemy faisait feu et flamme ; il lançait des messages qui nous touchaient directement. C'était un rap réfléchi ; beaucoup plus intellectuel. Un rap qui faisait la narration de tout ce qui se passait dans la rue, dans les ghettos. Et, enfin, nous comprenions le sens des choses. Le monde était donc organisé ainsi et voilà pourquoi nous en vivions toutes les répercussions.

Awadi de Positive Black Soul, Amitié

L'année 1988, en effet, fut comme une bombe et c'est cette génération de jeunes qui a lancé le hip hop. Nous étions en classe de première et l'invalidation de cette année scolaire nous a fait "chier". Au même moment, il y avait les "fils de" qui, vu la situation était catastrophique, sont partis. La frustration était grande. On s'est dit que c'est un peu trop facile, ils ne sont pas plus intelligents que nous. Ils n'ont pas eu une meilleure naissance et ils n'ont rien de plus que nous. Et il n'est pas question que nous acceptions cet état de fait. Le soleil brille même pour le fils du chien. Nous nous sommes rendu compte que l'on disait que nous étions une jeunesse malsaine, alors nous voulions prouver que nous étions positifs. Nous sommes venus avec des valeurs positives, nous sommes venus avec un discours pour leur montrer que nous n'étions pas une jeunesse malsaine. Ce mot nous a fait très mal, même s'il a été sorti du contexte dans lequel il a été dit, mais c'était révélateur. Donc, à partir de 1988, notre mot d'ordre était : « Nous ne comptons pas sur les politiciens, nous comptons sur nous-mêmes ». Nous n'allons plus les Falé, le *"Boul Falé"* c'est un peu cela, nous ne *falléons*[1] plus les politiciens, nous allons nous prendre en charge. Et donc, tous ces gens qui ont vécu 1988 ont adopté une nouvelle façon de penser. Nous avons pris Mai 68 au Sénégal comme référence aussi. Résultat des courses, ce n'est qu'aujourd'hui que je peux parler à un politicien et je n'ai aucun complexe à parler devant qui que ce soit, dire mes doléances et ce que je pense. Ma fierté, c'est de

---

1 Nous ne se soucions plus d'eux.

me réaliser sans les politiciens. Si j'ai cinq francs, je me contenterai de mes cinq francs, mais ils seront propres. L'argent sale, nous n'en avons pas besoin et ce n'est pas cela qui va faire la réussite de cette jeunesse.

Le hip hop, c'est un choix de vie. C'est une culture qui me plaît, dont toutes les composantes : danse, graffiti, écriture, poésie, sont libres et justes avec un certain respect des valeurs sociales. On y adhère ou on n'y adhère pas. Et chez nous, dans nos sociétés africaines, c'était considéré comme une culture marginale. C'est normal que nous adhérions à ce mouvement car nous avions besoin de cela pour déranger ces valeurs sociales que les aînés prônaient sans y croire. Les gens s'arrêtent seulement à l'apparence, alors bousculer les codes sociaux, ce n'était pas méchant. Nous voulions être écoutés dans notre société qui ne nous a pas souvent pris en compte.

Laissez-moi vous raconter une anecdote, un jour, ma mère nous surprend à moitié endormis, Duggy Tee et moi, dans une chambre en bas de chez nous. Elle nous demande pourquoi on n'est pas en cours. Nous avons prétendu être en révision en attendant le cours de 10 heures. Puis comme cette planque était grillée, on allait chez le vendeur d'à-côté qui nous prêtait une petite chambre dans l'arrière boutique.

Le jeu était clair, donc il ne fallait pas se planter, parce que tu as le regard de toute une famille, des proches, des ennemis. J'ai eu la chance d'être dans une famille où on me laissait faire ma musique tant que je travaillais bien à l'école. Mais, du coup, on a tout fait pour que je n'aille pas en France faire de la musique parce que c'était sûr que j'allais laisser tomber les études. Et cela m'énervait parce que j'avais des copains qui allaient en France et il fallait y aller à cette époque, c'était à la mode. Mais après, je me suis bien rendu compte que cela m'a servi de ne pas y aller parce que, peut-être, aujourd'hui, je n'aurais rien à dire ou je serais encore en train de parler des banlieues. Aujourd'hui, je parle de choses qui, à mon humble avis, peuvent faire avancer une certaine situation dans le pays et sur le continent.

J'ai commencé par le *smurf* et le *break-dance* en 1984. La même année, mon père décédait. En 1992, huit ans après, j'ai eu l'autorisation officielle d'être un rappeur. MC Solaar est venu à la maison, le directeur du Centre Culturel Français de l'époque, quelques patrons de grosses sociétés qui nous soutenaient, tous sont venus parler à ma mère. C'est cela qui l'a mise en confiance. Elle m'a dit : « Si c'est ta voie, je n'y peux rien ».

La famille conquise, le plus dur était à venir. Partout où nous allions, on nous disait « Votre histoire de rap, nous ne connaissons pas, faut pas nous fatiguer ». Nous répliquions « Regardez les Américains, les Français ». Ils nous viraient toujours. Entre 1989 et 1994, nous avons bien galéré ; c'étaient les meilleurs moments. Il nous a fallu aussi un peu de jugeote pour commencer à mettre du wolof parce qu'au début nous singions les Américains, habillés comme eux, avec notre baratin en anglais. Et en parlant wolof, les gens se sont rendu compte que c'était intéressant et cela a commencé à faire sympathique. Tu entends « Ils rappent, ah oui, en wolof ! » Ce fut une curiosité et cela a démarré.

Xuman de Pee Froiss, le quartier Sicap

Le premier obstacle fut le même pour tout le monde qui embrassait ce mouvement : l'incompréhension des parents. Moi, je fais partie d'une famille ultra conservatrice, ultra religieuse. Mes parents ne vivaient pas dans la capitale, Je vivais chez la sœur de mon père et quand j'ai commencé à *rapper*, elle m'a mis à la porte. C'était incompréhensif que je fasse partie d'une famille religieuse et que je me mette à chanter. Elle m'a dit : « Tu n'es pas un griot, tu ne dois pas chanter. C'est quoi le rap ? » Je n'ai pas su les convaincre. En plus, j'avais arrêté les études pour le rap, pour m'y consacrer à 100%. C'était perdu d'avance.

Le deuxième obstacle était d'ordre matériel. Je venais d'arrêter les études, j'étais sans emploi et sans toit. Nous étions trois dans le groupe et chacun essayait de chercher de l'argent pour faire les maquettes, pour survivre. Nous ne pouvions nous permettre d'aller dans les studios pour enregistrer parce que c'était très cher. Les plus grands de l'époque, Xippi et Studio 2000, n'avaient pas le matériel adéquat pour faire du hip hop. Ils avaient des claviers et tout le matériel, mais pas de son hip hop.

Le troisième obstacle, c'était les producteurs, parce qu'il fallait les convaincre afin qu'ils comprennent que le hip hop n'était pas du n'importe quoi et que ça pouvait marcher. Nous avons eu la chance alors de rencontrer Awadi et Duggy Tee du Positive Black Soul qui avaient sorti un album auquel nous avions participé. Nous nous connaissions depuis un moment. Nous avons alors été leur première expérience dans la production ; ils ont misé sur nous. Ce fut une chance pour nous. Après cette opportunité, nous avons sorti notre deuxième album avec notre propre argent. Après l'album, les concerts se sont enchaînés dans tout le pays, il a fallu s'organiser, se structurer, apprendre tout sur le tas. Nous n'avions aucune idée du business derrière.

Le *show*, c'est tout ce que l'on connaissait. Et encore, les espaces qui nous recevaient à l'époque ne nous préparaient pas à monter sur des scènes. Donc, nous avons découvert que le *show* commence avec l'élaboration du texte, de la musique, la position de ton corps sur scène, l'habillement. C'est pour cela que le public paye : pour avoir du *show*.

Du vrai *show*. La réalité était face à nous ; c'est une machinerie que nous n'avions pas et que nous n'avons toujours pas. Le business te permet de vivre quand il suit la ligne droite. Le business, c'est le manager, l'imprésario, l'attaché de presse, toutes les personnes qui permettent à l'artiste d'exister, d'exploiter son inspiration. C'est ce qui te permet de monter sur scène, d'entrer en studio, de faire le *show*. Tu as envie de faire passer ton message. Et pour y arriver, il faut des relais : ton morceau doit arriver aux médias, être disponible sur le Net, il faut des posters, des *flyers*, tout ce qu'il faut pour montrer aux gens que tu existes, que tu as un produit. À cela s'ajoutent les clips, les tee-shirts, etc. C'est un métier, c'est comme si tu avais une exploitation minière et que tu n'avais pas la possibilité de faire savoir aux gens que tu as des diamants ; ça ne sert à rien…

Ce n'est pas parce que c'est du rap qu'il ne faut pas que cela soit organisé. Il faut trouver les moyens de générer des fonds et d'être autonome. Nous avons tous galéré financièrement et aujourd'hui, nous ne sommes pas les plus riches du quartier, mais *Alhamdoulillah* (Dieu merci), nous sommes des *survivors*.

La première génération de hip hop est, en effet, issue de l'année blanche 1988–1989. J'ai eu la chance de faire partie de cette génération-là, même si je n'ai pas fait l'année blanche ici (j'étais en Côte d'Ivoire et je suis venu juste après). Mais j'ai continué mes études ici. J'ai vu qu'il y avait une rancœur par rapport au système qui considérait ces jeunes-là comme des moins-que-rien. C'est durant cette période-là que les jeunes se sont tournés vers le football et la lutte. Nous pouvons dire que nous sommes parmi les premiers groupes de rap, nous sommes ceux que le président de la République, Abdou Diouf avait appelé « la génération malsaine ».

Après cette première génération, il y a eu une nouvelle vague, les lyrics se sont corsés à ce moment-là. Cette génération s'est mise à écrire des textes qui n'étaient pas tendres avec le système. Il y avait plein de chômeurs et chacun essayait de tirer son épingle du jeu. Et les effets de cette année blanche-là continuent à se faire ressentir jusqu'à présent dans les textes de hip hop.

Ces derniers vingt ans, le groupe Daara J (Lord Alajiman, Ndongo et Faada Freddy), ont fait le tour du monde dans les plus grandes salles, sur les plus belles scènes. Ils sont la fierté de la jeunesse sénégalaise jusqu'à ce jour. A eux trois, ils ont fait voyager la musique de leur pays, le drapeau de leur pays et, un jour, en 2008, j'ai vu les fans s'envoyer des injures sur les réseaux sociaux et dans la presse locale autour de la rupture au sein du groupe. Toutes sortes de raisons étaient invoquées dans leur désarroi, l'argent, les femmes, le *management*. Le trio ne lava pas son linge sale en public, ne se bagarra pas au coin de la rue ni sur aucun plateau télé ni radio. Le pays entra dans une fièvre médiatique tentant de venir à bout de cette intrigue qui a fini par se calmer à la sortie de l'album des uns sous Daara J Family et le single de l'autre, Lord Alajiman, annonçant son album prochain. Tous trois ont souffert profondément de ne plus faire chemin ensemble et, en plus, reprirent à zéro leur parcours pour gagner leur pain et nourrir leurs familles.

Lord Alajiman, artiste solo et ex-Daara J

Je suis El Hadji Mansour Jacques Sagna. Je suis né le 16 février 1975 à Dakar. Je suis un fils de la Médina et mon nom d'artiste est Lord Alajiman. Je suis musulman de la confrérie layène de l'Imam al Mahdi.

J'ai commencé par le *break-dance* car c'était la période du cinéma El Hadj de la Médina ; toutes sortes de films y passaient. Il fallait avoir 50 ou 75 francs et de la force pour faire la queue et se battre pour entrer dans le cinéma pour voir les premiers films sur le *break-dance* en 1981. C'est comme ça que nous nous sommes lancés dans la danse. À l'époque, il y avait quelques groupes de danse, je me souviens de l'un d'entre eux qui s'appelait les Beatles, bien avant que l'on se mette au rap au Sénégal. J'ai commencé la danse avec un ami qui s'appelait Omar Gueye Johnny, on répétait chez lui à la Médina dans une chambre.

J'étais dans une phase de transition car je faisais des études en même temps que du taekwondo. J'étais un passionné d'arts martiaux à travers les films de Bruce Lee et de Jackie Chan. On était jeunes et on voulait tout faire en même temps, c'était un peu compliqué.

Par la suite, j'ai découvert la musique par le reggae. J'avais un oncle qui habitait à Thiaroye Gouye Gui avec ma grand-mère paternelle, Binta Cissé. Quand j'allais en vacances chez elle, je baignais dans cette musique-là. Il y avait une platine 33 et 45 tours qui me passionnait et je mettais du Bunny Wailer, Peter Tosh, Bob Marley. Ainsi j'ai été imprégné

Lord Alajiman : membre-fondateur du groupe Daara J, groupe mythique sénégalais qui a fait les plus belles scènes du monde. Lord est un artiste solo aujourd'hui, CEO d'une radio musicale tout en continuant de s'investir dans sa musique.

de ce reggae qui me suit jusqu'à aujourd'hui. La musique m'entourait car la Médina est un quartier de sportifs, de footballeurs, de lutteurs, de musiciens, de peintres, de chanteurs et puis j'avais un frère de ma grand-mère Woré Wade, Seydina Insa Wade, dont la chambre était mitoyenne à la notre et quand il jouait à côté, c'était comme s'il jouait dans notre chambre. De temps en temps, Idrissa Diop ou des membres du Xalam venaient travailler avec lui, nous étions des spectateurs forcés. C'est dans ce type d'univers que j'ai baigné.

Je suis un artiste plutôt hip hop car je fais du rap, mais plus de dancehall et de reggae. C'est bien vrai que l'artiste hip hop désigne un rappeur pur et dur. Mais chez nous, nous avons consolidé un mouvement hip hop qui regroupe toutes les cultures urbaines dont le graffiti, le rap, le reggae et le dancehall.

Ce n'était pas facile quand on a commencé dans le rap, car au Sénégal débarquait le *gangsta rap*, synonyme de banditisme, de drogue, d'alcool, de voitures et de belles filles. Alors, dire que l'on fait du rap c'est automatiquement être associé à toute cette débauche-là et porter l'image de quelqu'un qui voulait prendre ce chemin de dérive facile. J'arrive à l'époque où l'on parle beaucoup du Positive Black Soul, mais bien avant eux il y avait des gens comme Mbacké Dioum, MC Lida avant la mouvance PBS, Daara J, Pee Froiss. On a eu la chance d'être exposés plus vite que beaucoup d'autres, mais il y avait un sacré monde avant nous et à la même période que nous.

Ainsi, j'ai dansé entre 1981 et 1985. En 1989 j'ai rencontré Yoro, un cousin de Xuman, dans un groupe de danse qui s'appelait Pee Froiss Muslim à l'époque. J'ai dansé avec eux deux ou trois ans avant que le groupe ne devienne New Froiss avec l'arrivée de Xuman. Pour passer mon BFEM (Brevet de fin d'études moyennes), je me suis mis à l'écart du groupe et lorsque je suis revenu, il y avait Bibson qui avait rejoint le groupe. Ils étaient très avancés, faisaient des spectacles et avaient un calendrier déjà opérationnel. Je n'ai pas voulu gêner et j'ai continué ma carrière solo pendant à peu prés cinq ans. En 1993, je rencontre Freddy et Ndongo pour la première fois au Métropolis à une matinée animée par DJ Makhtar que je connaissais bien puisque nous étions du même quartier, la Médina. C'est lui qui me donnait les *instrus* (instrumentaux) de face B pour faire des maquettes. Il arrivait que je vienne avec lui au Métropolis quelques heures avant les matinées pour faire des maquettes. Parfois j'y restais jusqu'à ce que la matinée démarre et j'enchaînais pour un spectacle sur le son que je venais de finir. J'avais aussi un ami, DJ Lélé, qui vit aujourd'hui en Italie, qui m'aidait dans mes conceptions de maquettes. J'habitais la rue 31 et lui celle derrière, la 27, où j'ai commencé à m'exercer dans la musique.

Bref, c'est au cours d'une matinée avec DJ Makhtar que je rencontre Freddy et Ndongo. À l'époque, ils avaient un groupe nommé Lion Clan. Ils jouaient avant moi au Métropolis. Après nos prestations, nous avons échangé nos numéros de téléphones fixes, puisqu'il n'y avait pas de portable, et en plus c'étaient des lignes chez les parents. Je me souviens encore du numéro de mes parents. Un jour Freddy m'appelle et me dit qu'il veut passer me voir. Dans l'aprèm, il marche depuis les allées du Centenaire où il habitait avec ses parents pour venir à la maison. Nous y passons une bonne aprèm, je le présente à mes potes, nous écoutons de la musique, répétons ensemble, c'était naturel. On a commencé à se fréquenter, Freddy et moi, pendant un an. Je l'ai présenté à DJ Makhtar et à DJ Lélé avec qui nous avons commencé à enregistrer les premières maquettes de Daara J. Par la suite, il me dit : « J'aimerais bien que tu rencontres mon autre ami, Ndongo, qui fait du rap en wolof. », ce qui était quelque chose de très rare à cette époque où tout le monde voulait faire du rap à la MC Solaar ou IAM chez les Français et comme les Américains. Alors, on me dit qu'il y a quelqu'un qui rappe en wolof, je veux voir qui est cette personne. À l'époque, nous étions une bande de jeunes qui partageait une passion, il ne s'agissait pas de carrière ou de métier, alors s'il y avait quelqu'un qui voulait se joindre à nous, c'était logique que nous l'acceptions. Ndongo habitait Colobane, et c'est comme ça que les rencontres autour de Daara J se sont faites. Nous avons commencé à travailler et répéter. Notre première maquette nous l'avons faite à trois en tant que Daara J sur un *beat* de Dr Dre éponyme. Daara J, on l'a fait chez DJ Lélé. C'est avec ce morceau, plus un autre qui s'appelait « Reggae love », et encore un autre « Music Again », sur des cassettes chromes. À l'époque, c'était un luxe parce qu'on n'avait pas encore accès au CD. On allait en ville et avec 1 500 ou 2 000 FCFA, on pouvait acheter une "chrome". On allait chez Lélé, c'est une stéréo, pas une multipiste, et on était à trois autour d'un micro SM58 et il fallait bien poser les voix. Les maquettes faites, nous avons commencé les tournées au Kilimandjaro, le RK 1 qui est le Madison aujourd'hui, le Métropolis, le Ravin Night, toujours en matinée. Bien sûr, nous n'avions pas l'âge d'aller en soirée, nous étions très jeunes. Plus tard, ça a été les foyers des écoles et les semaines culturelles. Donc bien avant de sortir le premier album Daara J, nous avions sillonné le Sénégal avec notre musique.

J'étais souvent en ville dans un labo photo sur Ponty où je dupliquais les photos de concerts. C'est là-bas que j'ai rencontré Bruno Chale qui y travaillait et qui était un des producteurs du PBS. Il s'est présenté à moi et m'a dit qu'il adorait ce que nous faisions et a proposé de nous aider à sortir un album. Je suis rentré très content en disant à mes gars : « J'ai rencontré un *toubab* qui dit qu'il veut nous aider à sortir une cassette. Il faut sauter sur l'occasion, mais on n'a pas de manager, comment on fait ? » Freddy nous dit que son oncle avait un ami, ElHadj Seydou Diop, dit Ela, fort dégourdi, qui pourrait nous aider. Nous sommes allés le rencontrer vers la rue 29 du côté du collège Jean de la Fontaine et il nous a donné rendez-vous le lendemain pour nous proposer un contrat de management. Il nous a donné un contrat de quatre pages que nous avons lu à tour de rôle puis nous avons donné notre accord sans y comprendre grand chose.

Pour vous dire, quand on commence les choses on y va à l'aveuglette et on apprend avec l'expérience. Ça y est, on a le manager, alors on lui dit : « On a un toubab qui s'intéresse à nous » et on lui a donné ses coordonnées. Le deal se concrétisait. Bruno Chale donna ses conditions et l'aventure commença. Bruno nous mit en contact avec Daniel Gomez qui avait un studio avec du *matos* Atari ; à cette époque, on programmait avec de l'Atari. On a eu 15 jours de studio chez Daniel Gomez. Il nous a demandé si on savait composer notre musique et nous avons dit que nous avions toujours utilisé les instrus des faces B des cassettes de vedettes du rap français ou américain, que nous savions ce que nous voulions mais que nous n'avions pas d'expérience de composition. Alors Daniel nous a assistés et nous avons composé la musique du Daara J.

Quand nous avons signé avec Bruno Chale, il nous avait demandé ce que l'on voulait et nous avons dit que nous voulions une partie de nos gains en argent et une partie en fringues. Il nous a mis en rapport avec un commerçant libanais avec qui il était en business sur l'avenue Ponty. Nous sommes arrivés là bas heureux, sachant que nous ne paierons pas et nous nous sommes jetés sur tout : jeans, pantalons, casquettes, on avait deux sacs chacun.

« Ça va les jeunes, vous êtes satisfaits ? »
« Est-ce qu'on peut en prendre encore ? »,
« Oui, bien sûr, j'envoie juste la facture à Chale ».

Même le manager s'est habillé ce jour-là. Nous sommes arrivés chez nous et nos parents nous ont posé plein de questions sur la provenance

de tout ça. Nous avons dit que nous avions trouvé un producteur et que nous allions sortir une cassette. Surpris, ils ont dit :
« Une cassette de quoi ? »
« De rap, pardi ».
« Quel rap ? Depuis quand vous avez des *rap* (djinns ou génies en wolof) ? » a rétorqué ma grand-mère, Woré Wade.
« Non, pas ces raps-là, c'est de la musique qui vient des États-Unis ».

Elle était d'accord avec nos délires tant qu'il n'y avait ni fumette, ni alcool et que les heures de prières étaient respectées. Après le studio de Daniel Gomez, la prochaine étape c'était Midi Music avec Aziz Dieng pour enregistrer les voix et faire le mix. Voilà l'album de Daara J qui sort en septembre 1995, une semaine après la naissance de mes jumeaux. Nous avons passé la cassette durant le baptême. Elle était distribuée par le fameux Talla Diagne, que nous rencontrions pour la première fois, et le Studio 2000. Il y avait des affiches de nous avec nos visages partout et nous avions l'impression d'avoir réalisé quelque chose d'énorme. Les tournées dans les écoles et les boîtes se sont intensifiées, la reconnaissance et la célébrité avec. Un jour, Bruno Chale nous présenta Richard Soudana, un producteur de passage à Dakar venant de la Côte d'Ivoire qui bossait pour une boîte de production en France nommée Déclic Communication. Il produisait des artistes comme Monique Seka, Papa Wemba etc... Alors, nous avons signé avec Déclic Communication et nous avons réenregistré l'album pour l'international.

Nous avions eu nos visas au mois de novembre pour aller en France au mois de décembre dans le froid. Toute la presse au Sénégal en parlait. À l'époque, il fallait avoir une maison de disque pour ressembler à un grand artiste. Les contrats étaient signés, les lettres d'invitations pleuvaient, les visas étaient là devant nous, ça y est le boulot avait commencé. Nous étions très intimidés. Chacun a fait face à ses parents, sa famille. Pas de souci de ce côté-là. « Quoi qu'il advienne, vous êtes des musulmans, pratiquez votre religion, votre musique ne rime pas avec débauche, alcool et fumette ». Les conseils usuels engloutis, nous nous sommes préparés pour l'avion.

Les amis de Ndongo, Freddy et moi nous ont accompagnés à l'aéroport, le jour du départ. On aurait dit des sportifs de haut niveau qui partaient en tournée ; il y avait plus de 500 personnes pour nous accompagner à l'aéroport. C'était fou. Nous avions 17–18 ans. Nous sommes arrivés en plein hiver, chacun avec un maximum de bagages pour faire face au froid. Richard Soudana était là, il nous attendait. Il nous mit tout de suite en condition. Il fallait s'adapter à la réalité de ce contexte pour devenir des pros en un temps record : « Les privilèges de la musique, ça ne sera pas pour aujourd'hui, comme ça. Vous aurez le temps de les gagner et de les savourer ». Il nous fit prendre le train, le métro, pour voir la ville avec nos valises.

On arriva rue Richard Lenoir, c'est là que l'on descendit, où se trouvait le siège de Déclic. Les bagages restèrent dans le hall tellement il y en avait. On nous présenta tout le monde : Eric Siar, le frère de Claudy Siar, Emily Joseph Édouard, Maya Rade, les noms, les visages défilaient. Une nouvelle vie commençait. Notre album allait être réorchestré, réarrangé à Londres. Le directeur artistique avait choisi Mad Professor et Carlton "Bubbles" Ogilvie pour mixer l'album afin d'avoir un format international fin 97. Nous sommes restés avec eux pour deux autres albums, « Daara J » et « Xalima », et notre contrat avec eux était fini. On était en publishing avec Virgin puis on est passé en major avec BMG France et le projet d'album « Boomerang ». À travers ces albums, c'était beaucoup de concerts, de voyages, de rencontres artistiques, un apprentissage du professionnalisme et aussi une rencontre avec les difficultés de la vie des artistes professionnels. Nous étions jeunes et, en plus, nous venions d'Afrique, avec nos problèmes de visa, de permis de travail, ça n'a pas toujours été de tout repos. C'était passionnant, l'argent, les fringues, tout était à nos pieds et à l'époque nous n'avions pas autant de responsabilités que maintenant.

Daara J Family

Faada Freddy : Je m'appelle Abdou Fatah Seck. Je suis né en 1975 au quartier des HLM 4, en face de l'école B. J'y ai grandi jusqu'à l'âge de quatre ans, mais puisque c'était la maison de mon grand-père, j'ai rejoint la maison paternelle pour pouvoir aller à l'école coranique. Je suis allé également à Saint-Louis pour me faire circoncire. À l'âge de cinq ans, je me suis fait inscrire à l'école primaire Nagou Samb, école Gibraltar 1.

Ndongo : Je m'appelle Mamadou Lamine Seck. Je suis né en 1973 au quartier Colobane pas loin du marché et de la gare routière. J'ai grandi dans une famille maternelle élargie avec oncles et grands-parents. J'ai été à l'école élémentaire de la Caserne Samba Diéry Diallo. Mon cycle secondaire, je l'ai fait au Collège d'enseignement moyen (CEM), Ahmet Sy Malick, ex-Clémenceau, si je ne me trompe pas, avant d'aller au Lycée

Commercial Maurice Delafosse. Moi, je suis un Séckène du Saloum et Faada est du Walo.

Faada Freddy : Nous avons eu ensemble le Bac G2. Après, nous sommes allés étudier la comptabilité à l'Institut Supérieur d'Entrepreneurship et de Gestion (ISEG) ; des études que nous avons arrêtées en deuxième année à la suite d'un premier contrat d'enregistrement du groupe Daara J avec Déclic Communication que nous avons pu signer grâce à Richard Soudana, un franco-camerounais venu au Sénégal. Ce contrat fut à l'origine de notre premier voyage et nous avons joué au Hot Brass à Paris en tout premier.

Ndongo : C'est l'actuel Trabendo, à la Cité de la musique en France, une salle très mythique. Je me rappelle à l'époque nous disions que nous allions jouer aux "Roots Brasse".

Faada Freddy : C'était notre premier vrai concert, d'ailleurs. Le souvenir qui m'a le plus marqué sur cette première aventure, c'était que nous apprenions qu'un groupe sénégalais appelé Jollof était déjà passé par là avant nous. Puis dans les loges, nous rencontrions toutes sortes d'artistes. J'étais ébloui par la lumière, la grande affluence qu'il y avait.

Ndongo : C'était tellement professionnel, tellement intimidant, qu'on avait envie de tout ça tout le temps. J'avoue qu'à un moment, nous nous sommes posé plein de questions sur le retour au pays. Mais ce sont les fans qui nous ont vraiment motivés, parce qu'au retour de notre premier voyage au Sénégal, vous auriez dû voir l'accueil.

Faada : Les fans depuis l'aéroport nous suivaient avec des voitures, klaxonnaient partout. Ils sont allés dans nos maisons respectives pour voir les parents, prier comme si nous avions décroché le prix Nobel de ne je ne sais quoi.

A l'époque, le PBS était la star. Nous faisions leurs premières parties. Nous avions cinq, dix minutes. Nous étions complètement dans l'artistique, la passion. Il n'y avait pas de calcul. Un moment, ce sont ces gars-là qui nous ont fait comprendre que c'est de la musique et qu'il faut penser à aller sur l'international. C'est comme cela que nous avons commencé à réaliser que c'était un business.

Ndongo : Je pense que les familles ont été prises de court par le succès. Avant Daara J, il y avait le Lion Clan. J'habitais Colobane, quartier que

Faada fréquentait avec son cousin Biba qui dansait avec moi. Quand nous nous sommes retrouvés, nous reprenions les chansons de MC Hammer. Nous écoutions beaucoup de reggae, de dancehall, de rap. Le premier MC qui nous fréquentait à l'époque, c'était Gofu de Yatfu aujourd'hui. Il est venu me trouver car nous écrivions en wolof alors qu'à l'époque, c'était l'anglais ou le français, puisque MC Solaar était à la mode. Je me rappelle qu'un jour, le groupe VIB m'a appelé pour me dire qu'ils avaient entendu dire que j'écrivais en wolof.

Je pense qu'à l'époque le seul groupe à bien écrire en wolof, c'était le PBS avec la chanson *Kou Beugue, Beugue Na Diokhko*[2], la première version. Il y avait également MC Lida. Certains me disaient que j'avais une façon particulière d'écrire le wolof. Gofu en faisait partie : il est venu disant qu'il voulait intégrer le rap wolof. Il a travaillé avec nous pendant quelque mois, mais cela n'a pas continué parce que nous étions encore à l'école. Nos emplois du temps ne coïncidaient pas trop. Il y avait un quatrième gars qui s'appelait Askia, c'est un des grands frères de la rappeuse Sister Fa. Ce dernier habitait Ouakam, je pense même qu'il a abandonné la musique maintenant. C'est lors de nos fréquentations au Métropolis que Faada a rencontré Alajiman. Ils ont fait trois morceaux. J'étais en train de passer mon bac. Nous nous sommes réunis après l'examen.

Faada : Je suis allé prendre Ndongo pour lui dire que j'avais rencontré quelqu'un et que j'aimerais bien qu'il le rencontre parce que cela pouvait être intéressant. J'ai présenté Ndongo à Alaji et nous avons commencé à travailler ensemble.

Ndongo : C'est à ce moment que nous avons créé les lyrics de Daara J *Daara la niou am daniou bougue diangue*[3]. C'est comme cela que c'est parti. Nous avons fait la maquette, avec la collaboration de DJ Lélé, qui nous a proposé le premier *beat* de la Face B de Dr Dre. Nous sommes allés une fois au Métropolis : nous avions prévu de jouer un autre morceau et le DJ s'est trompé et a mis le son de la nouvelle maquette, alors que nous disions que ce n'était pas prêt et que ce que nous avions fait n'était pas bon. Tant pis, c'était lancé. Cela a commencé comme cela. Nous avons fait un deuxième et un troisième morceau. C'était magique, un succès

---

2 «Celui qui veut, et veut vraiment, alors donne lui.»
3 «Nous n'avons que l'école, nous voulons apprendre.»

fou. Je me souviens que nous avons marché de Colobane à Centenaire plusieurs fois.

Faada : Nous étions à l'école et les élèves parlaient du groupe Daara J, mais je n'osais pas m'afficher. Pendant la récréation, les élèves me demandaient si je connaissais le groupe Daara J. Nous étions timides. Les élèves disaient : « Il parait qu'ils sont dans l'école ». Nous nous cachions parce qu'à l'époque, les gens enregistraient des maquettes et nous ne comprenions pas cela. Pour nous, nous arrivons à la cabine, le DJ balance l'instrument et nous chantons.

Faada : Nous ne comprenions pas. Nous nous disions que c'était parfait. Nous ne savions pas que le playback existait.

Ndongo : Déjà, avant que nous n'accédions à la boîte de nuit, Métropolis, il y avait Youssou ou "You" Diagne à l'entrée qui nous disait que nous étions trop jeunes et nous faisait entrer en matinée, à dix-huit heures. On nous demandait le nom de notre groupe, et on répondait : « Daara J ». Les gens rigolaient. Il y avait VIB qui chantait. Nous avons pris un verre, nous sommes restés zen. Quand nous avons commencé à chanter, You Diagne nous a dit qu'il nous invitait à une soirée. Après, nous fréquentions les boîtes de nuit Sahel, Thiossane et Kilimandjaro.

Faada : Nous allions dans les *foureuls*, les fêtes de quartier, et nous dansions avant de prendre le micro derrière le DJ. C'était de la promotion partout, nous nous produisions à Colobane, partout. Les gens mettaient 50 ou 100 FCFA dans les bassines d'eaux dans lesquelles on avait mis de la poudre à lessive. L'eau était bien agitée jusqu'à ce que la mousse se forme. Une fois que la musique s'échappait des enceintes, le public se lâchait sur des sons comme « Everybody Stand Up ». Les gens commençaient à danser et à patiner. C'est ce qui est à l'origine des groupes de quartier parce que lors des foureuls ce sont eux qui assurent l'animation. Ma maman connaissait mes activités, elle a toujours été très proche de moi. C'était ma complice. Quant à papa, je savais qu'il devait me donner sa bénédiction pour que j'embrasse la musique comme carrière. J'ai même fait un album dans le dos de mon père. Ce n'était pas évident parce que mon père était un inspecteur de l'enseignement. Il était très pédagogue. Il y avait mes cousins, mes demi-frères à la maison. Mon père avait une règle d'or : l'éducation d'abord. J'imaginais déjà sa réaction si l'idée que je puisse dévier devait lui traverser l'esprit. Je passais par la fenêtre pour aller jouer aux concerts. Je me rappelle que deux ans avant notre contrat, alors que nous étions encore au lycée Maurice Delafosse, il y eut un concours, lancé en 1995. Ça s'appelait Sen'Or. Aïcha Kara qui faisait les chœurs de Duggy Tee et moi-même y avions participé. Je pense que c'est ce jour-là que mon père a découvert que je chantais vraiment. Les gens lui disaient « Ton fils a sorti une cassette » et il disait : « Ah oui ! ». Mais je pense que c'est ce jour-là que j'ai vu mon père dans mon milieu. Il venait de la part du Ministère de l'Éducation en tant qu'inspecteur de l'enseignement pour ce concours interscolaire que nous avions gagné.

Ndongo : Il y avait également le groupe Bideew Bou Bess à cette fête.

Faada : Tout le Lycée Blaise Diagne était là…et à un moment, on dit : « Monsieur Amara Seck va remettre le trophée au gagnant ». J'ai dit : « Tiens ce nom-là, Amara Seck, mais c'est le nom de mon père ! » Je regarde et je le vois avec sa coiffure un peu afro. Je me dis : « Non ! Cela ne peut pas être lui ! ». J'étais hors de moi, c'était impossible, qu'allais-je faire ? On nous appelait. Nous sommes sortis, mais je ne l'ai pas regardé. Il devait nous remettre le trophée main à main. Il a prononcé un discours en ces termes : « Je n'ai jamais su que mon fils était dans la musique. Là, je viens de voir. Je ne savais pas qu'il avait du talent. »

Après, il m'a appelé pour me dire que je devais travailler afin d'obtenir mon bac. Quand le contrat s'est présenté deux ans après, je suis venu lui demander sa bénédiction. Je lui ai dit ce que je faisais et je lui ai appris que je devais aller en France pour faire mes premières prestations. Et c'est là qu'il m'a demandé de choisir et il m'a demandé si je savais réellement ce que je voulais. Je savais ce à quoi il pensait, parce que tous les gens qu'il connaissait évoluant dans la musique ne s'en sont pas tirés. Lui et moi savions les risques que j'encourrais. Il me répéta la question et je lui dis : « Oui, c'est ça que je veux plus que tout, mais pas sans ta bénédiction. J'aurais toujours le temps d'apprendre en chemin». Aussitôt, il me demanda de tendre les mains afin qu'il prie pour moi.

Keyti de Rapadio, Liberté 1

Si je devais dire pourquoi je fais du rap, je dirais tout simplement que c'est parce que j'ai beaucoup de choses à dire. Je crois que chacun de nous a des choses à dire, que nous soyons rappeur ou non. Je crois que ce désir-là est beaucoup plus pressant pour certains que pour d'autres. D'autres peuvent vivre sans vraiment parler, sans rien dire sur la manière dont ils voient la vie, la société. Mais pour nous qui rappons, peut-être que le désir a été plus ardent que pour d'autres personnes et nous en sommes là. Je crois que dès le départ nous avons subi beaucoup d'influences. Moi, personnellement, j'ai découvert Public Enemy en 1988 et cela a tout changé. En découvrant Public Enemy et les textes de Theugiz Flavor Flav, j'ai découvert un engagement *pro-Black* que je n'avais pas l'habitude d'entendre et à partir de là, j'ai commencé à écrire. Comme chaque rappeur, au départ, c'était plus par passion. Je ne pensais pas en faire un métier mais, au fil du temps, je me suis rendu compte que j'avais un talent pour l'écriture. J'ai développé ce talent-là parallèlement aux études parce qu'à un certain moment, il y a les parents qui sont là et il faut satisfaire leur demande qui est d'étudier. Mais à un certain moment où j'ai eu la possibilité de faire mes choix, j'ai décidé de continuer dans le rap et d'arrêter mes études. C'était ma décision. Il fallait agir, le temps de bien me préparer et de développer les techniques d'écriture, développer mon rap, ma vision dans le rap.

Je n'ai pas qu'un seul message parce que j'ai plusieurs choses à dire. Donc, j'essaye de les rassembler dans mon message. Et je pense que cela pose problème au public sénégalais qui a l'habitude de mettre les artistes dans une catégorie. Je suis contre cette pratique parce que je me dis que nous sommes tous versatiles en tant qu'êtres humains et, encore plus en tant qu'artistes. Donc, aujourd'hui, le combat majeur pour moi comme pour d'autres personnes, est de montrer au public que nous pouvons avoir plusieurs messages à la fois et que ces messages peuvent être instructifs, et d'autres plus *fun* parce que nous sommes tout cela à la fois. Mais moi, j'essaye de parler de moi parce que le rap, qu'on le veuille ou non, à la base, a une connotation très individualiste. Il y a un élargissement à partir de la base de la communauté. En parlant de moi, je parle d'autres jeunes qui vivent la même chose que moi. En utilisant le "je", je parle de nous, de vous et ce message ou ces messages peuvent toucher une partie du public et d'autres parties de mon message, d'autres parties du public. Il n'est pas dit que mon public va forcément se retrouver dans mon discours à chaque fois. Et ce qui se retrouve dans mon discours change à chaque fois parce que ce sont des émotions, des façons de penser, de voir, qui diffèrent à chaque fois.

Je parle à tout le monde. Je parle à l'enfant de deux ans jusqu'au vieillard de 77 ans. Comme j'ai dit, ce sont des émotions et les émotions traversent les âges. Et tout le monde ressent des choses et, à partir de là, il n'y a pas un public ciblé. Par rapport à certains thèmes, il faut d'abord identifier le public auquel nous allons nous adresser. Mais, je parle à tout le monde. J'arrive toujours à toucher plusieurs tranches d'âges.

Quand j'ai commencé à écrire, il y avait un de mes neveux, fan de Public Enemy, qui était intéressé par ce que je faisais. Comme moi, il s'est mis à l'écriture. Nos textes étaient des textes de Public Enemy traduits en wolof : « Il faut que nous tuions le blanc », pour citer un des passages. Nous dormions dans la même maison, dans la même chambre et nous avons décidé de former un groupe. Nous avions quinze, seize ans à l'époque. Nous nous sommes mis à chercher un nom pour le groupe. Puisque nous étions des révolutionnaires, nous nous sommes dit que le groupe s'appellerait "Nioul", Noir, point barre. Pendant deux ans c'était Nioul, mais en secret dans la chambre. Ma sœur avec qui nous vivions n'en savait rien. Elle nous voyait tout le temps enfermés dans la chambre. Même si elle entendait de la musique, elle ne savait pas ce que nous faisions. Elle ne savait pas que nous écrivions des textes de rap. Donc le groupe Nioul c'était vraiment entre mon neveu et moi. Il étudiait au lycée Blaise Diagne. Il était dans la même classe que Jules Bâ, alias Sun Souley, du groupe de rap Jant Bi. À l'époque, il n'était pas encore rappeur. Sun Souley était artiste-rappeur. Ce dernier a présenté Cool Cock 6 à mon neveu. Quand il est rentré à la maison, il m'a dit : « Quelqu'un va venir à la maison ce soir. Il paraît que c'est un bon rappeur ». L'après-midi, Cool Cock 6 est venu à la maison : il était grand, il avait des dreadlocks, un grand pantalon jean. Pour moi, c'était cela un rappeur, parce que mon neveu et moi, nous étions rappeurs sauf dans l'habillement. Nous n'avions pas encore notre style. Nous étions toujours bien habillés, bien peignés. Et Cool Cock 6 arrive avec une cassette chrome avec sa démo dessus. Et cela à l'époque, je ne pouvais imaginer l'avoir avec ma voix dessus. Je me suis dit : « Ce gars-là, il ne rigole pas ». Et quand nous avons mis le son, il rappait non seulement en wolof mais aussi il rappait très bien. Et tout le temps que nous rappions dans notre chambre, nous pensions que durant ces deux années-là nous étions les seuls à écrire en wolof. À l'époque, Positive Black Soul rappait en anglais et en français, Pee Froiss en français, MBM en français, ACD, le groupe dans lequel évoluaient Big D, Niak Diam et Ibou rappaient en anglais ou ils nous faisaient croire qu'ils rappaient en anglais. Quand, nous avons écouté le son de Cool Cock 6, je me suis dit : « Ce gars est le meilleur. » Et jusqu'à présent, je le pense. Entre 1987, 1988 et jusqu'en 1990, je pense qu'il a été le meilleur rappeur du Sénégal.

À nos débuts nous n'avions rien à faire de la musique, l'essentiel était de dire ce que nous avions à dire. Nous avions également insisté dès le départ sur le fait que les textes soient bien écrits au niveau de la forme et des idées. Et Cool Cock 6 a été le premier à insuffler l'idée de mélodies dans le rap au niveau du Sénégal : quand il rappait, tu avais l'impression qu'il chantait. Et cela, nous l'avons appris de lui : comprendre que c'est d'abord de la musique et qu'il fallait une façon de travailler la voix. Il avait une superbe voix, un superbe *flow*. Cool Cock 6 n'était pas dans ces histoires de révolutionnaires : la musique c'était sa passion, il avait envie d'en faire pour divertir les gens, avoir de la notoriété et se faire de l'argent.

Nous nous sommes dit qu'il fallait trouver un compromis, même dans les textes. C'est comme cela que le « Rapadio » a été ajouté au "Nioul" Ça ne voulait rien dire, mais Cock 6 voulait que le groupe s'appelle Rapadio. Nous, nous avons dit : « Non ! Il faut que nous ajoutions notre "Nioul"'. Nous avons insisté là-dessus pendant des semaines et, en fin de compte, Cock 6 nous a demandé : « *Pourquoi ne pourrions-nous pas mettre Nioul té Rapadio ?* » Rapadio pour lui, c'était l'idée de gens qui viennent d'horizons divers et qui se mettent ensemble pour créer quelque chose. Le compromis, c'était le *Nioul té*. *Nioul té Rapadio* cela n'avait aucun sens. Même le mot « Rapadio » n'existe pas en wolof : le terme c'est *Napadio*[4]. Mais ce qui intéressait Cool Cock 6, c'était le mot « rap » qu'il y avait dans *Rapadio*. Nous avons travaillé avec lui quelques mois. Il a eu son bac, et il est parti en France. Et Iba l'a remplacé.

À l'époque, Cool Cock 6 était à l'Ecole des beaux-arts qui se trouvait encore au quartier Point E. Quant à Iba, il était au Centre Lebret en face de l'Université Cheikh Anta Diop de Dakar. Ils se sont croisés en chemin : Iba a été attiré par la mise de Cool Cock 6. C'est comme cela qu'ils se sont connus. Cool Cock 6 nous a dit qu'il connaissait quelqu'un qui faisait du rap et qu'il allait nous l'emmener à la prochaine répétition. Iba arrive et fait le même style de rap que moi. Aussitôt, nous nous sommes mis à travailler sur un son, deux, trois sons. Nous avions un répertoire. Quand Iba est venu, l'idée de Rapadio le dérangeait. Il a voulu que nous le changions. J'ai refusé. Je lui ai ensuite proposé que nous mettions "rap" avec une virgule puis "adio" pour dire que c'est *Nioun nio adio rap*, signifiant « C'est à notre tour de faire du rap ». C'est

---

4 Napadio veut dire une sorte de mélange, de compositions très diverses qui sont fusionnées.

comme cela que nous avons eu « Nioul té Rapadio », qui veut dire « noir et légitime de faire du rap. »

Le jour où nous nous sommes séparés, nous avions un concert au Centre Socioculturel de Derklé avec MBA qui est devenu par la suite Sunu Flavor. Iba et moi avions un texte qui parlait de l'hymne national du Sénégal, du gouvernement… Mais Cock 6 n'aimait pas ce texte parce qu'il critiquait beaucoup le gouvernement, le président Abdou Diouf. Avant d'aller au concert, nous l'avions mis sur la liste des sons à jouer et il avait dit : « Non ! » Mais Iba et moi, nous nous en foutions et nous allions le jouer. Nous l'avons joué, une fois sur scène. Cela l'a mis en rogne et il nous a dit qu'il ne pouvait plus travailler avec nous.

Après cet incident, je n'ai plus revu Iba parce que je ne savais même pas où il habitait et parce que nous nous voyions toujours chez Cock 6. Je suis resté chez moi pendant des mois et un jour, Iba est venu chez moi et m'a dit : « Ce n'est pas parce que Cock 6 n'est plus là que le groupe doit voler en éclat. Toi et moi, nous voyons les choses de la même manière, alors il faut que Nioul té Rapadio continue d'exister ». Entre temps, un autre ami d'Iba qui étudiait au lycée Maurice Delafosse nous a rejoints, de même qu'un autre qui habitait derrière chez Iba à la Médina.

Quand j'ai eu mon bac, je suis parti à l'université de Saint-Louis pour étudier. Une fois, je suis revenu en vacances, j'ai trouvé une fille dans le groupe. On m'a dit : « Nous ne sommes plus underground, elle peut vendre le truc ». Je leur ai rétorqué que je n'y voyais pas d'inconvénient du moment où elle pouvait apporter quelque chose au groupe. J'ai mené la vie dure à cette fille. Mais à présent, nous sommes devenus de bons amis, elle passe me voir de temps à autre chez moi. Elle a compris maintenant pourquoi je la fatiguais à l'époque. Durant cette période, c'est Iba qui écrivait pour elle. J'avais dit à Iba qu'il n'était pas question qu'il écrive pour elle, si elle devait être dans le groupe pour faire de la figuration alors nous n'avions pas besoin de la trimbaler avec nous. Elle n'a qu'à faire le même travail que nous : il faut qu'elle soit indépendante pour l'écriture, le *flow*, la technique… Et à ce moment-là, j'aurai du respect pour elle.

Cela a créé une sorte de tension dans le groupe parce qu'elle appelait Iba 'Papa' et lui la traitait comme tel. Il y a eu des *clashes* jusqu'au moment où j'ai arrêté. C'était comme si les autres membres du groupe me posaient un ultimatum : soit continuer mes études en restant à Saint-Louis ou continuer à faire de la musique comme eux afin de sortir un album. Il était temps de faire un choix. À l'époque, le transfert entre l'université de Dakar et celle de Saint-Louis n'existait pas encore, mais j'ai réussi à le faire, je ne sais toujours pas comment. Mon dossier a été transféré à l'université de Dakar où je me suis inscrit en licence. C'est au cours de la même année que nous avons travaillé sur l'album. Quand un producteur s'est présenté, je lui ai parlé de notre travail de façon très sérieuse et j'ai dit à Iba : « Nous allons sortir un album et c'est quelque chose de très sérieux. Qu'allons-nous faire de Sinaï ? Moi, je n'ai pas envie de continuer avec elle, ni que tu continues d'écrire pour elle ou que tu lui apprennes même à rapper ». Iba est allé voir Sinaï pour lui parler en ces termes : « Tu me laisses sortir un album avec Keyti, je continue à travailler avec toi, mais pour te préparer en tant qu'artiste solo ». Elle n'y a pas trouvé d'objection. Nous avons commencé à travailler sur l'album.

Après un mois, Bibson venait de quitter le groupe Pee Froiss. Il avait mal aux pieds et tous les jours, il quittait le quartier Fass pour aller à Rufisque chez son grand-père médecin pour se faire soigner. Pour s'y rendre, il passait par Colobane, devant chez Iba, pour prendre le car à la gare routière et il venait discuter, faire des *freestyles* de façon quotidienne. C'était vraiment animé et puisque nous avions tous nos amis là-bas, ils nous ont dit : « Bibson et vous avez la même mentalité, pourquoi ne feriez-vous pas l'album avec lui ? » Je leur ai répondu que je n'y voyais pas d'objection. J'en ai discuté avec Iba. Nous avons fait la proposition à Bibson. Mais Iba a beaucoup plus parlé à la maman de Bibson qu'à Bibson. Ce dernier a eu une vie assez mouvementée et je crois que sa maman voulait le voir accompagné par des gens qui le maîtrisaient. Quand Iba s'est rendu dans la région de Thiès pour rencontrer sa mère, c'est cette mission qu'elle lui avait confiée, c'est-à-dire d'essayer de le canaliser.

C'est avant la sortie de l'album que nous avons perdu le *Nioulté* de Rapadio. Nous allions à RK, actuelle boîte de nuit Madison, pour jouer. Les autres groupes avaient de beaux noms : VIB, Pee Froiss. A notre tour de monter sur scène, le maître de cérémonie dit : « Heu… Nulleté Rapadio ». Nous ne l'écrivions pas *nioulté* mais plutôt *ñuleté*. Et on voyait tout le monde dans la boîte de nuit se tordre de rire. Ainsi, avant que nous ne montions sur scène, on nous avait déjà cassés. Nous nous en foutions parce qu'après deux minutes sur scène, le public sentait que c'était du sérieux. Il sentait que c'était une musique très différente.

Auparavant, personne n'avait sa propre musique. On utilisait les faces B de rap américain. Les autres rappeurs prenaient du SWB et rappaient dessus, nous, nous utilisions des remix d'Ice Cube, nous ne prenions même pas ses sons connus. On prenait les instrus de ses remix. Mais à chaque fois qu'on jouait, les gens étaient choqués parce que, d'après eux nous étions violents, nos textes, notre musique et notre gestuelle aussi. Mais pour nous, c'était la seule façon de nous différencier des autres : à l'époque beaucoup de chansons dans le rap parlaient de filles. Même Pee Froiss, qui avait la réputation d'un groupe de quartier, d'un groupe qui parle des problèmes des quartiers, était très vague dans la façon de traiter les sujets. Quand Pee Froiss a chanté « Louye Ndeyou Li [5] », c'était « Je parle de quelque chose mais je n'en parle pas ». Et pendant longtemps, ils ont évolué sur ce modèle-là. Et il a fallu que Rapadio vienne pour que la façon d'écrire de Xuman change, de même que la façon d'aborder les sujets. Quand tu écoutes Xuman entre le deuxième album de Pee Froiss et l'album « Frères ennemis » avec Bibson, tu vois le progrès qu'il a fait au niveau de l'écriture et dans sa façon plus directe d'aborder les sujets. Quand il a fallu sortir l'album de Rapadio, nous nous sommes dits : « Pour vendre notre album, nous n'allons pas venir avec un nom qui va nous désavantager. Trouvons un nom court et facile à prononcer ». Sur le coup, nous avons voulu changer de nom, mais après, nous nous sommes dits : « Gardons *Rapadio*. C'est un nom facile à prononcer pour un Sénégalais, ou un étranger ». C'est comme cela que Rapadio est né.

Matador de Wa BMG 44, Thiaroye

Mon nom est Babacar Niang je suis connu sous le nom de Matador. J'ai la trentaine. J'habite à Thiaroye Tally Diallo. Dès l'âge de 12 ans, en 1984, j'ai commencé à danser. Je suivais mes grands frères et mes cousins qui dansaient. C'est comme cela que j'ai taquiné le *break-dance*. À travers cette danse, j'ai connu la culture hip hop. Je me suis mis au graffiti et j'ai commencé à reprendre des textes de rap américain comme Grandmaster Flash et Africa Bambaataa à l'époque. Je n'ai vraiment pas senti venir la période où je me suis mis au rap. C'est venu naturellement. Mon enfance s'est passée à Thiaroye dans le monde hip hop, même s'il m'arrivait de me déplacer à Dakar avec un groupe d'amis basé à Guédiawaye.

Entre 1992 et 1994, je ne sais plus exactement, je suis allé à « Feuguediaye Rap », au Théâtre national Daniel Sorano avec Charles Foster et Mizan, un DJ. J'avais un groupe de danse et moi je rappais. Quelque temps après, j'avais un ami à Thiaroye qui avait des moyens

---

5   « Pourquoi ce bordel ? »

financiers. Il m'a suggéré d'organiser notre premier concert dans la banlieue. Nous avions un ami, Makhtar le Kagoulard, que j'ai connu au collège, mais que j'avais perdu de vue ; nous nous sommes revus. Il ne savait pas que je rappais. Je ne pensais pas trouver un rappeur dans la banlieue, lui non plus. La connexion est venue comme cela.

Nous avons commencé à rapper sous le nom de BMG, les initiales de nos prénoms : « B » de Babacar, c'est moi, « M », pour Makhtar le Kagoulard, et « G » de Gaye, Omar Gaye. Nous étions tous au Collège d'Enseignement Secondaire (CES) de Thiaroye. C'est comme cela que nous avons commencé à répéter et à faire des concerts ensemble. C'est comme cela qu'est né le groupe BMG de Thiaroye. Après la venue de Manu dans le groupe, nous étions quatre. BMG se traduisait alors par « *Black Movement Gang* ». Mais puisque nous venions de Thiaroye, les gens nous traitaient de gangsters. Finalement, nous avons changé de nom. Plus tard, nous avons traduit le BMG par « *Bokk Meuneumeune Gëstu* »[6]. Après nous avons amené le « *Wa*[7] » parce qu'à chaque fois que nous arrivions à un concert, les gens disaient « Wa BMG » est là parce que nous venions en masse ». Il y avait tous les jeunes du quartier avec nous. Nous n'étions plus seuls, c'était tout Thiaroye. « Wa BMG de Thiaroye » était long à écrire. Avec l'histoire des tirailleurs, le camp militaire de Thiaroye où j'ai fait l'école primaire, les cimetières que nous traversions pour aller à la plage, nous nous sommes dit que nous allions ajouter le "44" à la mémoire des tirailleurs et de Thiaroye également. C'est ce qui a donné « Wa BMG 44 » en 1994.

Nous avons remporté « La Nuit du Rap » à l'ex-Centre Culturel Français de Dakar, actuel Institut Culturel Léopold Sédar Senghor. Il y avait cent neuf groupes de rap en compétition. Aujourd'hui, on parle de trois milles groupes de rap : nous mesurons là l'évolution du mouvement hip hop. En 1998, nous avons sorti notre album « Jihad Ko[8] », une autoproduction. Nous avions un ami qui avait un frère qui avait les moyens et qui voulait nous aider. Ce dernier nous avait promis de faire la production, mais quand nous avons démarré, il avait voyagé. Quand il est revenu, il nous a trouvé en train de faire la production : il nous a dit qu'il nous l'avait promis et a continué la production. Il a sorti

---

6 Partager ses capacités d'apprendre.
7 Ceux de, ceux issus de.
8 En mode Jihad.

l'album en 1998. Après, il y a eu des compilations comme « Da Hop » et « Politichiens » qui ont beaucoup marqué le hip hop.

Après 2000, nous avons eu la chance de travailler avec le groupe Lezarts Urbains de Bruxelles. Ils sont venus au Sénégal et y ont séjourné un mois, puis nous sommes allés là-bas. Entretemps, Makhtar a quitté le groupe pour rejoindre Rapadio. Manu, Omar, DJ Ousmane et moi avons passé un mois à Bruxelles. C'était la première fois que nous jouions dans de grands festivals comme « Couleur Café ». Nous voulions aller loin avec la musique. Après la sortie des albums, c'était fun. C'était plus pour dénoncer, dire ce que nous pensions. Mais c'était difficile : j'avais fait une formation professionnelle en cordonnerie. Mais je n'ai jamais exercé, à part lors de quelques stages. J'ai décidé de faire de la musique et cela m'a causé des ennuis chez moi. Manu et les autres avaient également abandonné l'université. Nous nous sommes dit que nous allions faire de la musique. C'est cela l'histoire avec le groupe, même si j'ai commencé à rapper avant les autres membres.

Manu de Wa BMG 44, Thiaroye

Tout début est difficile, heureusement que ça évolue toujours et après on remercie toujours le ciel que les choses soient rentrées dans l'ordre. J'ai décidé par moi-même d'abandonner les études pour le hip hop, ce qui n'a pas plu à mon père.

J'aurais pu faire autre chose. J'étais athlétique et j'aurais pu faire du sport, mais j'ai choisi le hip hop parce que j'aimais ça et c'était une meilleure alternative que de rester chez moi sans rien faire et la plupart du temps dans le vice. Dans la banlieue, à ce moment-là, on agressait les gens à tous les coins de rue. Et c'était lié à ce défaut de politique sociale de l'État qui faisait que les jeunes n'avaient pas beaucoup de perspectives après les études. Je pense que le hip hop a eu un bon impact sur la jeunesse. Entre 1990 et 1993, il y avait beaucoup de violence, le phénomène d'agression était réel. Ces banlieues que je connais, Pikine, Thiaroye, Guédiawaye, Yeumbeul chauffaient et le hip hop a beaucoup freiné les velléités de gangstérisme, parce que les tous premiers textes étaient basés sur cela : « Il faut que nous arrêtons d'agresser nos mères, nos vieux du coin de la rue qui vont prier à la mosquée. Il ne faut pas prendre de vies parce que Dieu ne veut pas que l'on prenne de vies ». Quand tu as seize, dix-sept ans, pour prouver que tu es un homme, il faut monter ton gang et faire des petites conneries, agresser une ou deux personnes. Mais le hip hop a inversé la tendance. Si le hip hop peut être une alternative pour eux, je pense que c'est mieux. Et là, les acteurs du hip hop ont créé ces opportunités tout seuls comme des grands.

Je n'ai pas fait de hip hop pour être payé, ou pour que les filles me courent après ou même pour avoir plus de fans. Je fais du hip hop juste pour m'exprimer, dire mon amour, ma rancune, ma haine, ma passion, tout ce que je ressens en fait. Pour moi, toute ma vie est hip hop. J'ai grandi dans le hip hop et je suis sûr que je mourrai dans le hip hop. Le hip hop est la chose la plus importante de ma vie, après ma religion. Pourquoi ? Parce que c'est à travers le hip hop que je me suis connu en tant qu'être, que je me suis défini, que je suis arrivé à réfuter certaines choses, à abandonner certaines choses, à être moi-même. Et c'est à travers le hip hop que je suis meilleur. Le hip hop m'a permis de me connaître en tant que MC parce que l'écriture est un exutoire, et à travers l'écriture, j'ai vu des reproches que je faisais à des gens, alors que moi-même j'étais dans cette situation illicite, illégale. Cela m'a permis de me rendre compte que je ne pouvais pas critiquer ces gens-là et être comme eux. Le hip hop m'a façonné et à part la religion, qui fait qu'il y a certaines limites que je n'ai jamais osé franchir, le hip hop a fait de moi ce que je suis. Le hip hop m'a permis de m'exprimer, de partager mes idées et d'atteindre des gens que je n'aurais jamais pu atteindre dans mon quartier en ne faisant pas de la musique. Et je pense que sans le hip hop, j'aurais eu mal. C'est vrai, j'allais écrire tout de même parce que j'ai toujours aimé écrire, mais je ne pense pas que j'aurais eu la même portée. Nous savons qu'au Sénégal les écrivains ne sont ni connus, ni reconnus et c'est dommage, alors que nous avons des gens qui savent écrire.

En Allemagne, les gens m'ont demandé pourquoi nous ne nous habillions pas en boubou traditionnel comme les autres artistes de passage. Je leur ai répondu que je ne savais pas si c'était eux qui étaient différents ou moi, mais mon quotidien c'est baggy, tee-shirt, street wear, c'est une discipline aussi du hip hop. Ce n'est pas mon habit d'africain qui fait que l'on reconnaît que je suis Africain. Je parle français et j'ai un accent, je parle anglais et j'ai aussi un accent, l'essentiel est que je me fasse comprendre. Il ne faut pas que les gens essayent de tuer la façon de s'habiller de cette culture-là. Si cela les dérange, tant pis, mais le plus important c'est ce que l'on a à dire, ce que l'on a dans la tête, comment on le véhicule et qui nous sommes.

Jojo de Yatfu

L'année 1988 était chaotique. C'était la première fois que nous vivions au Sénégal une année blanche. Que de frustrations. Cette année-là, c'était une grève estudiantine très mouvementée. Il y avait des lacrymogènes un peu partout, ça cognait dur avec les policiers. Les plateformes revendicatives se sont multipliées, les jeunes universitaires sortaient dans les rues et les lycéens étaient agacés.

King and Cool, Syndikat, African Yeufou, VIB, tous ces groupes sont sortis de terre. En 1988, côté américain, on voit débarquer Public Enemy, tout un groupe sur scène avec des soldats et un DJ. En 1989, les échos du mouvement hip hop français arrivaient à nous par la compil « Rapattitude », les groupes NTM (Nique ta mère), Lionel D, et MC Solaar. Alors, on s'est tous mis à l'anglais et aujourd'hui nous sommes, pour la plupart, bilingues. « *Fight the Power* » c'était la totale. C'est vrai que le contexte n'était pas le même, c'était aux États-Unis et moi j'étais au Sénégal, mais il y avait la même frustration. C'était le summum de la rage. C'est arrivé à ce moment-là. *Bagnekaat*[9]. Nous sommes devenus des personnes à part entière qui refusaient de ne pas exister dans ce pays.

Notre hip hop est un mouvement de masse. C'est une façon de définir la rue. Et la rue est contestataire, revendicative à la base. Notre hip hop est très coloré et ses genres musicaux se multiplient. Il n'y a pas que le rap. Le dancehall, le ragga, le R'n'B, les nouveaux styles des ghettos de Johannesburg, d'Abidjan et de Kinshasa, tout y est. Le port vestimentaire n'a plus de limites, chaque cité, chaque continent y ajoute sa touche, alors c'est vibrant. La rue a une démarche artistique qui n'est pas commerciale, mais qui tente plutôt de communiquer avec un public ciblé qui sait de quoi on parle. Même à demi-mot. Certes, c'est un public, mais un public d'initiés. Les produits circulent presque illégalement et cela ajoute du piment à la relation entre la scène artistique et les publics.

Même dans notre nom de guerre, nous reflétons cet état d'esprit. « *Yatfu* » : c'est le mélange de deux mots. Le premier, « *yat* » signifie « bâton », symbole de l'éducation, c'est également le guide de l'aveugle. Ce dernier utilise le bâton pour marcher, pour trouver ses repères. C'est un support, le troisième pied du vieillard. C'est aussi un instrument de redressement pour faire peur aux enfants. Le « *fu* » dans l'astrologie africaine, c'est le douzième esprit des seize majeurs. Dans l'astrologie africaine, il y a deux cent cinquante-six esprits dont seize majeurs. Et

---

9   Résistants.

dans chaque majeur, il y a seize mineurs et quand tu multiplies seize par seize, cela te donne deux cent cinquante-six. Et l'esprit « *Fu* », c'est l'esprit du bien et du mal. Et le bien et le mal, c'est l'équilibre du monde. Et quand nous parlons d'éducation, nous parlons d'équilibre, de canaliser ses émotions, canaliser la personne pour façonner sa personnalité, un savoir-faire, et cela c'est le « *fu* ». « *Yatfu* », c'est avoir un esprit éducatif. C'est essayer de tout faire *lyricalement*, partager nos visions avec certaines personnes qui n'ont pas eu la chance d'avoir une bonne éducation.

Nous sommes en Afrique, dans un pays sous-développé ; l'école ne joue plus son rôle, les élèves n'ont plus accès aux livres. Lyricalement, nous essayons d'éveiller les consciences. Notre rap est bon pour le Sénégal, tout le monde le sait, parce que la plupart des rappeurs du Sénégal ont un niveau scolaire assez élevé. Quand on fait du rap, il faut avoir un minimum d'instruction, être intelligent. Quand tu fais un *speech*, il doit être très cohérent avec des arguments bien ficelés. Ceux qui disent que faire du rap, c'est une inspiration qui tombe du ciel, je pense qu'ils n'ont rien compris. Le rap, c'est du sérieux, on a des choses à dire, on les formule avec cohérence. Après, on utilise le langage qu'on veut, la langue qu'on veut, mais pour écrire un texte il te faut maîtriser la syntaxe, avoir un vocabulaire riche, de la connaissance générale. Un *loser* ne peut pas le faire, c'est impossible.

Cela fait 18 ans que je suis dans le mouvement hip hop. J'ai d'abord été danseur. Et dans les années 1993-1994, l'envie de prendre le micro est devenue forte. Nous avons formé le groupe Yatfu et cela fait 15 ans qu'il existe. Nous essayons de faire de l'activisme parce que nous faisons partie des premiers à édifier le hip hop au Sénégal. Et cela n'a pas du tout été facile. C'est dans une petite chambre avec un dictaphone que nous avons eu à faire des maquettes pour voir ce que cela donnait. Nous n'avions pas trop confiance. Nous sommes allés dans une boîte de nuit, le Métropolis, qui n'existe plus maintenant, où nous avons fait un spectacle. Le public a apprécié et cela nous a mis en confiance et nous nous sommes mis à écrire des textes, à faire des maquettes, histoire de professionnaliser la chose et la passion a pris le dessus. Et puis il fallait allier cela aux études. Les parents ne comprenaient pas tout mais ils restaient vigilants quant à la façon dont nous utilisions notre temps. Ce que nous avons fait jusqu'en 1995, année où nous sommes devenus plus professionnels, parce que nous avions déjà passé le bac et nous avions largement le temps. Nous sommes en 1996, une année un peu sabbatique où il y avait beaucoup de grèves à l'université. Ça pétait de partout, on y comprenait plus rien. Cela nous permettait d'avoir assez de temps pour faire des concerts et développer d'autres projets. Ça n'était pas simple, personne ne croyait en cette jeunesse qui brûlait son université et qui se prenait pour des Américains, mais nous étions des passionnés. Nous avons eu beaucoup de hargne et de patience. C'est un métier qui demande d'être fort dans sa tête, parce que, sinon, on t'écrase parce que chacun veut percer. Dès fois, c'est malsain, il y a des coups de genoux, des crocs-en-jambes venant de partout. Tu dois imposer le respect, c'est un combat de coqs vers le sommet, ton avenir est en jeu. Rien n'est jamais acquis. Il faut se battre tout le temps et jusqu'à maintenant, la galère nous colle aux talons.

Je me souviens de la tête de mes parents qui ne comprenaient pas à quel moment tout ça avait bien pu se déclencher. Pour eux, nous faisions du laxisme. Une crise, tout au plus, puis ils nous ont traités de fainéants sans ambition. Je me rappelle en 1995 quand nous avions organisé un concert au Théâtre national Daniel Sorano, la plus grande salle de spectacle du pays à cette époque, 1200 places assises, et nous les avons invités par surprise parce qu'ils ne savaient pas exactement ce que nous faisions. Quand ils sont venus, ils ont vu que la salle était archicomble et qu'il n'y avait plus de places assises, ils se sont dit « Si cela amène autant de bien-être cela doit être quelque chose de bon ». Ils ont vu les gens acheter des tickets rien que pour nous voir sur scène, ils se sont dit que c'était sérieux. Ils ont commencé à nous encourager. Ça faisait du bien, car derrière tout ce prestige et cette attention, c'était la galère quand même. C'est à partir de ce moment que le *show* a commencé avec la bénédiction de nos parents. Le soutien moral des siens, du quartier, tout ça compte. En tant qu'artistes, nous aimons le live. Et la première chose que nous avons faite, c'était de définir notre style sur scène et ça, on ne pouvait pas le faire en cachette.

Mes souvenirs de *show* sont intenses ; c'était des moments de transe. Des choses auxquelles tu n'aurais jamais pensé, tu les sors naturellement. Des fois, après un *show*, tu te demandes comment tu as fait ou on te rappelle des choses que tu as faites ou dites alors que tu ne t'en rends même pas compte. C'est important pour un artiste de faire le *show*. Imaginer ce que nous vivrons quand nous aurons dépassé toutes nos galères techniques. C'est chiant de ne pas avoir les moyens et 15 ans après d'avoir les mêmes problèmes.

Yatfu, depuis sa création, a toujours été indépendant. De la production à la commercialisation nous nous sommes autofinancés, *auto-managés*.

Nous avons gagné une place respectable dans le paysage hip hop grâce à nos sacrifices, mais c'est long et toujours trop lent. Il est permis de rêver et on rêve toujours. Nous n'allons pas chanter, revendiquer toute notre vie sans atteindre du concret.

Daddy Bibson de Pee Froiss, Fass

Mon véritable nom est Bruno Cheikh Boukounta Coly. Je suis né à Thiès le 1er décembre 1974. À l'âge de six mois, je suis venu à Dakar et j'ai grandi dans le quartier de Fass. J'ai fait les bancs aux Maristes et j'ai aussi fréquenté d'autres écoles. C'est dans une école à Rufisque que j'ai commencé à faire du rap. Je ne me souviens même plus du nom de l'école. C'est avec mon voisin de table que j'ai commencé, il s'appelle Ibrahima Ndoye Junior et il est conseiller municipal à la mairie de la ville de Rufisque aujourd'hui.

Je reste un gosse de Fass où j'ai passé la plus grande partie de mon enfance. Je suis vraiment un *Boy Fass*. J'ai vécu partout dans le quartier. Fass Bâtiment, Fass Delorme, Fass Casier, HLM Fass. Ma famille est de Rufisque et de Casamance aussi, d'un village nommé Soutou à Bignona.

Ma famille maternelle de Thiès est très connue pour ses marabouts. Chez moi là-bas, c'est une école coranique. Mon grand-père s'appelle Cheikh Yerim Momane Seck. À l'époque coloniale, il faisait partie des 100 marabouts auxquels on avait autorisé l'enseignement du Coran. Il fait partie de la Tarikha Khadria (confrérie musulmane). Tous mes oncles sont des marabouts vêtus de longs boubous qui enseignent le Coran. C'est ça mon histoire, je suis issu de deux religions, deux cultures différentes. J'ai grandi entre ces deux extrêmes. Aujourd'hui, au Sénégal, il n'y a pas un rappeur solo qui ait sorti autant d'albums que moi.

Je fais du rap, je ne fais pas de rap religieux comme on le dit. Tu es dans une tendance religieuse ou une autre et moi, en ce moment, le rap que je fais me ressemble. Si tu veux que ton public suive ce que tu leur conseilles, il faut que tu aies les mots justes, ça ne doit pas être religieux mais spirituel, il faut que ça les pénètre et que les gens se retrouvent. Nous utilisons toutes les phrases qui collent à la spiritualité, y compris celles sorties de la Bible. Dans mes albums, si je dédie une chanson à Baye Niasse, c'est parce que c'est ce que je vis et que ma musique me ressemble, ma musique c'est moi. Chaque chanson dédiée à Baye Niass ne le chante pas lui, mais distille des messages sociaux. Dans ma vie, j'avais besoin de l'absolu. Je voulais aller jusqu'au bout de mes questions, le monde, la vie, Dieu. Qu'y a-t-il derrière le paradis, derrière l'enfer ? J'étais dans une quête personnelle. Il y a une réponse à tout. Je crois intensément au Coran, je nage dans la religion à la quête de connaissance. Et maintenant, je vis ma spiritualité à fond.

Au début, j'étais un garçon cool et sans histoires, c'est pourquoi on m'appelait Kool Daddy Bibson. C'était mon premier nom d'artiste. Et je n'ai pas fait d'efforts vraiment, c'est ma grand-mère Olivia qui m'appelait Bibi, diminutif de Bruno, mon homonyme s'appelait Nono. Donc pour différencier les deux Bruno de la maison, j'avais déjà un nom d'artiste sous la main. Le « Bibi » est devenu « Bibson » par mon père Alphonse Coly qui était un guerrier qui aimait la vie à l'Américaine. Il est agent international de basket. C'est lui qui l'a transformé en « Bibson ». Il est très proche des jeunes. Il a enseigné le basket au Cours Sainte-Marie de Hann.

En 1988, c'est l'année blanche, j'avais des problèmes à Fass où j'habitais, je commençais à être un peu perturbant car je fréquentais des jeunes peu recommandables. Beaucoup d'entre eux étaient des bandits ou des revendeurs de chanvre. Alors, étant donné que ma tante ne voulait pas que je file de ce coton, elle m'a ramené chez mes grands parents à Rufisque. Cette année-là j'étais en 4ème, et Rufisque était une nouvelle zone à défricher. Comme il y avait l'année blanche, ça tombait bien, il n'y avait rien à faire. Alors, un copain et moi avons créé notre petit groupe de rap. On s'est d'abord appelé les Unik MC, parce qu'à Rufisque on était les seuls à rapper. On était les vedettes là-bas, mais franchement on prenait les magazines français « OK » et « Podium », et on recopiait les textes pour nos lyrics. Puis c'était les paroles des rappeurs américains Kool Moe Dee, Public Enemy, Lionel D, tous les artistes qui passaient par Radio Nova. On avait la chance d'avoir une connexion, il s'appelait Pascal, il est décédé aujourd'hui, c'était un parent à Bob Marley, il était en France et il venait tout le temps à Rufisque et il nous ramenait des copies d'émissions de Dee Nasty, les *freestyles* de Sidney, Cut Killer (qui était DJ là-bas) et Jimmy Jay le DJ de MC Solaar. Après, on a pris les compilations de Malik Boulibaï Sound System et on copiait les textes.

Au bout d'un moment, on avait envie, nous aussi, d'écrire nos histoires, maintenant que l'on connaissait le principe. Tous ceux qui ont été aux Cours Sainte-Marie de Hann le savent, il y a des gosses de riches et des gosses de pauvres et quand on est dans le camp des pauvres, on voit les autres en face, les fils de boss qui avaient des motos, qui faisaient la fête tout le temps, qui partaient en vacances 15 jours à New

York. Donc, on avait la haine de voir les autres vivre des choses que nos pères ne pouvaient pas nous donner et c'est cela qu'on exprimait dans nos premiers textes.

En 1990, je suis revenu à Dakar, à Fass, toujours avec un pote qui était aux Maristes aussi. On a monté un groupe LS Time, les seigneurs du temps, car c'était l'époque de tous les films d'horreur, de surnaturels et de zombies. Nous consommions beaucoup de ça et étions très influencés, d'où le nom de notre groupe. Puis, je me suis cherché un peu, le temps de refaire de nouvelles connections. J'allais régulièrement à la rue 10 chez mon ami Mahanta Faye qui est le jeune frère du bassiste Habib Faye. Cheikh Cissé et Talla étaient aussi des amis de ce quartier que je fréquentais. Chez Mahanta, il y avait une boîte à rythme et nous composions des sons de temps en temps. Je connaissais un autre gars du nom de Shaka Babs, il habitait en face de chez ma tante à Fass, notre maison était à étage et la sienne une baraque. C'était un sacré contraste. Lorsque nous étions perchés là-haut, nous pouvions le voir en bas chez lui. Il était tailleur, donc il soignait son look hip hop, il se confectionnait des choses extraordinaires. Waly et Alou, des grands frères à nous, se sont chargés de nous présenter. Voilà comment il est devenu un pote et je lui faisais écouter mes créations sorties de la boîte à rythme et du clavier.

Shaka Babs était épaté par ce que je faisais, on croyait que c'était extraordinaire à cette époque. Et un jour Shaka m'a présenté Xuman. La première fois que je l'ai vu, il portait un short, un tee-shirt, il mangeait du maïs, il n'avait pas de dreads et il ne parlait pas très bien wolof car il revenait de Côte-d'Ivoire. On a fait un *freestyle* ensemble et il m'a demandé si je connaissais Duggy-Tee. J'ai dis « non ». Tu sais, à cet époque, il y avait tout un jeu de rivalité, tu faisais semblant d'ignorer l'existence des autres MC. Il a insisté et m'a dit « Tu dois le connaître, à Dakar c'est le meilleur rappeur en ce moment ». Et je lui répondis « Tu es fou toi, comment pourrait-il être plus fort que moi ? » C'était à une époque où Duggy était le noyau, c'est lui que tout le monde fréquentait. Je continuais de voir Xuman. Nous répétions chez lui ou à la plage quand je n'allais pas aux Maristes en cours. J'étais en première et il ne fallait pas rater les études, je voulais être pilote ou sportif international. Xuman et moi nous écrivions ensemble, à l'ancienne, pas comme aujourd'hui. Puis à la Biennale des arts de 1992, on a été invité par Malik Boulibaï Sound System à monter sur scène. C'est la première fois que l'on a l'opportunité de montrer ce que l'on sait vraiment faire. Et nous sommes montés sur scène juste après Duggy Tee. C'est seulement à ce moment que j'ai accepté que Duggy Tee avait un réel talent.

L'aventure commence, je rappe, je rappe, puis un pote et moi avons une altercation à l'école avec des élèves libanais et nous sommes renvoyés pour quelques semaines. Je vais à la mer tous les jours, je rappe avec fureur et à la fin de la punition, je déclare que je ne retournerai pas à l'école. Alors la famille réagit, on me demande de partir de la maison si je ne reviens pas sur ma position. Je prends mes affaires et je déménage en face dans la baraque de Shaka Babs, sous leur nez.

Avec Xuman, on monte Pee Froiss Muslim avec des danseurs et des MC : il y a Xuman, Lord Alajiman et Kool Daddy Bibson. En 1992, Nioul té Rapadio et Sunu Flavor, qui s'appelaient NBA à l'époque, sont invités sur un plateau en même temps que nous. Ça s'appelait « King of Rap and Ragga », c'était au Centre culturel de Derklé et c'était la deuxième édition. On a impressionné à cette rencontre et Cock 6 est venu nous voir pour prendre nos coordonnées. Il nous a dit qu'il voulait collaborer avec nous et non intégrer le groupe puisqu'il était dans Nioul té Rapadio et avec lui, Iba, Keyti, MC Waxxitul et tout un posse. On a roulé un peu ensemble puis on a eu des ennuis avec Alajiman qui est allé de son côté monter le Daara J avec Faada et Ndongo.

En 1993, on signe avec le label de PBS et nous avons fait toutes leurs premières parties à l'époque. Cock 6 a rejoint le groupe, Xuman est reparti en Côte d'Ivoire et Cock 6 et moi-même avons été rejoints par Sun Souley et Sister Jocelyn puis DJ Gee Bayss. Un jour, on est en concert aux Maristes avec le PBS pour Rap à Gogo, Baaba Maal était un invité, Ménélik aussi, et il y a eu une bagarre entre les membres de notre groupe. Sun Souley quitte alors le groupe. Cela arrivait beaucoup dans les groupes de rap, ce genre d'échauffourée, puis, il ne faut pas oublier qu'on était jeunes. Après cela il créa Jant Bi avec Moussa, qui avait un groupe de mbalax, et Doudou, qui faisait les backup pour Moussa. Dans le son « *Pousseul ma tok*[10] », il raconte d'ailleurs cet incident-là. En 1994, notre premier album de Pee Froiss était « Wala Wala Bok »[11] et c'est sorti sous PBS Records. On avait de bonnes relations avec feu Mamadou Konté, donc on jouait beaucoup au Tringa. Il nous a fait voyager et fait faire de gros concerts en Belgique. Avant notre tournée en France, mes ennuis ont commencé avec les autres membres du groupe.

---

10 Laisse la place, pousse-toi.
11 Wala Wala Bok veut dire Yes, yes y'all.

À l'époque, le fils de Ndiouga Kébé, Tapha Kébé, avait investi dans Pee Froiss. J'étais le premier à avoir pris des engagements avec lui. Notre investisseur nous demanda de choisir un local et le reste du groupe décida de choisir un autre quartier que Fass. Je n'étais pas d'accord parce que Fass m'a tout donné et Fass c'est la base de Pee Froiss, nos fans étaient très nombreux et tous de Fass. Je n'aurais quitté Fass pour rien au monde. À cette époque, chaque groupe avait son fief, Wa BMG 44 et BNP, c'était Thiaroye, PBS était à Sicap, VIB à la Médina, Supreme Black à Pikine. Ils m'ont donné un ultimatum et je n'ai pas cédé, alors ils sont partis monter Mako Def Records avec le Pee Froiss sans moi.

Dès qu'ils sont sortis de Fass, le groupe a perdu sa cote. Dans notre quartier, lorsque nous avions des ennuis entre nous, des gens nous faisaient asseoir et nous réconciliaient. Tout ça dans Fass. Lorsqu'on avait des dates avec des entrées un peu chères, les jeunes de Fass se débrouillaient pour trouver les sous pour venir nous écouter. Un groupe de rap sans posse, sans base, il n'est rien, on disait même *"Pee Fass"*, ou *"rappeurou Fass yi"*[12]. Il y avait des aînés lorsqu'on avait des problèmes d'argent ; c'est eux qui y mettaient leur argent pour nos maquettes etc. Do Bodian, Pape Sarr, ce n'était pas possible pour moi de tourner le dos à cela. Ils ont fait l'album « Affaire Bou Graw » sans moi, j'avais écrit beaucoup de textes sur cet album et ils les ont conservés. « Fefty », « Affaire Bou Graw », « Xarfafufa », « Talibé », « Louy Ndeyou li », « Raki ndaw »[13], ce sont mes textes et ça, je ne l'ai pas digéré. Ça a emmené plus d'ennuis. Lorsque j'ai rejoint Rapadio, j'ai rappé ce moment de ma vie : « Où sont les bandits qui ont volé mes sons… »

Puis, c'était la période des vaches maigres, je n'avais plus de quoi payer mon loyer. Avec le Pee Froiss, on jouait beaucoup, on avait de l'argent, mais ce n'était plus le cas. Je me rappelle quand je quittais Fass, je n'avais pas payé de loyer depuis trois mois ; j'ai appelé la propriétaire et je lui ai demandé d'estimer la valeur de tout ce que contenait ma chambre. Elle a tout pris. Pourtant, ma chambre était bien garnie. Je suis sorti les mains vides et elle a repris sa clé.

J'ai été hébergé pendant trois mois par un ami chanteur, Biba, qui évolue dans le monde du hip hop. Pour continuer de réaliser nos

---

12 Rappeurs du quartier Fass.
13 « Fefty » veut dire « cinquante francs » ; « Affaire Bou Graw » est « un truc d'enfer » ; « Xarfafufa » veut dire « magie noire » ; un « talibé » est un « disciple » ; et « Raki ndaw » veut dire petit frère.

maquettes et pour vivre, on vendait du *tangana*[14]. C'est un gars bien, il s'est battu pour moi pendant mon séjour là-bas. Puis j'ai atterri chez Bugs Bunny, le frère de Duggy Tee, donc chez Duggy Tee lui-même. C'était mon pote, Bugs. Il m'appelle Cheikh Coly, il ne m'appelle jamais Bibson. J'ai squatté là-bas cinq mois. Duggy Tee était en tournée pendant trois mois. Bugs venait de quitter le PBS et nous étions seuls dans la maison avec une de ses sœurs. La mère de Duggy Tee était en voyage. On ne foutait rien, on fumait, on buvait de l'alcool et on dormait. Un jour, sa sœur ainée nous a trouvés totalement soûls et nous a enfermés dans la maison jusqu'à notre réveil. Elle m'a sermonné et m'a dit que j'avais du talent et que je devais retourner chez moi et arrêter de gâcher ma vie. J'ai considéré mes options familiales et j'ai opté pour la concession du grand-père à Thiès. Ma mère était en Afrique du Sud, c'est d'ailleurs, là-bas qu'elle décédera.

Un jour, Iba de Nioul té Rapadio me propose de faire quelque chose ensemble avec Keyti, puisque ses autres complices étaient passés à autre chose dans leur vie. Finalement, Mister Kane produit Rapadio, Keyti, Iba et Bibson en 1998, distribué par Talla Diagne. On l'a enregistré au studio Sunu Flavor qui était au Point E. On savait que l'album allait faire du bruit. On avait un son « Get Down » qui a lancé l'album. Notre ami Ela avait chargé des jeunes d'aller pendant une semaine chez Talla Diagne et demander si la cassette « Rap'Adio » était sortie. Talla ne savait pas qui nous étions et le jour où nous sommes arrivés avec le produit, il était très enthousiaste et la distribution s'est faite aussitôt. « Rap'Adio », ce n'était pas du faux, les hip hoppeurs se reconnaissaient dans les textes. Fini les lyrics sur l'amour, les présidents, Abdou Diouf et Africa. Il n'y avait pas non plus de Mame Bamba. C'est moi qui ai commencé avec Baye Niass à partir de 2000 et tout le monde a suivi avec Mame Bamba dans le rap.

Après cet album, les autres groupes de rap nous en voulaient. Je me souviens aussi du concert d'Alpha Blondy avec le PBS et Kantiolis qui faisaient la première partie; après le passage de PBS, ils ont pris leur lecteur DAT, refusant que l'on y touche pour notre passage. Iba et Duggy Tee allaient en venir aux mains. Duggy Tee faisait des prises de karaté dans l'air, c'était tellement marrant. Finalement, c'est avec un autre lecteur et une cassette chrome de nos répétitions que l'on a joué. Nous avons fait vibrer le stade et le manager d'Alpha Blondy est

---

14   Une bicoque où on vend le petit déjeuner.

venu prendre nos contacts. On portait des cagoules. C'est ce jour qu'on a fait l'unique photo qui existe de Rapadio. Le monde du hip hop nous détestait. Les gens nous demandaient de passer avant nous pour éviter le bordel après notre passage. Youssou N'Dour demandait « Qu'est ce que c'est que le Rapadio ? » C'était plus fort que nous, personne n'y pouvait rien. C'est comme le mouvement Y'en a marre, aujourd'hui, c'est une vague, c'est tout.

Après Rapadio, c'était une page qui devait se tourner dans l'histoire du hip hop ; il y a eu une foule de rappeurs qui est arrivée sur la place. Ils ont compris que c'était possible de proposer quelque chose et de se retrouver à côté de leurs idoles comme Duggy Tee ou Faada Freddy ou Alajiman. Il y avait un certain style qui s'était imposé que l'on a déconstruit pour ouvrir les vannes afin que tout le monde s'engouffre et fasse du rap pur et dur. Les sondages nous ont mis en tête, on disait la bande à Bibson, le Rapadio, et cela n'a pas tardé à faire des jaloux et on est revenus aux problèmes des groupes en général.

J'ai fait un album solo avec Xuman, « Frères ennemis », qui a cartonné. Personne n'avait encore atteint ce taux de vente. On tournait, on ramassait de l'argent partout, c'était très fort ces moments-là. Et Rapadio ne pouvait pas vivre avec ça. Quand j'ai quitté Rapadio, les fans du groupe m'agressaient, m'insultaient, me menaçaient, mais voilà, je gérais la situation. Nos fans ont toujours été chauds. Il faut demander à Fata El Président. Fata et son histoire avec Rapadio. Tout ce qui lui arrive, il l'a bien cherché. Il a passé une année à insulter le Rapadio sans pitié, ben voilà, le résultat est là.

Baïdy Sall, Bideew Bou Bess

Je suis Baïdy Sall du groupe Bideew Bou Bess. J'ai 31 ans. Mon grand frère, Moctar, il en a 33 ans et Ibrahim, 29 ans.

Nous sommes un groupe de frères, c'est ce qui fait la particularité du groupe. Au début, nous avons démarré avec un copain, Moctar et moi de 1994 à 2002. Mais ce copain a quitté le groupe à la suite de beaucoup de choses. Maintenant, nous sommes un groupe familial. Nous avons formé le posse à Golf, à la Cité des Enseignants. Nous y avons vécu de 1990 à l'an 2000. De 1994 à maintenant, nous avons dix-sept ans d'existence.

Je dirais que c'est le rap qui nous a choisis. Nous avions été beaucoup influencés par les cassettes, les programmes que nous regardions à la télévision et qui avaient un lien avec le hip hop. Bien que nous entendions parler du PBS, le mouvement hip hop en était encore à ses balbutiements. Ce n'était même pas encore des cassettes, c'était des maquettes et des concerts que nous allions voir au Centre Culturel Français. Nous étions très jeunes à l'époque, mais nous avions déjà attrapé le virus. Nous avions commencé par la danse et par griffonner des textes sur des feuilles. C'est parti comme cela. Nous avons formé le groupe en 1994, mais il s'est professionnalisé en 1996 quand nous sommes sortis deuxième d'un concours de rap sur Cheikh Anta Diop à l'occasion du dixième anniversaire de sa mort. C'est à la suite de cela que des producteurs ont fait appel à nous. Ces derniers nous ont produits. C'est comme cela que l'histoire de Bideew Bou Bess est née.

Le concept, nous l'avons baptisé « Original One ». Nous n'avons pas voulu faire comme tout le monde et nous avons voulu apporter notre pierre à l'édifice parce que le mouvement n'était pas très représentatif à l'époque. On pouvait juste citer 10 ou 12 groupes de rap au Sénégal. Il s'agissait entre autres groupes de la banlieue, de PBS, de Pee Froiss, de Wa BMG 44, Alien 2... Il n'y avait pas encore cette multitude de groupes. Nous voulions vraiment faire la différence. Mais ce qui est heureux dans tout cela, c'est que, quand nous avons commencé à écrire, autre chose est venu se joindre au groupe. Les mélodies que nous écoutions quand nous étions jeunes : les Touré Kunda, la musique hindoue, celle de Youssou N'Dour. Tout ce que nous écoutions à la maison a ressurgi. C'est ce qui fait peut-être que Bideew Bou Bess est un groupe assez original. L'inspiration n'est pas seulement américaine : même si à la base c'est le hip hop. C'est comme cela que le groupe a évolué jusqu'à présent.

Au Sénégal, toutes les maisons ont une consonance religieuse. Nous appartenons à une famille Tidiane, Toucouleur, omarienne. Au début, les parents pensaient que c'était juste pour les vacances. Nous formions un posse : nous dansions, nous rappions, nous allions aux concerts. Et ce n'était pas trop sérieux au début. Mais quand nous avons gagné le prix au Centre Culturel Français nous avons attrapé le virus et nos notes commençaient à baisser à l'école. Nous faisions les classes de troisième et de seconde. Nous séchions les cours pour aller en répétition, ce qui nous a valu des heures de colle. C'est là que les ennuis avec les parents ont commencé. Pour eux, la musique est aléatoire comparée aux études. C'était des moments durs. Pendant un an, les parents ne nous ont pas adressé la parole, mais nous avons tenu bon jusqu'à ce qu'ils comprennent que nous croyions en notre rap. Notre mère nous a soutenus malgré ses

Lalataké, Toxoro, Mister Action du groupe Rapattack de Guinaw Rail. Selon Haessner, « le quatrième membre, 1-2 Big Paco, est l'invisible du groupe, il n'apparait jamais sur les affiches et dans les clips. » Crédit photo © Sandy Haessner.

Maxi Krezy, alias Amadou Aw, natif de Diourbel, un des pionniers du rap sénégalais. Il a fait des études de droit, vit à Rufisque à 30 kilomètres de Dakar.

réticences au début, ce qui lui a valu des ennuis dans son ménage. Elle a prié pour nous et jusqu'à présent elle est là et nous soutient.

Quand tu sens quelque chose, tu vas jusqu'au bout, tout en y apportant ton style. Nous avons toujours procédé ainsi. Même dans les années 1994, nous avons subi l'influence américaine avec les vidéo-clips, les *playgrounds* basket avec les Michael Jordan. Beaucoup de groupes reprenaient des instrumentaux ou des paroles de musiques américaines, de Tupac, Snoop Doggy Dogg… Mais nous avons toujours teinté ces influences de notes d'africanité.

Un jour, nous sommes allés jouer dans une école. Nous avions mis des jeans et des chaussures basket. Mais nous nous sommes dit qu'il fallait mettre des caftans dessus afin de faire plus africain. Quand nous sommes venus pour jouer, les gens nous ont pris pour des malades. Ils se sont moqués de nous parce que nous ressemblions à des gens qui jouaient au théâtre et parce qu'ils ne comprenaient pas ce style-là. Nous n'avons jamais voulu subir cette influence américaine. Peut-être que c'est lié à notre éducation.

Même quand nous sortions notre premier album, cela avait coïncidé avec la période où Rapadio avait sorti son album qui cartonnait et qui s'appelait « Kou Wet Xam sa Bop » pour dire que les gens ne doivent pas chanter. Nous étions en studio. L'année d'après, nous avons sorti notre album « Ndékétéyo » avec le titre « Ou Ah » que les gens ont beaucoup apprécié. C'était une musique assez dansante, mélodieuse, il y avait du marimba. Je pense que nous faisons partie des premiers groupes, à part Black Mbolo, à faire différemment. Les gens nous disaient que si nous sortions notre album, il n'allait pas marcher parce que Rapadio était là et il avait clashé tous les groupes. Et nous nous sommes dit que nous allions le sortir et que même si cela ne marchait pas, nous avions osé le faire. Nous avons toujours voulu oser par rapport à nos choix musicaux.

Maxi Krezy

Je m'appelle Amadou Aw. Je suis natif de la région de Diourbel. Je suis né en 1973. J'ai d'abord appris le Coran comme tout bon Toucouleur. Ensuite, je suis allé à la Mission Catholique de Diourbel et j'ai fait le collège à Diourbel puis Saint-Gabriel de Thiès où j'ai eu mon bac en 1991, pour finir à la Faculté de Droit de Dakar.

Par effet de mode, nous étions tous des danseurs de *break-dance*, de *smurf*, *funk* et tout. En 1986, nous avons décidé de mettre un terme à la danse. Nous avons commencé à rapper avant l'année blanche. Nous reprenions les sons des Américains, même si nous ne comprenions pas trop ce qu'ils disaient. Mais c'est en 1988 que nous avons commencé à écrire des textes en anglais et en français. Ce n'était pas trop sérieux. Au fur et à mesure, nous remarquions que cela prenait de l'ampleur. Le nom, je l'ai pris depuis le début. Les gens nous prenaient pour des fous à cause de notre port vestimentaire, nos coiffures. C'est ce qui est à l'origine de mon nom d'artiste Maxi Krezy. « Maxi » signifie maximum, « Krezy », fou, mais quand les Américains disent "crazy" c'est plutôt un compliment. Nous avons voulu le changer à Kocc Barma pour mieux refléter le mot wolof, mais le surnom était déjà adopté.

Nous étions invités à des podiums, à des foureuls, à jouer à côté d'artistes comme Omar Pène. Ça commençait à devenir sérieux. Nous avons commencé à écrire en wolof parce que personne ne comprenait ce que nous disions. Le message ne passait pas. C'était une musique nouvelle, un habillement nouveau. On nous trouvait bizarre dans la rue. Les parents ne voulaient pas que nous fassions du rap. J'avais un groupe qui s'appelait GCM Posse qui a fini par prendre le nom de Kocc Barma. C'est ce Kocc Barma qui a évolué jusqu'en 1996 : nous avons sorti notre premier album « Louway Def Bopam[15] » avec un producteur qui venait de Suisse. Il est sorti juste après Daara J, Pee Froiss et Positive Black Soul.

Nous étions là avant de connaître ces groupes, même s'ils ont sorti un album avant nous. Mais nous n'avions pas la chance de sortir un album, de sortir des maquettes. Il fallait des moyens. Nous étions encore des élèves et les parents n'en voulaient pas. Il fallait que nous nous débrouillions seuls. La première maquette que nous avons faite était suite à une émission. L'animateur Michael Soumah nous avait invités, nous faisions du *live* dans le studio. Un ami que nous avions laissé à la maison l'a enregistré. Ce fut le premier son que nous avons écouté de nous. Il y a plein de gens qui ont disparu comme Badou Kéman, Alien 2, King Saloman, qui sont maintenant aux États-Unis. Il y avait en ce temps-là, VIB de Rebeuss, Suprême Black de Pikine. Soundiata qui est toujours là. C'est lui qui avait formé le groupe VIB avec Henry qui fait du reggae en Allemagne. Il y avait des groupes comme Tim Timol et Khour Mbégué.

---

15 On est responsable de nos actions.

À cette époque, il n'y avait pas encore d'albums sur le marché. Mais quand le Positive Black Soul (PBS) a sorti son premier album, cela nous a donné le courage de continuer. Nous n'y croyions plus parce qu'il fallait des millions pour sortir un album, les studios coûtaient cher. Il y avait le Studio 2000, celui d'Aziz Dieng et Winx géré par des Libanais. Il fallait débourser 150 000 FCFA pour une journée de studio. Si tu n'as pas de producteur, tu ne penses même pas à sortir un album. Mais avant la sortie de l'album de PBS, ils ont participé à la compilation « Dakar 92 », avec leur titre « Kou Beugue Beugue Na Diokhko », la première version, qui a fait découvrir la chanteuse Coumba Gawlo Seck, produite par le Centre Culturel Français. En 1993, le PBS a sorti son album « Boul Falé ». C'est là que les rappeurs ont cru que c'était possible d'avoir son propre album et chacun se battait de son côté.

Notre groupe, Kocc Barma, avait amené une nouvelle appellation, une nouvelle philosophie, un style vestimentaire nouveau. Sur le plan musical, nous faisions la différence parce que nous y mettions des instruments traditionnels comme le riti, la flûte. Nous jouions avec des professionnels, pensionnaires du Théâtre national Daniel Sorano. Pour être en accord avec la musique, nous arborions des tenues traditionnelles de l'ethnie peulh. La première fois que nous avons joué au Centre Culturel Français en 1996, c'était lors de « La Nuit du Rap », un concours de rap. Chaque année, des stars venues de la France comme MC Solaar, Ménélik, faisaient le déplacement. Ils jouaient avec trois artistes locaux sélectionnés lors du concours. En 1996, nous avons été sélectionnés. La même année, nous avons sorti notre album. L'année suivante, nous avons joué à « La Nuit du Rap ». Cela nous a propulsés au-devant de la scène musicale rap. Des cassettes de Black Mbolo, Jant Bi, et Bamba J. Fall ont commencé à sortir. Les rappeurs ne croyaient pas qu'un jour leurs albums sortiraient : ils s'adonnaient au rap juste pour jouer, pour le fun, pour frimer à l'école afin d'attirer les filles.

Nous étions invités lors des foureuls organisés dans les quartiers à nous produire au même titre que les artistes mbalax, dans les régions de Saint-Louis avec Marie Madeleine Diallo et à Kaolack. À l'époque, il n'y avait qu'une seule télévision, la Radio Télévision Sénégalaise (RTS) ; tu y passais et tu devenais reconnaissable parce que tout le monde la regardait. Tout comme il n'y avait qu'une seule radio : nous allions tous les mercredis à Dakar FM pour l'émission de Michael Soumah. Nous faisions la queue devant la radio. Nous ne déjeunions même pas, de peur de ne pas accéder aux locaux de la radio. Il y avait un gendarme qui filtrait les entrées : si ta tête lui plaisait, il te laissait entrer. Si ce n'était pas le cas, il te bloquait à l'entrée. Mais Michael Soumah était très patient avec nous parce que ce que nous faisions à l'époque ce n'était pas de la musique. Il l'avait compris très tôt et nous a toujours encouragés. C'est grâce à lui que le hip hop sénégalais s'est développé. Après, les autres stations radios sont venues : Sud FM avec Aziz Coulibaly, Makhou Soulbi, Coco Jean. Les médias se sont développés. La presse commençait à parler du phénomène du rap. Quand nous avons sorti notre album, nous avons fait un titre où nous disions que le rap allait détrôner le mbalax. Cela a créé une polémique. C'est pourquoi on nous appelait les "Boys Rappeurs" parce qu'il n'y avait que les grands musiciens de mbalax comme Youssou N'Dour. Mais cette appellation est restée vingt-ans après.

Fin 1997, les membres du groupe Kocc Barma se sont séparés. J'ai entamé ma carrière solo. Mais je travaillais avec quelqu'un qui venait des

Alex, danseur (B-Boy) et chorégraphe, est le fils d'une célèbre danseuse traditionnelle sénégalaise. Visage familier dans le paysage hip hop à Dakar, il allie *break-dance* et danses africaines.

États-Unis et qui s'appelait MC B. Nous avons formé un groupe nommé Lyrical Ghetto. Mais quelque temps après, il est reparti. Entre temps, j'ai travaillé avec Daddy Bibson et Pindra quand ils ont créé Optimiste Produktions. Avec ce dernier, nous avons créé le groupe ALIF, un groupe de filles. J'ai écrit leur album. En 2003, j'ai sorti un Maxi en solo.

DJ Gee Bayss, Pee Froiss

Pour une première, j'étais invité pour animer un *show* à la radio Walf Fadjri, le *show* s'appelait « *Freestyle Flow* ». Quand je suis arrivé avec ma mixette, mes *feelings* et tout, le boss a cru que nous allions faire exploser la radio. Il me dit : « Tous les animateurs qui arrivent ici viennent avec leur petit sac de CD mais vous, comment se fait-il que vous ayez tout cela, vous branchez des trucs, mais qu'est ce qui va se passer ? Pourquoi ne pouvez-vous pas faire comme tout le monde ? » Il s'est finalement laissé convaincre et tout s'est bien déroulé. Je fus invité à une deuxième émission avec le MC Xuman. Xuman était au micro quand j'ai branché mon matériel et toute la radio a été court-circuitée. L'électricité a sauté et il fallait les voir comment ils étaient affolés.

Vous savez, aucun parent n'était prêt pour que son enfant entre dans ce mouvement. Les Sénégalais allaient à l'école, à l'université, au basket et au football. Ils ont eu du mal avec les danseurs et le *break-dance*, avec les MC, alors imaginez les DJ. C'est le DJ qui est responsable de tout ça avec ses platines. Il n'y avait pas de références autour de moi. Il y avait des DJ de soirées, mais pas de référence locale comme DJ de Crew. Ensuite, ce fut le matériel, le coût et la disponibilité. Ensuite, comment communiquer cette expression artistique ? Comment la transmettre aux gens ? Parce que la plupart du temps, les gens me prenaient pour un aliéné. Quand je débarquais, je faisais mes *cuts*. Pour eux, c'était des sons bizarres. Ils n'avaient pas l'habitude et ils ne comprenaient pas. Faire comprendre le métier aux gens et le développer en même temps, c'est une réelle difficulté. Jusqu'à présent, le métier n'est pas très développé, il y a DJ Saf Niang, DJ Co, DJ Alla et quelques débutants. Nous devrions être dans la production à cette heure-ci. Le DJ peut être producteur, avoir son propre label. Si on dit DJ Gee Bayss ou DJ X, on sait que c'est un label de qualité, même s'il ne prend pas le micro. Le MC n'est pas le seul artiste dans ce mouvement. MC, danseur et DJ c'est du pareil au même. Ils ne font pas la même chose, mais ils se complètent. Il ne faut pas dévaloriser le travail des uns au profit des autres. Les médias qui ne connaissaient pas bien la philosophie de ce mouvement ont appliqué la règle classique des autres styles de musique à tort : l'artiste vedette et ses musiciens. Ce sont tous ces obstacles qui font que le *deejaying* est toujours rare au Sénégal.

Heureusement que je suis dans un groupe et que nous avons eu la chance de faire partie des fondateurs du hip hop sénégalais et d'être parmi les premiers à tourner à travers l'Europe depuis presque 10 ans maintenant. Et c'est essentiellement à travers mes activités avec le groupe que je parviens à établir ma liste de contacts. Sinon le *deejaying*, en tant que tel ne me rapporte pas assez d'argent pour autofinancer nos activités. Mais je ne désespère pas, je sais que le *deejaying* aura de belles années. Cela fait déjà un an que je forme des jeunes en permanence pour qu'ils représentent le métier et j'ai conscience qu'ils seront des missionnaires du hip hop sénégalais. Le hip hop ce n'est pas que le rap.

Au Sénégal, la majorité des groupes de rap, connus ou reconnus, n'ont pas réellement évolué avec un DJ qui, pour moi, est la base du hip hop. S'il y a eu le MC c'est d'abord parce qu'il y a eu le *deejaying*. Pour moi, c'est une des choses à laquelle j'accorde une grande importance. Le DJ c'est le musicien du rap. Et peu de groupes accorde de l'importance au *deejaying* alors que le hip hop est comme une chaîne, dès qu'il manque un maillon, pour moi, elle n'est pas bouclée. Dans le monde, il y a beaucoup de jeunes qui ont réussi dans leurs études, qui ont eu des diplômes et qui, en plus, ont atteint des degrés musicaux intenses. Ils ont fait de la batterie ou de la guitare et ensuite sont devenus DJ. Il y a d'autres gens qui travaillent toute la semaine en costards-cravates et quand ils rentrent chez eux, ils se mettent aux platines. Quand tu fais de la musique ou du sport, les gens pensent que tu n'as pas réussi dans tes études. Non ! C'est plus que cela la musique. Il faudrait que chez nous, on arrive à cela. J'ai participé à un championnat de DJ en Guinée et c'était la septième édition. Moi, qui en arrivant pensais qu'avec les idées reçues, le Sénégal était le pays le plus "avancé" dans la sous-région dans tout ce qui est hip hop, je me suis rendu à l'évidence que ce n'était qu'une fausse idée, que dans d'autres pays, les gens font bouger les choses. Il y avait plus de mille personnes. Pour moi, c'est devenu un rêve, un fantasme que j'ai envie de transposer au Sénégal.

Chapitre 4

Un mouvement bien en place : la Nouvelle vague

La mayonnaise prend, le rap a fait sa place dans le paysage musical, tout le monde écoute cette musique, même s'il ne l'achète pas ou ne va pas en concert. C'est un mode de vie, une grande communauté qui va au-delà de notre pays, c'est tout un univers qui unit les rêves de la jeunesse du monde entier. Tout un programme.

Les plus jeunes ou les plus patients qui s'activaient discrètement dans le business et s'affairaient autour des grands frères sont enfin prêts à être intronisés. Dans le hip hop, chaque vedette a un posse ou une écurie d'où émane les nouveaux talents. Il y avait les *little homies*, les p'tits gars, les petits frères, parfois, ils ne restaient pas de fidèles soldats longtemps et devenaient les premiers ennemis de celui qui les avait initiés et présentés, au grand bonheur des fans qui raffolent de ces matières à conflit.

A présent, des *old school* qui ne s'étaient pas encore bien fait connaître entrent dans la lumière et motivent dans la foulée une cohorte de *new school* : Nix ; Black Diamonds ; Fou Malade et le Bat'Haillons Blin-D ; Gaston ; Keur Gui de Kaolack ; Black Mbolo ; Sen Kumpe ; 5 kième underground ; Tigrim Bi ; Simon et Bisbi Clan ; Fata El Presidente ; Da Brains ; Alien Zik ; J har 1/2 ; Expo ; DJ Alla ; Neew Bi ; Niagass ; Docta ; K-nibal ; Nit Dof ; Crazy Cool ; Canabasse ; Lodia ; PPS de Rufisque ; Fla the ripper.

Dans le ghetto ou les quartiers huppés, la jeunesse pose ses lyrics sur des sons qui envahissent tout le pays. Les jeux sont ouverts, les niveaux de création s'élèvent, à qui mieux mieux... C'est un mode d'expression généreux qui accueille ceux qui ont du cran. On pousse le bouchon plus loin pour sortir un peu du fun des lyrics et des bonnes manières des groupes qui occupaient la place. Ces derniers comprennent le message, se retranchent un peu et développent de nouvelles stratégies pour faire respecter leur statut de précurseurs.

Mass de Black Diamonds, Diourbel

Je m'appelle Mass, nom de rappeur, El Hadj Malick Seck est mon vrai nom. Je viens de la région de Diourbel, plus précisément du quartier Thierno Kandj. J'ai 32 ans. Je suis dans le rap depuis 1995-1996.

J'ai toujours adoré la lecture. Je savais lire et écrire avant d'aller à l'école. J'ai démarré par l'école coranique. Je n'étais pas supposé aller à l'école française parce que mon père m'a donné le nom El Hadj Malick Seck et m'avait dit que j'étais dédié à apprendre le Coran, mais comme j'aimais les bandes dessinées, j'ai appris à lire et à écrire. J'avais une grande sœur qui étudiait au lycée Mariama Bâ de Gorée (il fallait avoir une très bonne moyenne pour intégrer cette école d'excellence de jeunes filles). Chaque fois pendant les grandes vacances, elle rentrait à la maison et ramenait ses cahiers de souvenirs : il y avait les chansons de *boys band* de l'époque, de même que des cassettes que j'écoutais et je lisais en même temps les textes. Après l'examen du Brevet de fin d'études moyen (BFEM), j'ai commencé à écrire des textes pour le premier groupe de rap à Diourbel qui s'appelait Xarnu Bi, ce qui veut dire le Centenaire. Puisque Diourbel est une ville à connotation mouride, Serigne Moussa Kâ avait intitulé un de ses livres Xarnu Bi. Un jour, nous étions en répétition, j'ai pris mes propres textes et ils m'ont dit que j'étais assez bon pour intégrer le groupe.

Quand nous parlons de Diourbel, les gens pensent que tout le monde est mouride. Alors que je me nomme El Hadji Malick Seck, cela veut dire El Hadj Malick Sy. Notre quartier avait la spécificité d'être habité par des gens Tidiane. Et là où j'ai appris le Coran, c'est dans une famille nommée Kandj, ce sont des Cheikhs et mon quartier porte le nom de l'un des leurs, Thierno Kandj. J'ai appris le Coran dans sa concession. Mon père est un intellectuel. Nous avons grandi avec des livres. Il y avait même les photos de Mao et de Kwame Nkrumah dans le salon. Nous les voyions accrochées, mais nous ne comprenions pas le pourquoi de leur présence. Et celle qui nous intriguait le plus, c'était celle de Mao parce que ce n'était pas blanc et il n'était pas supposé être un parent. Nous avons grandi dans cet environnement. Notre père est communiste. Il militait dans le parti de Cheikh Anta Diop, le Rassemblement National Démocratique (RND). Il était libéral. Quand il a appris que j'avais commencé à faire du rap, il m'a tout juste dit : « J'ai appris que tu chantonnais, que tu taquinais le micro ». Je n'ai pas eu de pressions par rapport à mes parents parce qu'à l'école, j'étais toujours brillant. Je suis venu à Dakar pour la première fois grâce au Ministère de l'Éducation Nationale qui prenait les meilleurs élèves à l'entrée en sixième. Je suis revenu quand j'ai eu mon bac.

Celui qui affirme avoir intégré le rap pour le rap ne prêche pas la vérité. Nous étions encore très jeunes : nous avions entre 16 et 17 ans. Au début, c'était juste pour frimer. Nous nous habillions pareil, les filles nous couraient après, cela nous permettait d'être en groupe. J'apprends très vite. Il est arrivé un moment où je me suis rendu compte que je ne voulais pas devenir comme les aînés de mon quartier : ne rien faire et boire du thé à longueur de journée. Les gens du même âge ne favorisaient pas trop les études. Au début, je me suis adonné au rap par mimétisme, mais j'ai appris à l'aimer. Je regardais des cassettes vidéo, lisais des magazines sur le rap pour m'informer sur ses origines et en connaître les causes. Aux répétitions, j'étais toujours le premier sur les lieux. Je me donnais à fond mais je sentais que les autres membres du groupe y étaient pour autre chose.

Une fois, je suis venu avec ma sœur à Dakar pour m'acheter des habits. Nous étions à Thiaroye Azur. Là-bas, nous avons rencontré le groupe de rap, Daara J : la grande sœur de Ndongo est amie avec ma sœur. J'ai dit à Ndongo que je voulais arrêter mes études tellement j'aimais le rap. Avec Faada, il m'a rétorqué que ce que nous voyions à la télé était un mirage, que la réalité était tout autre et qu'il fallait poursuivre mes études. Pour moi, c'était un bon conseil qui venait de l'un des groupes de rap phares au Sénégal à l'époque.

Même à Diourbel, nous étions loin d'imaginer que c'était la face cachée de l'iceberg. Quand ces rappeurs venaient dans notre région pour donner des concerts, nous ne voyions que les belles fringues, les chaussures Ewing, Pom Air. Nous ne voyions que le côté bling bling. Quand je suis rentré à Diourbel, j'ai pris mes études plus au sérieux. Quand nous avions un concert à animer, j'y allais trente minutes à l'avance et je rentrais aussitôt à la fin. C'était pareil pour les répétitions. La musique et les études ne sont pas pareilles. Quand tu étudies, tu as besoin de tout ton esprit, de te concentrer, alors que quand tu fais de la musique, tu es surexcité. L'esprit est parti, tu fais avec ton âme. Pour faire la transition, tu as besoin de deux, trois jours ou d'une semaine. Quand tu vas à un concert et que tout le monde te dit que « Tu as flashé », pour sortir de cette euphorie-là, tu dois avoir du caractère. Tu casses la baraque au concert, tu rentres et tu fais face à des « X, Y ». Il arrive que ton esprit s'évade. Pour sonder mon degré de concentration, je prenais un livre pour lire, mais sur trois, quatre pages, tu ne sais même plus ce que tu lis parce que ton esprit est ailleurs. Pourtant, tu es en train de lire, mais tu ne comprends pas ce que tu lis. C'était pour moi le moyen de sonder mon taux de concentration. Jusqu'à présent, je le fais.

Quand je suis revenu à Diourbel pour les vacances, j'ai beaucoup écrit. J'ai demandé aux membres de mon groupe de venir répéter, mais ils étaient déconnectés. Il y avait que ce l'on appelait les FAFS, c'est comme les Centres d'Education Populaire et Sportive (CDEPS). Chaque soir, j'achetai du thé que j'y amenais. Je voyais de là-bas les membres de mon groupe allant de boîte de nuit en boîte de nuit. J'y restais du lundi au vendredi jusque tard dans la nuit avant de rentrer chez moi. J'y comptais un ami qui s'appelait Mor Mada et qui avait son studio dans les mêmes locaux. Quand je faisais un texte, je l'enregistrais sur son *tape*. Pendant les vacances, j'ai enregistré huit titres, puis je suis revenu à Dakar. J'ai compris qu'il ne fallait pas compter sur les membres de mon groupe et c'est là que j'ai décidé de faire une carrière solo.

Cheikh Mbacké, avec qui je partageais ma chambre d'étudiant, avait fait le refrain d'un de mes titres en anglais intitulé « Maman ». Tout le monde a trouvé que c'était bien. Mais, c'était toujours les études qui prédominaient. Le rap continuait d'être une passion. Je m'informais toujours sur le rap. Cheikh Mbacké était dans le groupe de rap Black Diamonds avec quatre autres personnes. Certains sont partis et le seul à être resté préparait un album durant les vacances où je faisais carrière solo. Nous nous rencontrions de temps à autre au studio. Plus tard, il eut une préinscription afin de poursuivre ses études en France. Il a fait appel à moi. Nous avons fait deux, trois dates et le gars est parti. Cheikh et moi, n'avions pas pensé former un groupe. Il avait un potentiel et nous avions senti que nous pouvions faire quelque chose ensemble. Chaque fois que je me rendais à Diourbel, j'allais le voir. Nous travaillions sur des sons. Nous avons procédé ainsi jusqu'à faire 10 à 12 titres et quand nous avons sorti l'album en février 2004, nous ne l'avons pas fait dans l'esprit du rap sénégalais. Il y avait des titres en anglais, en français. Tout Diourbel en parlait. Après la sortie de l'album « BSDA », j'ai dit à Cheikh Mbacké que je voulais évoluer en solo parce que je connaissais les contraintes d'un groupe pour les avoir vécues. Je lui ai fait comprendre que j'étudiais et que je voulais disposer de mon talent artistique comme je le voulais. Mais j'ai eu un accident entre temps et les gens disaient que c'était lié au succès de l'album. C'est pour cela que je n'ai pas quitté le groupe, pour leur prouver que ce n'était pas vrai. C'était un moment clé de ma vie parce que pendant six mois, j'étais cloué au lit : j'avais la main droite dans le plâtre. J'ai cru que je n'allais plus pouvoir utiliser ma main droite, alors j'ai commencé à écrire et à dessiner avec la main gauche. L'anecdote c'est que le titre qui nous a révélé au niveau africain, je l'ai fait durant cette période, j'avais du temps. Chaque jour avec mon ordinateur, je faisais un dessin animé, image par image avec ma main gauche. Quand le clip est sorti en octobre 2005, on nous a appelés pour nous dire que nous faisions partie des nominés des cinq meilleurs vidéo-clips du Kora Awards. C'était un clip en dessin animé que j'ai réalisé quand j'étais alité. Si je ne l'avais pas été, je n'aurais pas pu le faire parce que les dessins animés prennent beaucoup de temps.

Pour ce qui est des nominés des Hip Hop Awards à Dakar, nous l'avons été aussitôt après les Kora Awards. Nous avons été reconnus à Dakar et ailleurs. Au départ, nous n'y croyions pas, mais nous étions au devant de la scène et tout le monde parlait du Black Diamonds. C'est à partir de là que nous avons commencé à bosser. Le point de départ, c'était à Thiès avec Abdou Guité qui faisait une tournée et où nous avons fait la première partie. Nous l'avons rencontré là-bas pour faire une prestation aux Sapeurs Pompiers. Nous avons bossé pendant un ou deux mois et nous avons sorti juste un single à Diourbel. Le tube s'est retrouvé à Dakar sur pleins de portables. Au moment de sortir l'album, nous avons pris la décision d'inviter Duggy Tee et Chronik 2H pour sortir une version inédite de l'album. La version qui se trouvait sur les portables, nous l'avons utilisée pour le clip vidéo afin de ne pas avoir à inviter Duggy Tee et Chronik 2H parce que si nous l'avions fait, les gens allaient penser que c'était grâce à eux, parce qu'ils étaient déjà connus. Tout le monde a aimé le clip qui a été nominé aux Hip Hop Awards.

Fou Malade, le Bat'Haillons Blin-D

Le Bat'Haillons Blin-D ou Bat Blin-D s'inscrit dans une logique qui s'appelle « *2-Gun-Taan* ». C'est le français, l'anglais et le wolof. Ça regroupe tout un concept complexe, mais le maître mot à retenir c'est la « vérité ». La loi du « *Gun* », le fusil que l'on a braqué sur notre continent, et le mot « *Taan* », c'est le choix. C'est un syncrétisme de trois mots à l'image du commerce triangulaire. Le chiffre « 2 », c'est la dualité, le bien et le mal. Dans cette dichotomie, l'homme doit faire son choix, c'est le terme « *Taan* ». Et la vie, c'est un choix : on choisit d'être un revendicateur ou de se taire, le suicide individuel pour une résurrection collective.

J'ai commencé à faire du rap en classe de troisième. J'ai eu mon Brevet de Fin d'Etudes Moyennes (BFEM). Je suis allé en classe de seconde. J'ai continué à rapper jusqu'en classe de terminale. J'ai fait une première fois le bac et j'ai échoué à cause du rap, je le reconnais, il avait pris le dessus. Après, j'ai fait des efforts pour l'avoir, afin de faire comprendre aux parents que le rappeur ne doit pas être un vaurien. J'étais un très bon élève. Mes parents ne m'ont jamais compris et disaient que tout ce que je pouvais avoir dans le rap avait été raflé par le Positive Black Soul, le Daara J. Cela me faisait très mal. On me décourageait de partout. Même des amis m'ont abandonné parce que je rappais. Ils avaient peur qu'on leur dise que leur ami Malal faisait du rap. Durant cette période, je ne m'accompagnais plus de personnes de mon âge, mais plutôt de mes cadets. J'avais jusqu'à sept ans, dix ans de plus qu'eux. Je trainais avec eux. Ils me comprenaient et aimaient ce que j'aimais. Ma mère brandissait des arguments traditionnels : « Tu es issu de l'ethnie Toucouleur, tu es torodo, d'une famille noble, tu t'appelles Malal Almami Talla, cela veut dire que c'est ta famille qui a installé l'Islam et le Coran au Sénégal. Tu es intelligent, il faut continuer tes études ». Elle m'a toujours critiqué en ces termes. Le rappeur est un leader d'opinion. Il joint l'utile à l'agréable : la musique étant l'agréable et le discours, l'utile.

Au moment de l'année blanche en 1988, la jeunesse de ce pays était vulnérable, nos familles se pliaient en quatre pour leur famille et n'arrivaient pas toujours à joindre les deux bouts. Nous ne pouvions faire la guerre au régime parce qu'il détenait la force militaire, l'appareil de répression, et nous des cailloux. Nous étions des étudiants et avions envie d'utiliser la voie la plus pacifique et réfléchie, faire une analyse globale des problèmes qu'il y a et réfléchir sur leurs lendemains. Mais on nous a pris pour des amateurs et l'université nous a nourris de sa tradition de rébellion. Depuis que notre université existe, il y a de la contestation en son sein, nous étions dans le lieu parfait. Il y avait du rap ailleurs où il n'a pas eu d'année blanche, mais cet épisode a été la goutte d'eau qui a fait déborder le vase. La jeunesse qui souffrait a ressenti un besoin impérieux de se défaire de cette situation de torture et de pression politique. Des textes intenses sont sortis de l'université. Il fallait que cette jeunesse se prenne en charge. C'était une erreur politique de nous avoir traités ainsi.

C'est dans ce contexte que le rap au Sénégal est passé à la vitesse supérieure. Tous les mouvements révolutionnaires sont nés de quelque chose. Et il fallait que nous nous défassions de cette dictature, qu'elle prenne fin, sous l'égide du Positive Black Soul, de BMG 44 qui n'avait pas sorti d'albums à l'époque, mais qui était très engagé et qui n'était pas médiatisé parce que ses membres habitaient la banlieue. Ils ont commencé à faire naître un discours engagé. J'ai fait la lecture du mouvement hip hop sénégalais, des textes, du volet artistique. Après analyse, je suis arrivé à la conclusion selon laquelle il y avait un problème dans ce volet artistique.

Les artistes, même s'ils rappaient en wolof, leur prononciation était américaine. Et là je me suis dit qu'il fallait prononcer en africain, articuler en africain et rapper en wolof. Il fallait oser, innover et imposer notre diction. C'est de là que j'ai créé notre groupe. Je refusais Tupac et Biggy Small, de même que de nous habiller à des prix exorbitants.

Gaston, les Parcelles Assainies

Je m'appelle Bamar Ndoye. J'ai 34 ans. Dans le milieu hip hop, on m'appelle Gaston, Baye Sène, Bandit Mic et le tout dernier *Baye Jeuwrine*[1]. Je suis né à la Clinique Niang à Colobane. J'ai grandi entre Fass, Mbour et Lyon en France. C'est en 1992 que je suis allé rejoindre ma mère à Lyon. J'y ai fait deux ans et j'ai eu la chance de faire la connaissance d'un frère que je ne connaissais pas parce qu'il est parti très tôt en France pour intégrer l'armée française. C'est grâce à lui que j'ai écouté le premier groupe de rap qui est IAM de Marseille avec leur album intitulé « Ombres et Lumières ». C'est comme cela que j'ai attrapé le virus du rap.

En 1994, je suis rentré au Sénégal et j'ai trouvé un mouvement hip hop. Il y avait PBS, Daara J, Kocc Barma. Les jeunes s'activaient plus dans la danse, lors des manifestations populaires comme les foureuls. J'ai encore attrapé le virus, je faisais des *beat box* comme tout le monde jusqu'en 1996, année où j'ai formé mon groupe « Sen Kumpe » avec Bourba Jollof. Depuis, le groupe a évolué. Nous avons participé à des compilations comme « D-kill Rap », « Politichiens ». En 2004, j'ai décidé

---

1 Chef de section / dignitaire de confrérie religieuse.

de sortir du groupe pour évoluer en solo, pour sortir mon album intitulé « Khelcom La[2] ». Celui-ci faisait partie des albums nominés pour meilleur album solo aux Hip Hop Awards, ce qui m'a valu ma participation à la compilation « Dakar All Stars » sortie en 2005 avec Keyti et Nix. Après, j'ai sorti mon second album intitulé « Yeuk Sogua Nékk[3] » en 2007 où j'ai gagné le prix du meilleur album solo dans la même année aux Hip Hop Awards. Depuis lors, je poursuis mon bonhomme de chemin jusqu'à installer mon propre studio que j'ai appelé « Def Daara ». En 2011, j'ai sorti un nouvel album que j'ai titré « Touti Wakh Job lu Bahri[4] ».

Mon rap est engagé. Je pense que cette graine vient de l'être humain. Elle est à la base de tout. Tout ce que nous avons appris, toutes les expériences que nous avons vécues dormaient en nous. Maintenant, il fallait de la volonté pour les « réveiller ». Les gens préfèrent aller en Europe pour étudier, mais la plus grande école, c'est celle de la rue. Tout ce que je sais je l'ai appris dans la rue. Je n'ai aucun diplôme : je n'ai pas eu l'examen d'entrée en sixième, ni le bac, ni le BFEM. J'ai arrêté mes études en classe de quatrième secondaire. C'est en classe de Cours Moyen première année (CM1), que ma mère m'a emmené en France. Une fois là-bas, j'ai fait des tests et je suis allé directement en classe de sixième. Je n'ai pas fait la classe de cinquième parce que j'avais une moyenne de 18/20 et je suis allé directement en classe de quatrième. Tout cela c'est une forme d'apprentissage et la finalité est la plus importante, de même que ce que tu peux apporter à ton pays. C'est un honneur pour nous de voir que même sans diplômes, nos textes de rap sont utilisés par des professeurs d'université pour des cours destinés à leurs étudiants. C'est vous dire que toutes les formes d'apprentissage se valent. Mais pour moi la plus grande école demeure l'homme. Tout passe par lui : c'est lui qui t'a mis au monde, qui t'apprend à manger, à tout faire, parce que tout ce que tu apprends est en l'homme.

Récemment, nous avons fait une émission à Touba Télé, avec un des fils de Moussa Kâ, la personne qui traduisait en wolof les *Xassaïdes*[5] de Serigne Touba, reconnu pour sa parfaite maîtrise de cette langue. De Touba, il a fait le déplacement jusqu'à Dakar parce qu'il a remarqué que la langue de nos aïeux tendait à disparaître. Il est rare aujourd'hui

---

2   Terre du guide spirituel de la confrérie mouride où l'on est envoyé pour les travaux champêtres pour montrer son dévouement au guide.
3   Le sentir avant de devenir.
4   Parler peu, travailler beaucoup.
5   Écrits saints de Serigne Touba de la confrérie Soufi Mouride.

de parler wolof sans y glisser un mot anglais ou français. Quand il a remarqué que des jeunes rappeurs essayent de redonner à cette langue ses lettres de noblesse, il a jugé nécessaire de venir à notre rencontre. Pacotille et moi avons fait une grande émission avec lui. Carlou D devait être de la partie, mais il a eu un empêchement. C'est une preuve que la musique que nous faisons, qui était considérée comme une musique de fous au départ, est en train de jouer un grand rôle chez les jeunes en les réconciliant avec leurs traditions.

On est indépendants pour nos productions maintenant. C'est maintenant que nous nous y mettons, mais il y a longtemps que les pays développés l'ont expérimenté. C'est l'évolution du monde qui l'exige. C'est comme faire de la communication sans un ordinateur, sans Internet. Donc, si nous sommes des communicateurs, nous sommes obligés de maîtriser ces outils afin de mieux faire passer nos messages. C'est ce qui explique le penchant pour la vidéo. Des professionnels comme Gaby, Gelongal abattent un travail de titan pour la réalisation des clips vidéo.

Kilifa et Thiat de Keur Gui, Kaolack

Kilifa : Je suis Landing Bessane Seck alias Kilifa du groupe de rap Keur Gui de Kaolack. Je suis né dans la région du même nom où j'ai grandi. J'ai 32 ans. Je ne suis pas célibataire. J'ai commencé à faire du rap en 1996.

Thiat : Je suis Thiat du groupe Keur Gui, Cyrille Touré à l'état civil. J'ai 32 ans. Je suis célibataire. J'ai démarré le rap en même temps que Kilifa. J'habite à Kaolack à Kasnack. Juste une route sépare nos deux quartiers. J'y ai grandi même si j'ai passé un peu de temps à Dakar. J'y ai passé toute mon enfance et mon adolescence.

Thiat : Je pense que c'est le rap qui est venu à nous. Déjà à l'école primaire, nous avions fait des grèves. Moi, j'étais dans une école privée catholique, lui dans une école publique. Je me rappelle l'année où nous étions en classe de Cours moyen deuxième année (CM2), je lui avais dit de jeter une pierre sur une fenêtre de l'école afin que je fasse sortir les élèves. C'était la première fois que les élèves de l'Immaculée faisaient la grève pour se solidariser avec ceux du public. J'avais dit à la sœur principale : « Nous sommes dans le privé. Nous avons la chance d'y être et chaque année, c'est nous qui réussissons à 80% ou à 90% aux examens alors que nos frères du public peinent à réussir parce qu'ils ne finissent jamais leurs programmes. Solidarisons-nous, puisque nous parlons d'école catholique et de solidarité, faisons-le pour une fois. » Nous avons continué sur cette lancée. En classes du moyen secondaire, nous étions des grévistes. C'est nous qui écrivions les plateformes revendicatives, nous montions sur les tables pour dénoncer ce qui n'allait pas. Quand il y a eu la grève dirigée par l'Union nationale des élèves et étudiants du Sénégal (UNES) en 1996–1997 d'une durée de trois mois, nous sommes restés tout ce temps à ne rien faire, à part discuter et prendre du thé. Alors, nous nous sommes dit, pourquoi n'allons-nous pas poursuivre le combat ? Nous savions également que nous avions notre mot à dire sur la bonne marche de notre ville, Kaolack, et du Sénégal. Nous nous sommes demandé comment faire pour que cela intéresse plus de gens. C'est là que nous avons vu que c'était la musique hip hop qui se présentait à nous. Nous ne respections pas certaines formes, nous ne connaissions pas les grandes figures, parce qu'à l'époque pour faire du rap, il fallait trois styles différents : un Faada Freddy, un Ndongo-D et un Alajiman, parce qu'il fallait quelqu'un pour chanter. Nous ne savions pas chanter : nous disions ce que nous avions à dire et nous le disions sur l'instrumental de façon crue. Nous l'appelions à l'époque rap "pur et dur". C'est plus tard que nous avons compris réellement ce que c'etait que le rap et qu'il y avait dans le rap le *hardcore* et que dans celui-ci, il y avait notre branche.

Kilifa : A l'époque, le rap nous a empêché de poursuivre nos études jusqu'au niveau de la maîtrise ou au-delà.

Thiat : Mais nous poursuivons nos études à présent.

Kilifa : Je fais des études en élevage.

Thiat : Je fais des études en Sciences Politiques.

Kilifa : C'est en 1998 que nous avons commencé à structurer les choses. L'année suivante, nous avons participé à la dernière semaine nationale de la jeunesse. Nous avons représenté la région de Kaolack et nous étions finalistes avec Bamba J. Fall, une finale que nous avons fini par remporter. J'ai été primé meilleur rappeur. Toujours en 1999, notre premier album a été censuré. C'était un album à soixante-quinze pour cent politique et qui tirait à boulets rouges sur le régime socialiste. J'ai un peu passé sous silence notre différend avec Abdoulaye Diack, le maire de Kaolack de l'époque qui nous a emprisonnés, qui nous a tabassés. Il était le baron de la ville : personne n'osait parler, il était arrogant. Quand nous lui reprochions le fait de n'avoir rien fait pour la ville de Kaolack, il nous rétorquait : « Comment pouvait-il travailler du moment où c'est lui qui nous baptisait ? » Après est venu le régime de l'alternance. Nous avons poursuivi le combat.

Thiat : Le déclic est survenu dès le premier jour où nous avons commencé à faire du rap. Sur le plan social, chacun de nous a grandi dans un milieu particulier. Ce n'était pas évident que nous nous fréquentions ou que nous ayons des choses en commun. Pour créer notre groupe, nous nous sommes inspirés d'un film asiatique. Nous avons fait un pacte de sang pour créer le groupe Keur Gui : nous avons acheté un morceau de tissu que nous avons tacheté avec notre sang en nous piquant le doigt. Nous nous sommes dit : « À la vie, à la mort », en échangeant le morceau de tissu. C'est une question de foi, de parole donnée. La confiance est très importante dans une relation, dans un groupe. C'est pourquoi, vous verrez pleins de problèmes dans les groupes de rap, mais vous en verrez moins dans notre groupe. Ce n'est plus une histoire de rap, c'est une histoire de famille, nos familles ne forment qu'une. Nous avons les mêmes amis, nous fréquentons les mêmes endroits. C'est vraiment Keur Gui : avec ses problèmes, nous laverons le linge sale en famille. Nos problèmes ne seront pas connus de tout le monde.

Je pense que le déclic a eu lieu le jour où nous avons commencé à faire notre rap et que les autorités de la ville de Kaolack ont essayé de nous corrompre en ces termes : « Ce que vous faites, vous n'avez pas à le faire. » Nous nous sommes dit que si ce que nous faisions intéressait les plus hautes autorités de la ville, cela voulait dire que c'était quelque chose d'important et que cela dérangeait. Après cela, ces derniers nous ont tabassés presque à mort ; nous avons été hospitalisés des semaines, puis nous avons été envoyés en prison. L'un des membres a quitté le groupe parce que sa mère lui a dit qu'il n'avait rien à faire dans un groupe où il était tabassé, emprisonné. Alors nous nous sommes dit que nous n'avions rien à perdre puisque que nous avions déjà été en prison, été tabassés. Pourquoi tout arrêter ? C'est comme cela que nous avons commencé à faire du rap. Nous ne regrettons rien. Nous sommes très fiers d'être les seuls à avoir eu un parcours comme le nôtre au Sénégal en particulier, et en Afrique en général. À part un groupe sud africain qui a été censuré, aucun autre groupe de rap n'a été censuré chez nous depuis que le hip hop existe. Nous avons eu une motion de censure sur quatre titres de cet album. Nous nous sommes dit que cela était très important dans la carrière d'un artiste qui se dit « engagé » : si tu ne déranges pas à tel point d'être tabassé ou mis en prison cela veut dire que ton degré d'engagement est moindre. Nous en sommes conscients et très satisfaits, mais nous gardons la tête sur les épaules : nous avons eu énormément de consécration. Mais nous estimons que nous n'avons encore rien gagné par rapport à ce que nous devons gagner sur le plan artistique.

Quand nous avons créé le groupe, nous nous sommes fixés l'objectif de faire partie de l'élite du hip hop. Donc, il fallait faire l'album de l'apparition, de l'affirmation et de la confirmation. Nous nous sommes rendu compte que beaucoup d'albums sénégalais ont été signés par des labels depuis longtemps parce que leurs auteurs faisaient soit de la variété soit du dancehall. Aucun groupe n'a été signé par un label en tant que groupe de rap. Nous voulons être les premiers. Nous voulons l'être sans avoir à faire des *featurings* avec de grands noms : nous voulons le faire avec un album, fruit de notre travail, de notre propre réflexion afin d'amener un disque d'or, un disque platine, un Grammy Award au Sénégal. Nous nous battons pour cela et nous pensons que cela arrivera, s'il plaît à Dieu.

Poupa Ndiago de Black Mbolo

Je suis Poupa Ndiago de mon nom d'artiste et Joseph Rodriguez Ndiaye de mon vrai nom. Je suis né le 31 mai 1978 au quartier Niarry Tally à Dakar, mais je loge aux HLM.

C'est une histoire d'amis d'enfance. J'étais au lycée Maurice Delafosse en classe de seconde en 1999. C'est là que j'ai connu Atoumane Gaye, plus connu sous le nom de James Édouard. Nous étions trois : James, Titi Yoro et moi. C'est de là que nous avons fait nos débuts dans le rap : nous faisions des sons ensemble. Mais c'était juste pour nous amuser.

C'est devenu sérieux en 1999 quand nous avons démarré les répétitions pour faire un album. En 2000, nous avons mis sur le marché notre premier album « Alal » qui a fait le succès du groupe Black Mbolo.

C'était très difficile parce que le rap était une musique mal comprise. Pour bon nombre de gens, le rap c'était des enfantillages ou du banditisme. Mais pour nous, c'était autre chose. Nous avions rencontré pas mal de difficultés que nous avons pu gérer. Nous avons su allier le rap aux études parce que nous étions des camarades d'école et nous ne pouvions pas faire de rap sans pour autant avoir fait des études, parce que, pour écrire des textes, il faut être intelligent. Mais quand notre travail a donné des résultats, la donne a changé.

J'ai eu mon bac en série S2. J'ai suivi des cours d'informatique. Cela m'a permis aujourd'hui de faire pas mal de prestations de service, de travailler avec des studios. Je travaille parfois au port en vacation.

La plupart du temps, on devait marcher à pied de notre quartier, les HLM, au Plateau, là où se trouvait la boîte de nuit Métropolis, pour jouer un son. Nous n'avions pas de quoi nous payer le ticket de transport aux matinées dansantes dans lesquelles nous devions nous produire. Il nous arrivait même de payer de notre poche le ticket d'entrée rien que pour pouvoir faire une prestation. Nous vendions nos habits pour faire des maquettes. Quand il fallait débourser 5 000 FCFA pour un son, nous vendions nos chaussures. C'était extraordinaire.

C'est un an après les vacances de 1997-1998 que les choses ont commencé à se concrétiser. Nous vivions ensemble. Nous avions fait des tournées. Les uns sont partis en Europe et moi, je suis allé au Maroc, mais je suis revenu. Un groupe est à l'image d'une famille où des problèmes surviennent.

L'idée de créer le rap mbalax est venue du producteur Robert Lahoud. Auparavant, la tendance était d'imiter les Américains à l'image de rappeurs comme les membres du Wu-Tang Clan ou Snoop Dogg. Pour nous, ça ne rimait pas de faire du rap avec du mbalax, mais Robert Lahoud nous a poussés à innover. Après, nous avons compris ce qu'il voulait, nous avons essayé et cela a accroché. Cela a fait du bruit, et nous l'avons défendu. Je ne veux pas citer de noms, mais il y a pas mal de groupes qui ont fait comme nous dix ans après: faire du mbalax avec du rap avec des artistes comme Viviane N'Dour. Pourtant, ils étaient contre auparavant. Il faut faire de la musique africaniste : prendre l'africanisme et l'instaurer dans la musique afin de gagner l'international. Nous étions un groupe incompris du public de jeunes rappeurs mais les gens matures ont compris. Cela nous a prouvé que nous avons fait quelque chose pour le rap. Black Mbolo est l'initiateur du "rap mbalax". Partout dans le monde, on parlera de nous.

Books de Sen Kumpe

Je m'appelle El Hadj Demba Konaté, « Books » de mon nom d'artiste. Je suis membre du groupe de rap Sen Kumpe. Je suis né et j'ai grandi à la Médina à Dakar. J'ai 28 ans. Nous étions deux rappeurs à former le groupe Sen Kumpe : je travaillais avec mon grand frère Bourba Jollof, mais il a été arraché à notre affection en 2010. J'ai beaucoup voyagé grâce au rap, j'ai été dans la sous-région et en Europe.

J'ai découvert le hip hop vers 1993 à travers la télévision sénégalaise, antenne midi avec Michaël Soumah. À l'époque, il y avait une émission sur la chaine de télévision MCM, actuelle Trace TV, où je regardais rapper des groupes comme Wu-Tang Clan, Keith Murray, Public Enemy, Flavor Flav…

J'aimais bien les suivre même si je ne comprenais pas les lyrics. Après les années 1994-1996, Tupac et Biggy Small firent leur apparition. Je ne comprenais toujours pas ce qu'ils disaient. Je me suis rapproché du groupe Rapadio parce qu'à l'époque avant que je n'intègre Sen Kumpe, le groupe était composé des rappeurs Gaston et Bourba Jollof. J'étais dans un autre groupe appelé Ben Diwan. Je travaillais avec Almamy Touré, aujourd'hui membre du 23-3. C'est lui qui m'a écrit mon premier couplet. A une période, Keyti et Iba de Rapadio traduisaient les chansons des rappeurs américains. Tout ce qu'ils disaient, nous l'enregistrions et le rappions. Quand nous étions avec une bande de copains, nous nous amusions à les répéter. Nous ne comprenions aucun mot d'anglais mais avec le hip hop, nous nous sommes intéressés davantage à nos études afin de mieux comprendre cette langue.

En 1997-1998, le hip hop a commencé à nous intéresser de façon plus sérieuse. Avec mon groupe Ben Diwan, nous avons enregistré des maquettes. Nous avions des prestations dans des lycées de Dakar. Avant que nous ayons la chance de participer dans des compilations, nous étions certes un groupe underground, mais nous étions très connus dans le milieu scolaire. Je me suis séparé d'Almamy Touré suite à des malentendus. J'ai commencé à travailler en solo. Bourba et Gaston se sont séparés également suite à leurs différends. Bourba et son staff m'ont contacté afin que je poursuive avec eux les projets de Sen Kumpe. C'était en 2002-2003. Le travail devenait plus sérieux. Nous avons travaillé pendant des années jusqu'en 2008 où nous avons mis sur le marché musical sénégalais un album intitulé « Freedom ».

J'ai arrêté mes études en classe de troisième secondaire après le Brevet de Fin d'Etudes Moyennes (BFEM). J'avais des parents qui ne badinaient pas avec l'école mais le hip hop prit le dessus sur mes études. Quand tu montres aux parents que tu crois au hip hop et que tu t'y mets sérieusement, ils ne peuvent que t'encourager dans ton choix. Bourba et moi, cela a été notre chance. Nous faisons partie d'une famille de griots : mon père était musicien à la gendarmerie nationale, chef des fanfares, ma mère avait une superbe voix. Nous avions la musique dans le sang. J'ai perdu mon père, c'est notre grande sœur qui nous a élevés et ma mère également nous a quittés mais nous a encouragés avant de mourir. Dans le milieu hip hop, on connaît bien Sen Kumpe. Si nous n'avions pas les encouragements de nos fans et de nos familles, nous n'en serions pas là aujourd'hui.

Depuis le début de notre carrière, nous avons compris que nous ne devons pas nous limiter au rap ou à un *beat*. Pour nous, la musique c'est une question de *feeling*, c'est un jeu. Nous ferons toujours des choses que nous sentirons mais l'essentiel est que tout reste dans le cadre du hip hop. Même si nous faisons un mélange de reggae, de zouk ou de musique mandingue avec du hip hop, le hip hop va prendre le dessus. Allons-nous faire de la musique commerciale ? Cela dépendra de notre *feeling*. Nous faisons toutes sortes de musique mais c'est le hip hop notre musique préférée, nous la sentons et la jouons depuis des années. Nous avons fait de la musique traditionnelle sur notre album avec une chanson intitulée « Athia niou dèm[6] ». Nous avons utilisé des instruments traditionnels comme le tama alors qu'auparavant, les rappeurs n'osaient pas le faire. Il suffit de les mettre dans ta musique pour que l'on dise que tu fais du rap mbalax ou du mbalax. C'est dommage que les rappeurs pensent qu'apporter une touche traditionnelle au rap c'est faire du mbalax. Il faut arrêter. Le mbalax est une musique récente. Il y avait la musique afro avec le Xalam, les Touré Kunda avec de bons musiciens. C'est dommage qu'au Sénégal, le mbalax ait pris du galon jusqu'à devenir aujourd'hui notre musique locale. Alors que nous avons toutes sortes de musique comme le wango, la musique diola ou sérère.

Nigger Jah de Tigrim Bi

Je m'appelle Alioune Mbodj alias Nigger Jah. Je suis membre du groupe de rap, Tigrim Bi. Je suis né à Dakar, mais j'ai grandi à Pikine. J'ai 33 ans.

C'est enfant que je me suis mis à écouter du rap au Sénégal. J'avais un de mes frères aux États-Unis. Il est parti très tôt quand nous étions plus jeunes. Il y a vécu pendant longtemps. Quand il est rentré, dans les années 1990–1991, j'étais en classe de sixième secondaire. J'ai acheté

---

6   Allez, on y va.

ma première cassette enregistrée à 600 FCFA. Il s'agissait des rappeurs Kriss Kross. Je me suis dit que je ne comprenais pas ce qu'ils disaient mais qu'un jour viendra où je comprendrais leur langue. C'est pourquoi l'anglais faisait partie de mes matières préférées. Avec cette cassette que j'avais achetée, j'ai commencé à écouter la musique rap. À force de l'écouter, j'avais l'oreille musicale avant même de pratiquer le rap. C'est le problème de pas mal de rappeurs qui se lancent dans le rap sans avoir les prédispositions. À l'école, les camarades de classe nous remettaient leurs cahiers de souvenirs. Il y avait une rubrique où on te posait la question : « Qui est ton musicien préféré ? ». Je répondais Faada Freddy et Duggy Tee parce qu'ils parlaient anglais et moi j'étais plus américain que français.

Les gars du groupe Tigrim Bi rappaient déjà en anglais, j'ai fait leur connaissance lors d'un concert : je me suis mis à leur parler anglais tellement ils avaient le style américain. Ils n'ont pas répondu. Là, j'ai compris qu'ils ne comprenaient pas vraiment anglais. C'est comme cela que la connexion s'est faite. Un jour, j'ai mis des chaussures Timberland. Quand je les ai dépassés dans leur quartier, un des membres du groupe est venu à ma rencontre. Il m'a dit : « Tu as mis des chaussures qui coûtent cher. Ce n'est pas n'importe qui qui les a. » Je lui ai répondu qu'on me les avait ramenées des États-Unis. Je fis plus ample connaissance avec eux par le biais d'Ibou, notre actuel DJ. Nous avons commencé à nous fréquenter. Pour mieux incarner le style américain, ils m'ont proposé de les accompagner à leurs concerts mais je ne montais pas sur scène. Comme le dit si bien l'adage, nul ne peut rien contre la volonté de Dieu. Ma mère n'a jamais voulu que je devienne rappeur. Quant à moi, je n'ai pas souhaité pratiquer le rap. Mais j'adorais l'écouter. Je vivais vraiment la culture américaine : je pratiquais le basket, faisais du rap, parlais l'anglais. À un moment donné, j'écrivais des textes au groupe Tigrim bi. J'en ai fais juste deux parce que je n'étais pas trop doué pour l'écriture. Le rap commençait à naître en moi.

Un jour, le groupe Daara J a organisé au Môle 2, un événement intitulé « Open Mic ». La salle était pleine comme un œuf. Il y avait DJ Sothiou qui balançait des instrumentaux : les gens montaient sur scène et faisaient des *freestyles*. Nous étions en 1999-2000. Je pense que c'est ce jour-là que ma carrière a démarré de façon officielle : les membres du groupe Tigrim Bi m'ont fait savoir que, puisqu'il y avait un absent dans le groupe, je monterai sur scène. Il n'y avait que Faty et moi. Je lui ai dit : « Tu disjonctes ou quoi ? Que vais-je dire sur scène ? » Il me dit :

« Les textes que tu écrivais pour nous ». « Ces textes, je les ai écrits pour vous mais je ne les ai pas appris par cœur. Même si j'en suis l'auteur, je ne peux les répéter devant 800 personnes », lui ai-je rétorqué. Il a tellement parlé qu'il a fini par me convaincre. Je suis monté sur scène : quand j'ai abordé une partie du texte, le public a exulté. Quand j'ai abordé l'autre texte, Faada Freddy m'a trouvé sur scène : ce que je n'aurais jamais imaginé parce que j'étais un de ses fans. Il me dit en anglais : « Where are you from ? » Je lui fis savoir que je venais du Sénégal. Il répondit : « No ». À chaque fois que Faada Freddy me parlait et que je répondais, le public exultait davantage. J'ai connu mon premier succès la première fois que je suis monté sur scène. Quand je suis descendu, le public m'a suivi partout. Les gens m'encourageaient, me félicitaient mais je ne l'ai pas pris au sérieux. Des personnalités du hip hop m'ont donné le courage de monter sur scène, Manu de Wa BMG 44, Xuman et Laye qui a quitté Tigrim Bi pour que j'intègre le groupe. Je commençais à me faire un nom et j'avais une particularité à cause de la langue anglaise. Faada Freddy rappait en anglais et en wolof, de même que Duggy-Tee, alors que moi, je ne rappais qu'en anglais.

 Un jour, c'était un 31 décembre, Fata m'a invité à la radio Envi FM de même que Jojo, Reskp, et Kader Pichinini. Chacun avait 15 minutes de *freestyle*. Mais quand je suis venu, j'ai fait 30 minutes parce qu'il était dépassé. J'aimais trop le discours de Martin Luther King. Je maîtrisais par cœur « I Have a Dream ». Cela m'a beaucoup aidé dans les discours que je prononçais dans l'album comme « Am ak Niak[7] », notre premier album. Je pense que c'est de là qu'est venu mon talent pour la radio. Quand la compilation « Free Concept » est sortie, il y avait un *featuring* où il n'y avait que les grands rappeurs comme Faada Freddy, Bideew Bou Bess, Big D, Keyti, Pacotille, Fou Malade, Maxi Krezy, Gofu et j'étais le seul jeune talent à y participer. J'ai gagné encore plus en notoriété. Entre temps, j'ai fait pas mal de *featurings* avec des artistes. Le plus célèbre était celui avec le groupe Black Diamonds « Fayital Ba Seuss[8] ». Aujourd'hui, je pense que ma popularité ne s'est pas faite à cause de mes textes de rap. Je pense que c'est plutôt avec ma manière de communiquer. Il m'arrive parfois, lorsque je suis invité à la télé ou à la radio que mon téléphone explose quand je finis l'émission. Beaucoup plus d'adultes m'appellent, par rapport aux jeunes. J'ai un grand fan qui est devenu un ami qui s'appelle Mounirou, c'est le motard d'Abdoulaye

---

7 Gagner ou perdre.
8 Se battre jusqu'au bout.

Wade le Président de la République, et beaucoup de personnalités m'encouragent. Ma communication, je l'ai orientée sur le slogan, le « Rappeur ne doit pas être insolent ».

Simon de Bisbi Clan, Fann Hock

Je suis Mohamed Simon Kouka. Je suis artiste-rappeur, producteur et directeur du label Jollof 4 life. J'ai 32 ans.
J'ai commencé dans les fêtes d'écoles, ouvertures de foyer, semaines culturelles. Tu veux faire la star, plaire aux jeunes filles, danser sur Michael Jackson, MC Hammer. C'est arrivé aussi simplement que cela. À l'époque, j'avais entre 16–18 ans.

J'ai fait les lycées Delafosse, Lamine Guèye et Jean de la Fontaine. J'ai commencé par la danse. Avant, ce n'était pas aussi sérieux. Vers l'âge de 15 ans, quand nous étions au Collège d'Enseignement Moyen (CEM) de Soumbédioune, nous dansions sur MC Hammer. Une semaine avant la fête de l'école, nous concoctions une chorégraphie à la plage avec trois potes et le jour J, nous dansions. Puis pendant toute une semaine, tu es la star de l'école. Il n'y avait aucune prise de tête. Tu étais obligé d'avoir de bonnes notes afin que tes parents te laissent faire ce que tu voulais.

Après le bac, je suis allé à l'université Cheikh Anta Diop de Dakar où j'ai fait un record : une semaine de cours en lettres modernes et j'ai arrêté. Il y avait beaucoup de monde, tu n'avais pas de place assise : il fallait venir avant la plupart des étudiants sinon c'était s'asseoir sur les marches des escaliers. Je n'aimais pas les Lettres Modernes, je voulais être orienté en Sociologie. Cela n'a pas été fait et j'ai arrêté pour faire du rap.

C'est une période où il y avait l'envie d'avoir un album, l'envie d'être connu comme les autres rappeurs. Nous avions un petit nom mais c'était dans le milieu scolaire : les lycées en particulier. Nous avions un morceau qui marchait bien et qui plaisait aux filles et c'est là que nous commencions à voir le rap comme une arme, une thérapie, parce que tu n'avais pas de repères, tu étais bloqué au niveau des études, tu pensais faire une formation en informatique parce que tout le monde disait de faire une formation en informatique. Tu ne savais que faire mais tu savais que tu voulais réussir dans ce que tu faisais par rapport au milieu d'où tu viens qui est semi-bourgeois et où tu voulais faire tes preuves. De l'autre côté, tu étais rejeté parce que tu n'étais pas forcément underground. C'est là que nous avons sorti notre single intitulé : « Ma gui toud hip santé hop[9] » qui a fait un carton dans l'underground. Nous commencions à aller jouer vers Pikine, Thiaroye avec les gars de Teen Bi (le puits) parce qu'en ce temps-là, Jules Junior passait beaucoup le morceau parce que c'est lui que l'on écoutait. Ensuite, il y a eu le titre « B-alla B-alla » (prononcé Bi-aalleu Bi-aalleu), une adaptation du fameux morceau de Wyclef Jean « Diallo Diallo ». C'est cela qui a mis mon groupe, Bisbi Clan, en avant. Je pensais vraiment à un album, une carrière, et je me suis dit que j'allais me consacrer au hip hop sans but précis et plus tard, même s'il y avait un blocus, je pouvais à travers des tantes, des cousins qui sont à l'extérieur voir s'il y avait des possibilités d'avoir un produit.

A l'époque où nous nous produisions dans les écoles, durant cette période très underground, il y avait des rappeurs qui s'en sortaient déjà bien. Il y avait Daara J et nous faisions quasiment toutes leurs premières parties. Il y avait bien sûr PBS avant mais que nous ne côtoyions pas vraiment. J'étais fan de ces groupes : PBS, Daara J, Pee Froiss que j'allais voir en concert avant de rapper. Pendant ce temps, nous ne faisions que danser et cela impressionnait déjà. Il y avait les groupes BMG, Rapadio, qui étaient comme des grands frères même si nous ne nous côtoyions pas très souvent. Je trainais également avec le groupe Sen Kumpe, Gaston et Bourba qui s'affirmaient à travers des compilations comme « Politichiens ». Nous étions toujours en arrière parce que ces morceaux nous ont trouvé là et entre temps nous écrivions et nous allions ensemble au concert. Nous étions vraiment plus connus mais nous étions toujours dans l'ombre. Il y avait YatFu, Bideew Bou Bess, Da Brains, Kantioly, Nix.

Fata El Presidente, Saint-Louis

Je m'appelle Moustapha Gning. J'ai 35 ans. Je suis né à Saint-Louis dans le quartier Diamaguène plus précisément à Nguéweul, où j'ai commencé la danse avant de venir à Dakar quand j'ai eu mon entrée en sixième en 1999–2000. J'ai quitté Saint-Louis parce que ma grand-mère était décédée et j'avais décidé de venir rejoindre mon père à Dakar. J'ai fait mon cursus secondaire au collège Notre Dame du Liban. J'ai poursuivi ma passion pour la danse avec une bande d'amis du collège, c'est ainsi que nous avons formé des groupes de danses.

---

9 Mon prénom est 'Hip' et mon nom 'Hop'.

Comme tous les parents, étant donné qu'il n'y avait personne dans la famille qui faisait de la danse ou du hip hop, c'était plutôt étrange et assez difficile à l'époque de le leur faire comprendre. Il fallait choisir : les études ou sortir de la maison. Les relations étaient tendues. Jeunes, nous subissions beaucoup d'influences venant du monde : les *bad boys*, des groupes comme Daara J, le Positive Black Soul surtout. C'était difficile de résister à toutes ces influences. Même si nous avons été expulsés de chez nous, entre amis, nous avons passé de bons moments. Nous avons appris à vivre seuls et cela fait partie du hip hop.

Les groupes de danse que nous avions à l'école commençaient à devenir sérieux. À l'école, tout le monde savait que j'étais un grand danseur. Les professeurs avaient du mal à l'accepter avec les cours que nous boycottions. Tout le temps, nos parents recevaient des convocations de l'école. Nous avions compris qu'il fallait s'y mettre. Comme tous les groupes de rap sénégalais, nous avons commencé par la danse. Nous avons répété sur des morceaux d'artistes comme Boney M, MC Solaar. Nous avons commencé à écrire des textes, à interpréter des morceaux, à

Books, alias El Haj Demba Konaté, de Sen Kumpe. Avec le regretté Bourba Djolof, ils formaient la paire qui fait la fierté du quartier Médina. Il reste l'un des artistes hip hop les plus apprécié.

faire des *playbacks*. En 1986, j'ai fait une publicité pour Colgate en style de rap où je disais : « Vous, mes frères et sœurs, je vous le dis, il faut se brosser les dents avec le dentifrice Colgate » De la danse au hip hop, nous avons commencé à écrire nos propres textes que nous avons posés sur des *beats* occidentaux. Cela a été le déclic : la bande de danseurs qui se transforme en groupe de rap. Celui-ci s'appelait Black Xel. Ces gens-là vivent à présent en Europe. Ils m'appellent de temps à autre et me disent : « Nous sommes fiers de toi parce que tu nous rappelles de vieux souvenirs » et ils me rappellent à quel point j'étais dévoué. En fait, j'écrivais mes textes et leurs textes. Des fois, ils oubliaient leurs textes dans leurs poches et une fois à la maison, ils étaient ruinés après avoir été mouillés au linge. Ils revenaient sans textes et je me remettais à écrire. À chaque fois, je vendais mes livres à l'école afin que nous fassions nos maquettes.

Black Xel n'a vécu que deux ans. Durant cette période, nous avons beaucoup voyagé dans les régions, nous avons eu l'adhésion de Govou comme DJ. Nous sommes devenus quatre et nous avons puisé de son expérience en *hardcore*. Les autres commençaient à lâcher du lest, Govou s'y intéressait de plus en plus et il m'a accroché après m'avoir expliqué qu'il est allé en prison pour Coups et Blessures Volontaires (CBV). C'est comme cela que je me suis dit : « Pourquoi ne pas créer un groupe de rap et l'appeler « Coups et Blessures Volontaires ? ». Puisqu'il était également dévoué, les autres ont décidé de quitter. C'est de là qu'est né CBV en 1999–2001. Avec CBV, nous avons fait pas mal de *singles* et des compilations comme « D-kill Rap » qui a cartonné. Il y avait toute la génération hip hop de l'époque : Bill Diakhou, Taf Taf Noni None, Sen Kumpe, 5kième Underground, Makhtar le Kagoulard... Nous avons également fait un single intitulé « Sakh Sakh boumou takh[10] », qui a contribué à l'Alternance survenue en 2000. De par l'évolution du groupe CBV, nous avons sorti un double album intitulé « Hors Classe » qui avait une conception purement juridique. Comme je suis un artiste ouvert, j'ai eu à faire des *featurings* avec Viviane Ndour, un morceau intitulé « Boul Salit[11] » avec le rappeur Pacotille qui a beaucoup cartonné. C'était difficile et cela a créé des failles si l'on sait que le groupe CBV est purement rap et *hardcore*. J'ai fait un autre morceau « Sibirou[12] » avec le

---
10 Être pressé n'est pas un motif valable pour...
11 Ne perds pas ton sang froid.
12 Avoir la grippe.

chanteur Omar Pène. Ces morceaux ont fait leur chemin et m'ont permis de m'ouvrir à un autre genre musical : le mbalax.

Les artistes souhaitaient m'emmener dans leurs concerts ce qui a fait que je bougeais beaucoup au détriment du groupe CBV. Avant cela, j'ai créé un morceau qui a contribué au changement du climat hip hop avec l'arrivée de Rapadio qui a changé l'écriture, le rythme, de tout ce qui se faisait avec Daara J, PBS. Je ne l'ai pas accepté. J'ai fait un single pour leur demander de se calmer parce que la musique est quelque chose d'ouvert. Cela m'a créé des ennuis avec Govou puisqu'il n'acceptait pas de le faire. Il me demandait de me réclamer artiste, mais pas de CBV, et que c'était des lyrics qu'il ne voulait pas faire. C'est là qu'est venu le nom « Fata de CBV » et c'est de là qu'est née la chanson du même nom et elle a eu également du succès et a fait basculer le rythme du mouvement hip hop sénégalais. Les gens m'appelaient pour me dire : « Fata, nous avons besoin de toi. » C'est de là qu'est né l'esprit solo de ma carrière, ce que je pouvais comprendre et accepter parce que quand nous sommes dans un groupe, nous ne sommes pas forcément habitués à faire les mêmes choses. Quand tu décides de faire quelque chose qui te concerne, c'est de bonne guerre.

Cela a eu un succès et tout le Sénégal m'a connu comme cela. On a même dit à Govou : « Fata est en train de jouer des concerts au nom de CBV », ce qui n'était pas vrai parce que les gens ne sont pas dupes de donner leur argent pour voir un groupe en concert et se retrouver devant une seule personne. J'ai respecté le fait qu'il n'ait pas accepté que je fasse carrière solo. Un jour j'ai écouté dans une compilation une chanson intitulée « Un frère a trahi » qu'il a écrite et j'ai accepté. Plus tard, j'ai travaillé à la radio Envi FM. C'est durant cette période que j'ai commencé à évoluer dans l'environnement du business parce que j'avais envie de prouver à mes parents que j'étais ambitieux. Étant salarié, j'ai loué une chambre que je payais moi-même pour montrer à mes parents que je pouvais me prendre en charge. C'est de là que sont nées les difficultés : Govou me voyait évoluer rapidement et pour lui, j'écrasais le groupe CBV. Ce n'était pas le cas. Cela pouvait passer, parce que nous avions l'exemple de Wu-Tang Clan avec Method Man. Tandis que les gens pensent que Wu-Tang Clan n'existe plus, il fait toujours ses concerts. J'ai été très tôt ouvert au monde de la musique et je n'avais pas d'égal ou de gens appropriés avec qui je pouvais faire carrière.

À la radio également, je voulais faire la différence. J'avais deux projets et jusqu'à présent je n'ai vu aucune radio les produire. C'est de là que j'ai initié l'émission que je fais à la télé, « Hip Hop Feeling ». Chaque mercredi, les rappeurs sont invités à faire des *featurings*, des *battles*, des instruments pour rapper. Ceux qui n'avaient pas les moyens de se déplacer jusqu'à la radio étaient invités à le faire au téléphone. Je l'avais appelé « free concept » j'ai même produit une compilation de cinquante artistes avec ce concept avec l'aide de Mame Less Camara, Directeur de Envi FM. Lors du problème Iran/Irak, j'avais fait un morceau de trente minutes, un *line-up* où tous les grands rappeurs avaient apposé leur voix. J'ai amené le même projet « Hip Hop Feeling » à 2STV.

Au début, ce n'était pas évident parce que je n'avais pas fait de télévision. Les propriétaires de télé voulaient d'abord voir ce que ça allait donner avant de donner leur accord. La 2STV venait de démarrer et avait besoin de remplir sa grille de programme. Avec l'aide de Boubacar Bâ et Mamadou Baal, le projet a été adopté. Après deux, trois émissions, El Hadj Ndiaye le patron m'a dit : « Fais tout dégager, parce que c'est de la poubelle. » Mais Boubacar Bâ à dit : « Laissez Fata retrouver son public, de par son discours, sa façon de parler ». Je m'en souviendrais toujours. El Hadji Ndiaye, le Directeur de la 2STV lui disait : « Fata, on ne sait pas ce qu'il dit. On ne sait pas s'il parle wolof, anglais ou français. » Je mélangeais toutes ces langues, à mon *feeling*. Boubacar Bâ m'a permis de réaliser cela. Les gens ont apprécié et la première édition s'est déroulée, et c'est comme cela que des talents sont nés de cette émission : des rappeurs comme Thieuf, Reskp, No Name… et d'autres générations comme Canabasse. Je suis fier de les voir aujourd'hui. Pour cette dernière édition, des rappeurs comme Kid Khalil, El Phénoméno ont été découverts. Je m'en réjouis.

En 2005, j'ai sorti mon album « El Presidente » pour montrer que je pouvais faire quelque chose personnellement, un album que j'ai enregistré en grande partie aux États-Unis. Des connections que j'ai pu avoir par l'intermédiaire de Six Fourth qui m'a permis d'enregistrer dans de grands studios comme R Freedess et de faire un *featuring* avec Dragon que j'ai ramené en décembre 2005 à Dakar. Je voulais montrer que j'étais un rappeur hip hop, que je pouvais être *hardcore* et que j'avais appris plein de choses aux États-Unis. Certains morceaux ont eu plus de portée parce que je les ai mélangés avec du mbalax, mais le reste de l'album est exclusivement hip hop. Je vais le reconduire avec mon prochain album pour montrer qu'il faut faire des choses purement originales. Je m'y attèle. J'ai compris qu'il faut faire du hip hop sénégalais, parler aux sénégalais mais ne pas faire du hip hop sénégalais et parler comme les américains.

J'ai l'impression que le public sénégalais est plus en avance sur le rap sénégalais et qu'il comprend mieux ce qui se passe dans le monde. Je compte sortir l'album au mois de décembre. C'est un rap sénégalais qui parle aux sénégalais pour un changement de comportement. Dans mon prochain album, je parle des relations parentales, des relations avec son prochain, le baptême… C'est une façon de dire aux rappeurs de revenir sur terre et de parler des choses qui nous concernent.

Bakhao et Djibril de Da Brains, Sicap Liberté 5

Bakhao : Je m'appelle Bakhao Dioum. J'habite à la Sicap Liberté 5.

Djibril : Je m'appelle Djibril Dioum. J'habite à la Sicap Liberté 5. J'ai 31 ans. Nous sommes frères.

Bakhao : C'est notre inévitable destinée qui nous a conduits au rap. Dans les années 1988–1989, tout le monde faisait de la danse. J'avais un groupe nommé Public Enemy qui habitait Dieuppeul, lui Warriors basé à Liberté 5. Après, tout le monde avait compris qu'il fallait changer de groupe et faire autre chose. À l'époque c'était la danse et cela a viré à 360 degrés avec le rap. J'ai commencé à côtoyer mon propre frère, Djiby, différemment. C'était difficile d'évoluer en solo. C'était difficile de convaincre les parents. À l'époque, dans notre groupe Da Brains, nous étions cinq. Aujourd'hui, nous ne sommes plus que deux avec le DJ.

Djibril : C'est cela l'histoire de Da Brains et nous pensons que dans vingt-cinq ans nous serons des producteurs.

Bakhao : Le rap a toujours perturbé nos études. Pour les parents, il fallait réussir à l'école. La seule façon d'offenser ses parents c'est qu'ils te payent les études et que tu ne réussisses pas.

Djibril : Nous aimions la musique. Nous étions de bons élèves. Mais c'était très difficile d'allier la musique aux études. Nous n'avions plus le temps. Nous avons sacrifié l'école pour nous consacrer à la musique.

Bakhao : Depuis très longtemps, les choses ont commencé à se professionnaliser. Nous avons toujours été carrés même avec nos maquettes. Nous étions six membres dans le groupe et nous nous respections. Nous avions organisé nos heures de répétitions, de réunions.

Nous avions également des caisses où nous épargnions de l'argent pour nos frais médicaux et de transport. Chaque semaine, nous mettions de l'argent de côté. À l'époque, tout le monde mettait la main à la pâte : les grands frères, les amis. Cela nous a beaucoup aidés financièrement. Nous avons toujours bénéficié des conseils de nos aînés comme le Positive Black Soul (PBS). En 1996, nous avons sorti une maquette de quatre titres avec un titre du nom de « Solange ». Nous avons fait une tournée sénégalaise.

Djibril *:* En 1996, nous avons fait l'acte un de la compilation « Sen Rap ». En 1997, nous avons fait l'acte deux. Mais dès que l'album intitulé « Da Brains » est sorti en 1998, nous avons adhéré à l'Association des Musiciens du Sénégal (AMS), au Bureau Sénégalais des Droits d'Auteurs (BSDA). Du coup, nous sommes devenus des professionnels reconnus. Avec l'album « Da Brains », nous avons vendu 25 000 exemplaires.

Bakhao *:* À l'époque, le groupe ne s'appelait pas Da Brains. Nous nous appelions Brain Chatter. Nous aimions bien avoir des noms anglais. Quand nous avons fusionné avec un groupe basé à Thiaroye, Ernest, nous nous sommes surnommés Brain Chatterness. Tapha, un ami d'enfance de Djiby qui habite Liberté 5, son grand frère qui s'appelle Alain Mendy, nous a dit que nous formions un bon groupe mais que la prononciation était assez difficile : « Quand vous dites à quelqu'un *"Brain Chatterness"*, il aura du mal à comprendre ». Après une très longue conversation, Djiby a eu l'idée de Da Brains. C'est là que nous lui avons demandé de nous expliquer. Il nous a dit : « Le *"Da"* c'est l'anglais dialectique qui prend la place de *"the"* et *"brains"* signifie cerveau en anglais. » En prenant de l'âge, nous avons compris que même le Bon Dieu, quand il s'adresse aux humains, Il leur parle en ces termes : « Vous qui êtes dotés d'intelligence. » En plus de cela, chaque mot de Da Brains signifie quelque chose dans la langue wolof : *Dé-Amna, nanou Bagna Rère, Anda Indi, lou Niaw dègne Sénégal*[13].

Djiby *:* Les Sénégalais comprennent vite. C'est le seul pays africain francophone où tout le monde ne parle pas français. La langue dominante au Sénégal, c'est le wolof. Même s'il y a d'autres langues comme le hal pulaar, le sérère, le diola, tout le monde parle wolof. Chez nous, tu parles anglais, espagnol, arabe, les gens te comprennent. C'est un melting-pot.

---

13   La mort existe, ne nous égarons pas, aller ensemble cueillir, éradiquer les mauvaise choses du Sénégal.

Djiby : Nous voulions être originaux. C'est de par ton style, ta façon de bosser. Pourtant, nous n'avons pas le même style, la même façon de bosser. Pour Da Brains, la musique n'est pas une compétition. C'est une mission et chacun doit remplir la sienne pour se faire distinguer. Nous avons notre propre style : c'est du hip hop. Ce n'est pas que du rap lourd, du R'n'B, du dancehall. Nous faisons toutes les variétés musicales qui forment le hip hop. Il nous arrive même de les jumeler avec du rock'n'roll. Nous faisons du boogie, de la salsa, du mbalax, pourquoi pas ? Nous verrons bien avec le temps. Comme la musique n'a pas de frontières, nous sommes obligés d'aller au-delà

Bakhao : Nous avons compris aujourd'hui que le rap tout seul ne marche plus dans le monde. Au Sénégal, même si le mbalax domine toujours et même si nous sommes sûrs de ne pas en faire, nous ne ferons pas ce qui marche mais nous allons faire marcher ce que nous faisons. C'est ce qui donne la chance à Da Brains aujourd'hui de pouvoir côtoyer pas mal d'artistes sur le plan international. En 2000, sur notre album, nous avons invité le chanteur, Thione Seck sur un *beat* hip hop. Un artiste nous envoie un morceau, nous n'avons même pas besoin d'écouter et même si les gens pensent que cela ne va pas marcher, nous allons chanter dessus et nous allons le faire marcher.

Djiby : Nous avons participé dans deux albums de *free jazz* que les Sénégalais ne connaissent même pas. Nous l'avons enregistré avec le groupe Z'La, c'est disponible sur le Net ; de la techno avec DJ Lowane, 2 Steap. Nous sommes de grands garçons, il faut que le rap nous permette d'être des responsables. Le peu que nous gagnons, avant d'en faire quoi que ce soit, nous en parlons à nos parents. Ils y ont leur part bien entendu. Ce n'est qu'après que nous pouvons en disposer comme nous le voulons, même si j'ai une femme et une petite fille. Nous avons des charges, nous faisons du rap, certes, mais nous avons notre business à côté. Nous sommes au Sénégal et nous nous débrouillons comme tout le monde. Nous ne sommes pas membres du gouvernement où tout le monde est milliardaire. Nous sommes dans un pays sous-développé.

Bakhao : Même si le rap ne marchait pas, c'est notre devoir de nous occuper de nos parents. Nous essayons de leur renvoyer l'ascenseur. Dieu a fait que nous sommes du même père et de la même mère et nous avons eu la chance d'avoir un papa qui ne dépend pas de nous. Il nous dit toujours que quel que soit alpha, il faut toujours prier, se respecter l'un envers l'autre et croire en Dieu.

Djiby : Je l'applique, moi aussi, avec ma fille qui consomme la musique de son papa, donc je dois faire attention à comment je m'exprime. Elle chantonne notre musique, même quand nous sommes ensemble dans la voiture. Hier, nous avions une prestation à faire au Théâtre national Daniel Sorano, alors elle s'est mise à pleurer. J'ai dit à sa maman de la laisser venir, comme ça elle sera avec le DJ. Dans la voiture nous avions mis l'album de 2006 qui s'appelle « Sabador », où nous avions fait un *freestyle* avec beaucoup de rappeurs, elle s'est mise à capter les sons et à chanter comme nous parce que le trajet en voiture, c'est également une séance de répétitions. Heureusement que c'est une fille parce que si c'était un garçon, il allait rapper.

Bakhao : Même si je n'ai pas encore d'enfants, ça ne me dérangerait pas que ma descendance suive mes pas. Nous ne faisons rien qui nuit à la société. Nous véhiculons des messages qui éveillent la société. Nous ne ferons jamais un clip vulgaire qui fera que plus tard, nous serons gênés de le regarder avec nos enfants. Si un jour, nos enfants suivent nos pas, ce sera formidable parce que nous n'avons rien fait de mal jusqu'ici. Nous ne véhiculons que des messages positifs. Le destin est inévitable. Mon père a été policier. Il a travaillé dans pas mal de structures administratives. Si cela ne dépendait que de lui, nous allions suivre ses pas. Quand j'étais enfant, je pensais que j'allais réussir dans le football mais le Bon Dieu en a décidé autrement.

5-Kième Underground, Médina

Djily Bagdad : Je suis Djily Bagdad, Abdoul Khadre Djeylani dans la vie, je suis membre fondateur de ce groupe qui existe depuis 1990. C'est en 1994 que les scènes de foureuls nous accueillirent ; 1999 la compilation « hip hop Dekil Rap » propose un de nos sons intitulé « hip hop pharmacopée »; puis 2002 c'est dans la compil « hip hop Paris Dakar » que nous sortons un autre son. Puis 2009 notre premier album à trois « Yague Bawul Dara ». Aujourd'hui nous sommes deux : Baye Ndiagne et moi même.

Notre album avait fait couler beaucoup d'encre, il a marqué notre monde hip hop. Nous étions toujours parmi les cinq premiers cités sur les radios, les concours et autres. 2010 a été mémorable, notre album continuait de nous ouvrir des portes.

Baye Ndiagne : Notre groupe représente la médina bien sûr, mais notre public est partout ; c'est formidable. Jaaraf Farba, notre rue nous le rend bien. Notre groupe ramène du public, notre groupe est reconnu comme étant au top. Nous avons souffert pour donner de la qualité et ça a payé. Notre passion ne nous a pas quittés. Nous étions dans nos projets et nos études, mais le rap était plus fort.

Djily Bagdad : Je suis allé aux États-Unis pour faire des études de business administration, j'avais 22 ans. L'illusion de ce qu'était la vie aux États-Unis s'est effondrée, il fallait travailler dur, sortir tant d'argent tous les semestres pour payer ma scolarité. Tu as vu où j'habite, ce n'est pas les Almadies ici. Je travaillais, j'étudiais, j'avais mes petits business. Quand on est là-bas, ceux restés au pays placent tellement d'espoir en vous. Je devais régler tellement de choses que cela m'a fait réfléchir. Les américains sont tellement fiers, même ceux qui sont originaires d'ailleurs arborent un drapeau ou une carte ou quelque chose qui montre d'où ils viennent. Je me suis dit que tous ces efforts chez moi, apporteront forcément quelque chose. La famille, la suite des études, tout se bousculait dans ma tête jusqu'à ce que je prenne la décision de rentrer. Quand j'étais aux États-Unis et que je faisais mon rap dans la rue avec les jeunes de mon âge, ils aimaient ce que je faisais, ils n'en revenaient pas que je sois là depuis seulement quatre ans et que je maîtrise le langage à ce point. Tous m'ont incité à entrer au studio et enregistrer. Le rap c'était mon truc. Je revenais à Dakar et je voyais mon groupe qui avait tant de difficultés, ça me rendait malade, je voulais que mon groupe soit parmi les meilleurs. Les fans augmentaient, la pression du milieu hip hop était de plus en plus fort.

Baye Ndiagne : On nous connaît, notre musique se propage hors de nos frontières. Nous sortons une *mixtape* en décembre 2012, avant de sortir un album à nouveau. Nous y mettons des sons en anglais, en français, avec une touche bien de chez nous. Nous nous sommes tellement enrichis musicalement, que nous sommes gonflés à bloc. Nous aimons la qualité, nous exigeons la qualité.

Alien Zik

Rex T : Je suis Rex T (quand je rappe), ou super rapper aka Tyrano, aka Nightmare (quand je fait du *beat box*, du *scratch*, ou d'autres phases avec la bouche), aka Jackson (quand je chante), j'ai plusieurs pseudonymes, selon les styles que j'utilise.

Bario : Barionix aka Ibn Ali (le fils d'Ali en arabe). Beaucoup de personnes dans le hip hop recoivent leur nom de guerre de leur entourage, mais nous avons choisi nos noms. Nous voulions être des empereurs dans le mouvement hip hop et cela commence par la dimension de nos noms. Des noms avec de la présence, de la résonnance. Nous avons choisi des noms de dinosaures, pour leur taille et leur côté redoutable. En plus, nous avons nos propres réalités en Afrique, alors nous n'avions pas envie de devenir célèbres avec nos noms de naissance. Nous voulions vivre notre passion sans exposer nos vies personnelles.

Rex T : Notre groupe est différent. Nous rassemblons des artistes solos avec des styles particuliers pour faire du collectif avec une touche différente de ce que l'on entend dans le hip hop autour de nous. C'est ça notre crédo, être différents pour maintenir le cap et garder la barre haute. Notre *mixtape* « www.rap.com » nous présentait comme étant ceux qui apporteraient une touche différente. Nous avons pris le recul et le temps nécessaire, Karismatik dixa s'est chargé des *beats*. On a mis un temps fou sur les *beats*, il leur fallait du niveau et de la mélodie en même temps, nous savons que c'est cela qui manque à notre hip hop. Nous disons tous que notre hip hop a un bon niveau d'écriture, de bons textes, mais il manque quelque chose à la musique. C'est ça qui retient notre hip hop dans ses frontières, la musicalité. Notre rap manque de *flow*, il faut le reconnaître. Normalement, même si on ne comprend pas ce qui se dit dans les chansons, on doit accrocher au *flow*, qui nous emporte. Pendant trop longtemps nous les Sénégalais, avons privilégié le débit de paroles. Nous en déversons un lot avant de freiner pour voir si la musique a suivi, nous négligeons le swing. Il y a eu des groupes comme Slam revolution, Rak tak squad, Marginal. Leur musique fonctionnait bien, ils avaient l'oreille et le goût de la melodie. Pour en revenir à Alien Zik, nous voulions aussi appliquer la technique à fond. Il arrive que l'on ait du *flow* et pas de technique, mais notre concept voulait simplement tout réussir. C'était important de poser sur le *beat* d'une certaine manière et d'assurer ses mesures. Quand le public a reçu la *mixtape*, il a ressenti tous nos efforts.

Bario : Nous avons une bonne cote dans le hip hop parce que tu ne peux pas flouer le public. Il sait ce qu'il consomme. Après, il est libre de juger du talent d'Alien Zik. Notre force, c'est notre nombre et dans ce grand groupe tout le monde a son style. Notre album « beneen planéte » a cartonné, le public en parle encore. C'est un double CD de 36 titres. Ils n'en ont toujours pas fini. L'album marche encore très bien. Cela nous donne vraiment le temps de travailler.

Rex T : L'histoire de notre hip hop n'est pas simple. Nous avons été dans une dynamique très forte au départ, puis nous nous sommes un peu égarés. Les évènements hip hop existent à droite et à gauche et c'est assez mal organisé, mais il y du hip hop dans tout le pays, il y en a partout. Ce n'est pas encore un mouvement mais je crois qu'il y a une prise de conscience collective que nous devons réorganiser pour que toutes les énergies se retrouvent et créent une cohérence à tout cela.

Bario : Nos rapports entre nous en prennent un coup donc nous savons qu'il y a des choses à changer. Aujourd'hui nous tendons plus l'oreille vers les autres. Nous tentons d'organiser des choses ensemble même si c'est difficile pour le moment car nous n'avons pas le même niveau intellectuel, la même éducation, ni la même vision ou compréhension de ce qu'est un mouvement ou ce que cela représente. Il faut plus de maturité.

Rex T : C'est comme notre rêve d'unité africaine. Rires.

J har 1/2

Bazooka du quartier de Thiaroye, John et Borom Barak. Nous avons grandi ensemble depuis tout petits. Nous sommes tous de Thiaroye mais nos bases sont éparpillées dans la ville et à travers le Sénégal. C'était ça le travail de fond. Depuis l'underground, notre philosophie est telle que plus nous sommes dans cet espace *roots*, plus cela nous donne une certaine maturité, une réelle inspiration et un public sélectif qui nous est vraiment fidèle. Nous avons regardé et écouté tout le monde, de MC hammer, Tupac, à Wa BMG 44 de notre quartier qui dansait le smurf puis le breakdance. Nous avons été influencés par tout le monde. Notre devise c'est semer et attendre, notre nom est J Har (patience) et non Jihad (la guerre sainte). En 2005 nous avons tenté l'expérience avec un producteur Moussa du groupe Jant bi et l'album ne vit jamais le jour malgré tout le travail abattu. C'est en 2012 que nous reprenons ce travail avec le label Jollof 4 life. Vous voyez que nous sommes toujours dans les préceptes de notre philosophie, attendre le bon moment pour récolter. Notre musique touche à tous les sujets mais nous sommes assez matures pour ne pas dépasser les limites. Nous avons une mission. Nous n'oublions pas l'environnement dans lequel nous vivons ; la pauvreté y est extrême et il faut qu'on en parle. Nous ne pouvons qu'être underground, même si nous aspirons à vivre dans des conditions différentes que celles qui nous ont bercés. C'est à la pauvreté de sortir de notre quartier.

La force du hip hop aujourd'hui est dans les régions. Nous sommes attendus et écoutés dans les régions. On rêve comme tout le monde d'aller voir ce qui se passe dans la sous région et dans le monde, mais on sait que nous devons élargir nos sources de connaissances. Dans notre groupe le niveau le plus élevé est la troisième. Nous n'avons pas fait l'université mais nous faisons les efforts nécessaires pour étayer nos propos. Puis nos parents sont très alertes. Surtout nos mères. Elles nous ont observé longtemps aller et venir, ne parler avec personne, s'enfermer pour répéter, consommer de l'électricité sans contribuer puis un jour on leur dit votre fils passe à la radio, il dit des choses très sensées. Elles nous regardent à la télé et sont conscientes que notre image est associée à la leur donc elles font attention et nous le rappelle tout le temps. Ça y est, nos familles sont rassurées après nos 20 ans de ténacité et nous sentons bien leur fierté dans leur regard. Nous sommes aussi assez proches de nos religions respectives et cela nous influence aussi énormément.

DJ Alla de Bat'Haillons Blin-D

Je suis DJ Alla de mon vrai nom, Dianko Faty, du groupe Bat'Haillons Blin-D ou Bat'Blin-D. Je suis DJ, compositeur, arrangeur hip hop. Je suis mandingue. Je suis né le 7 juillet 1977 à Ziguinchor, mais nous avons déménagé à Guédiawaye, 14 jours après ma naissance. Depuis, j'y habite.

J'ai commencé par le *deejaying* en animant des tours de famille, des anniversaires, des baptêmes, des mariages, avec mon matériel de musique dans mon quartier que je prenais de chez moi. Nous avions quatre maisons dans notre quartier : la première pour nous, les garçons, la deuxième pour les femmes et les vieux, la troisième pour les griots, et une pour les invités. Chaque matin, les gens me demandaient s'il y avait un baptême chez nous parce que les griots comme Lamine Touré du groupe Ekankan, Solo Cissokho, Djaliba Kouyaté, Mahawa Kouyaté jouaient à la kora ou chantaient. Ils venaient à la maison chanter mon père comme dans la tradition, même si ce n'était pas des chansons laudatives célèbres comme celles de Youssou N'Dour. J'ai grandi dans cet environnement musical. C'est pourquoi, dans mes compositions, comme dans l'album de Niagass, il y a une touche africaine : je fais des *beats* afro mélangés à de la kora, au djembé. À part les platines, je joue le *tioung*, le *djembé* et je fais de la programmation avec des instruments traditionnels. Avant d'intégrer le milieu hip hop, j'ai eu à travailler avec d'autres musiciens, un artiste qui fait de la musique mbalax qui s'appelle Malé Mbaye. J'ai eu à l'accompagner au clavier lors de ses concerts. Les gens ne pouvaient organiser des soirées dansantes à Guédiawaye, les écoles ne pouvaient organiser des fêtes sans faire appel à mes services. Je gagnais en notoriété. J'ai fait venir des rappeurs comme Bibson, Mister Kane, pour animer leurs concerts à Guédiawaye. J'organisais des soirées dansantes le 31 décembre et durant les fêtes religieuses de Tabaski et de Korité. Je faisais toujours le plein mais ce n'était pas encore du hip hop.

J'habitais Guédiawaye avec des rappeurs comme Fou Malade et N'Krumah, un ami d'enfance qui évoluait dans le mouvement hip hop. Un jour en 1995, il est venu me voir après l'émission Oscar des Vacances. C'est là qu'ils ont créé le Groupe Bat'Haillons Blin-D. N'Krumah m'a proposé d'être leur DJ étant donné que j'étais apprécié de tout le monde. J'ai accepté, j'ai toujours aimé le *deejaying*. Quand je vais à un concert, si je ne vois pas le plateau du DJ, je rentre chez moi. Je m'arrange pour me mettre du côté du DJ afin de le voir bosser. La personne qui m'a influencé dans le métier, c'est DJ Makhtar, que la terre lui soit légère. Je l'aimais beaucoup. C'est à cause de lui que j'allais voir le groupe de rap Daara J jouer à Monaco Plage, ou au collège Saint-Michel.

N'Krumah m'a intégré dans le groupe et m'a présenté aux autres membres. Nous nous sommes mis au travail : nous avons organisé des soirées hip hop. Je travaillais également dans la boîte de nuit appelée Bideew où j'animais des matinées dansantes. Mais avant cela, j'animais dans une boîte de nuit de quartier nommée Baol. DJ Mic m'a vu animer et m'a proposé de faire la même chose dans la nouvelle boîte de nuit Bideew qui venait d'ouvrir, gérée par Hassim, un libanais. Il m'a mis en rapport avec lui. J'ai commencé à travailler là-bas. J'ai été le premier

DJ à animer des soirées 100% hip hop à entrée unique. Je faisais des progrès dans le *deejaying* : avec le groupe Bat' Blin D, nous avons sorti notre premier album en 2003. Nous avons fait des tournées dans le Sénégal, dans la sous-région avec l'album « 2 Gun Taan[14] ».

En 2004, j'ai décidé d'aller vers la programmation musicale afin de composer le son idéal pour le groupe dans lequel j'évoluais. Je prenais des sons traditionnels que je mixais à des *beats*, la première composition que j'ai faite était pour une publicité par les rappeurs Fou Malade et Pacotille sur les moustiquaires imprégnées. Les radios faisaient passer la chanson qui a eu du succès.

En 2006, nous avons eu un contrat pour sortir un album international. Le producteur est venu, puis nous lui avons fait écouter les sons que j'avais produits pour Niagass et N'Krumah. J'ai eu à travailler avec d'autres groupes de rap : 5 Kiem Underground, Keur Gui dans leur album « Hip Hop Dakar M****r F****r », Rapattack, Coalition Niamou Mbam, 2 M2, en plus des albums sur lesquels je travaille présentement et qui ne sont pas encore sur le marché comme le futur album de Bat'Blin D, le deuxième album « Résistance » que je produis après celui de Niagass.

Quand Rick Ross est venu à Dakar pour le troisième Festival des Arts Nègres sans son DJ, les gars ont fait appel à moi. Ce n'est pas un manque de respect aux autres DJ. Je m'entends bien avec tous les DJ à Dakar et surtout Gee Base, c'est mon grand. Quand j'ai des ennuis avec la platine, je fais appel à lui. J'aime le fait que dans mon boulot, je n'ai pas à parler. Quand je suis invité dans des émissions radio, ma musique parle pour moi à travers mes mix. Le hip hop est saturé parce qu'il y a certains qui ne savent pas rapper mais qui le font tout de même. Quand ils font autre chose, tu es séduit. Pourtant, quand tu leur dis de laisser tomber le rap et de s'adonner à ce qu'ils maîtrisent le plus, ils te rétorquent : « T'en sais quoi ? ». Pour eux, c'est prendre le micro qui les rend célèbre. Il y a des rappeurs qui ne sont pas plus célèbres que moi, même s'ils prennent le micro. Mais, aujourd'hui, si je laisse tomber mes platines, qui va travailler avec les rappeurs ? Certains ne s'attachent pas à mes services juste parce que je suis le DJ de Bat'Blin D. Mais ceux qui me connaissent savent que je ne fais pas de distinguo dans le travail. La preuve, j'ai travaillé avec le groupe 5 Kiem Underground et ils ont gagné le tube de l'année.

---

14 « La vérité », écrit à la mode hip hop.

Neew Bi, Grand Médine

Je m'appelle Abdourahmane Sèye, Neew Bi est mon nom d'artiste. Je suis né à Grand Médine en face du Stade Léopold Sédar Senghor le 5 juin 1981. Quand je m'apprêtais à monter sur scène, il me fallait un nom d'artiste. Au début, j'avais choisi le nom « Ramsès ». Un de mes grand-frères m'a demandé un jour la signification de ce mot. J'ai eu du mal à répondre. C'est là qu'il m'a proposé de mettre « Ramseyeé » le diminutif de Rahmane Sèye. Plus tard, j'ai décidé de changer de nom quand j'étais dans le groupe Salam Ji.

J'avais remarqué qu'au Sénégal, si tu n'as pas d'argent tu n'es pas considéré, tu n'es impliqué dans rien, même dans ta famille. Même pour le mariage de ta sœur, tu n'es pas mis au courant : tu te réveilles et on te dit de monter les bâches de la tente qui va recevoir les invités, on t'envoie faire les petites courses. Il m'arrivait de rester dans la chambre à écrire jusqu'à tomber de sommeil. Les miens déjeunaient sans me réveiller. Un jour, j'ai exprimé mon ras-le-bol et j'ai dit à ma famille que j'avais l'impression de ne pas exister, j'étais considéré comme si j'étais un corps sans vie, « Neew » en wolof. Depuis lors, quand le cadet de la maison m'appelait pour le déjeuner il disait : « Neew Bi vient manger. » C'est comme cela que j'ai choisi le nom Neew Bi.

Il me semble que c'est le rap qui m'a choisi parce que j'ai beaucoup galéré dans ma vie et durant ces moments, c'est la musique rap que j'écoutais qui me réconfortait, et me donnait le courage de ne pas baisser les bras. Nous étions en 1995–1996 et j'étais en classe de Cours Moyen première année ou deuxième année. Les rappeurs Daara J, PBS et surtout Pee Froiss m'ont beaucoup influencé. Quand je les écoutais, je me disais qu'ils parlaient de la vie, de ma vie, que je devais être capable d'exprimer par moi même. Quand je me suis mis à l'écriture, je me disais que j'allais en faire des poèmes ou les remettre à quelqu'un qui pourrait les chanter. Mais entre temps, j'ai attrapé le virus du rap. Je rappais sur des instrumentaux jusqu'à en arriver là.

Sur scène, je m'habille comme un mort et j'amène mon cercueil aussi. Je joue plus de concerts dans la banlieue et dans les régions. Toutes les couches de la société m'écoutent. Même si les jeunes m'écoutent, les personnes du troisième âge le font davantage. Les habitants de la banlieue se retrouvent le plus dans mes textes parce que j'y rappe mon vécu, leur vécu.

Niagass, Saint-Louis

Je m'appelle Pape Demba Aw, de mon nom d'artiste Niagass. Ce mot vient du mot latin : « la *rouga* » qui veut dire la rue. *Niagass* signifie « la rue ». *Niagass* signifie « la douleur ».

Je ne vais pas vous dire mon âge, mais je suis natif de la ville de Saint-Louis. J'habitais dans les cités HLM en face du lycée Charles de Gaulle. J'ai habité Léona et Sor.

J'avais des choses à dire. Je devais me représenter moi-même avant de dire que je représentais la classe sociale qui souffrait le plus. Il y a des choses qui ne fonctionnaient pas que je voulais dénoncer comme les situations familiales. Ce qui m'a le plus poussé à rapper, c'est que je n'ai pas eu la chance de faire partie d'une famille bourgeoise. J'ai dormi dans la rue, sur des bancs. Nous n'avons pas eu la chance d'avoir des cadeaux lors des fêtes de Noël. Lors des fêtes religieuses comme la Tabaski, nous n'avions même pas des chaussures plastiques à mettre. C'est pourquoi je me suis mis à rapper pour défendre une chose, pour nous défendre. C'est pourquoi, certains me disent : « Tu nous représentes ». Je ne représente personne, je me représente. Je dis ce que je pense. Mais il y a des milliers de gens qui s'y retrouvent, peut-être parce que nous avons le même vécu.

Au début, je dansais le disco, le *break-dance* dans les groupes d'écoles, dans les fêtes d'écoles lors des ouvertures du foyer. J'ai été président du Foyer du lycée Charles de Gaulle de Saint-Louis, André Peytavin où j'ai eu mon Brevet de Fin d'Etudes Moyennes (BFEM). Nous avons fait bouger les choses jusqu'à l'avènement du rap en 1988 lors de l'année blanche. Nous ne faisions qu'écouter du rap. Mais ce n'est qu'en 1992–1993 que le rap a commencé à me plaire et je me suis mis à écrire des textes. En 1993, j'ai rejoint un groupe de rap à Saint-Louis nommé Bibi auquel j'ai ajouté la lettre « s » ce qui est devenu Bibi's : Black beur de Saint-Louis. En 2000–2001, nous avons sorti une compilation qui s'intitulait « D-kill Rap » avec Mister Kane où nous avons chanté « Léboon[15] ». Dans ce morceau, nous avons eu à chanter les problèmes de la ville de Saint-Louis. En 2002, nous avons été produits par Henry Guillabert, propriétaire du Quai des Arts de Saint-Louis. Après, nous avons trouvé que « Bibi's » sonnait américain et que nos papas et nos mamans auraient du mal à bien le prononcer. C'est comme cela que nous avons créé « Tundu Wundu » qui signifie le territoire des chats. L'album a été produit par Talla Diagne et n'est sorti qu'à Saint-Louis,

---

15   Il était une fois.

c'est pourquoi il n'a pas été aussi célèbre. En 2004, j'ai sorti mon album solo qui s'appelait « Xiru Siru », le cri du vieux chat sauvage. Plus tard, j'ai sorti un album intitulé « Disso » qui est plus sage, je l'admets. Entre temps, j'ai gagné en maturité. Je n'écoute plus les Américains ni les Français. Je n'écoute plus de rap parce que si un artiste sort un album, j'ai aussitôt envie de l'écouter et je m'en tiens là parce que je ne veux pas être influencé par n'importe qui. C'est pourquoi Niagass ne ressemble pas à n'importe qui. Niagass c'est Niagass parce que je refuse d'écouter les autres. Mais de 1992 à 1996, j'en ai écouté. Jusque-là, j'écoutais du jazz et toutes formes de musique. Je ne suis pas du genre à cracher sur le travail des autres pour me frayer une voie, je respecte tout le monde. L'art c'est l'art même si tu n'as été artiste que durant deux jours, cela mérite des appréciations positives.

Je suis un fils de la grande famille du hip hop. Je peux le dire parce que je suis déjà dans la famille. Je suis quelqu'un qui raffermit les liens. Je suis dur mais au fond je suis un unificateur. J'ai de bonnes relations avec les rappeurs. Je les aime tous parce qu'ils me le rendent bien et me respectent. Jusque-là, je ne vois pas d'hypocrites. Ils sont très intelligents. En 1998, avec les rappeurs c'était chaud, mais ils ont mûri parce que la plupart d'entre eux se sont mariés ou ont plus de responsabilités. Les rappeurs qui passaient tout leur temps à s'insulter ont fini par laisser tomber parce que les gens qu'ils insultaient sont venus leur rendre visite ou les ont soutenus suite au décès de leurs mères.

Docta

Je m'appelle Amadou Lamine Ngom, plus connu sous le nom de Docta, je suis graffeur. Je suis né à Pikine. J'ai grandi entre Guédiawaye et la Médina. Mon *crew* se trouve à la Médina.

J'ai été bouffé par le monde du hip hop dès mon plus jeune âge en 1984 : à 9 ans déjà, je dansais le *break-dance*. En 1986, j'ai écrit mes premiers textes qui parlaient de mes oncles. Ces derniers, à cette période, étaient des militaires et fumaient des joints. Je ne pouvais pas leur dire parce que, dans notre culture, l'aîné a toujours le dernier mot. En plus, j'étais leur petit protégé. Tout ce que je faisais concernant l'art leur plaisait. Alors j'ai commencé à chanter parce que j'écoutais Public Enemy et autres. Cela les a intéressés de savoir pourquoi j'imitais les Américains. Je n'avais pas écrit le texte en anglais mais en wolof. Cela faisait rire mes oncles quand je rappais. Quand ils m'apprenaient à faire du thé, j'en profitais. J'avais un oncle qui m'a beaucoup initié à l'art parce que c'était son quotidien. Il était menuisier de formation mais il avait un don pour le dessin. Je volais le cahier où il mettait ses croquis pour les copier ensuite. À force de le faire et de m'informer auprès d'amis qui venaient de l'étranger et qui ramenaient des informations sur le hip hop ou des magazines, j'ai pu avoir une culture hip hop.

Le mur de la maison de ma grand-mère a été le plus grand mur cobaye de Docta. Chaque jour, je dessinais, j'effaçais. Cela ne dérangeait ni les habitants du quartier ni ma grand mère puisque mon oncle était toujours là quand je dessinais. Cela m'aidait à m'améliorer. En 1988, il y a eu l'opération « Set-Setal » : durant cette période, les Associations Sportives et Culturelles (ASC) nettoyaient et embellissaient leurs quartiers, les gens qui s'activaient dans l'art avaient droit à une surface et à de la peinture. La surface était un mur banal, un rond-point ou un monument érigé. On m'avait donné trois murs à peindre : deux étaient ceux de ma grand-mère et le troisième celui de la « tante » du quartier. C'est ma tante elle-même qui a voulu que je peigne son mur. Nous dessinions sur les murs les images de personnages de bandes dessinées comme Tex, Rahan, des hommes religieux. Je me rappelle que j'avais dessiné Rahan sous la fenêtre de ma grand-mère. Je ne sais pas s'il a été enlevé aujourd'hui, mais je sais que 10 ou 15 ans après, quand j'y suis passé, le dessin y était toujours. Ma grand-mère disait à qui voulait l'entendre de ne pas y toucher : quand il s'agissait de repeindre la maison, on n'y touchait pas. Le contour de la peinture se voyait même autour du dessin, ce dernier se désintégrait, mais ma grand-mère tenait à le garder parce que c'est moi qui l'avais réalisé. Ça m'a beaucoup marqué.

À force d'être dans une culture, il faut savoir s'informer sur son évolution, ses règlements. En 1990, j'ai fait ma première scène de rap. C'était au Métropolis devenu aujourd'hui le Café de Rome où tous les acteurs du mouvement hip hop appelés les vétérans aujourd'hui, s'y retrouvaient pour des matinées dansantes. Aujourd'hui, des gens devenus des directeurs de société, des membres de l'État, fréquentaient ce lieu. Il y avait un esprit urbain à l'époque, le défunt DJ Makhtar y a appris le *deejaying*, DJ Edouardo y animait ; il était steward et ramenait des vinyles de ses voyages. Des groupes de rap comme le PBS, le Daara J, Da Brains, BMG, bref, tous les *old school* sont passés dans cette boîte. À la Médina, il y avait un groupe qui s'appelait Tim Posse parce qu'ils s'habillaient tous en Timberland.

Quand j'étais en matinée dansante à Miami avec des amis, les gens ont testé le style du groupe de rap Tim Posse. A ce moment la, je faisais carrière solo. Mon gars était là en tant que DJ. Le maître de cérémonie s'appelait Moïse : quand il te présentait tu sentais que tu avais de l'importance. C'était un grand orateur. En cette période, ce n'était pas l'argent qui nous intéressait mais juste le plaisir de faire du hip hop.

A cette époque nous étions 25 à monter sur scène. Nous portions tous des chaussures de marque Timberland. Une paire coûtait 110 000 FCFA. Jusqu'à présent l'esprit « Médina Clan » est resté. C'était plus qu'un groupe de rap. La plupart de ces membres n'écoutaient que du mbalax ou de la salsa. Mais quand le *crew* était appelé, tout le monde était de la partie.

Je vais vous raconter une anecdote, un de nos copains, Lamine, a porté sa casquette pour se rendre à une matinée dansante. C'était à l'époque où les agressions étaient fréquentes en ville. Les jeunes de la rue Félix Faure lui ont chipé la casquette. Il est revenu au quartier et il nous en a parlé. Dans le quartier, ceux qui dormaient, ceux qui faisaient le thé ou autre se sont constitués en groupe et ont décidé que la casquette allait être ramenée à la Médina. C'était les jeunes de la Médina contre ceux de la rue Félix Faure. Finalement, la casquette nous a été rendue et nous avons même eu des chaussures, ceintures, et lunettes. C'était la fougue de la jeunesse.

Ce qui était en vogue, c'était d'avoir son *crew* préféré aux États-Unis, et de faire comme eux. Même si nous savions que nous n'avions pas les moyens, nous faisions comme eux. Cela nous a permis de faire les premières parties de concerts d'artistes comme Alioune Mbaye Nder, Youssou N'Dour. Cela nous a permis de jouer au Centre Culturel Français, actuel Institut français Léopold Sédar Senghor, dans les structures qui accueillaient des manifestations culturelles. Cela m'a permis également de me parfaire en tant qu'hip hoppeur. Je faisais mes graffs : mon premier graff qui a suscité la polémique en 1994 c'était celui que j'avais fait à PMI Médina. Un ami m'a rapporté qu'à la radio privée Sud FM, on parlait de mon graff. Des gens ont appelé pour dire que les jeunes veulent imiter les jeunes français et américains en dessinant sur les murs. Les chauffeurs de transport en commun ont appelé pour réfuter cet argument. Ils disaient que ce que nous faisions était joli et que cela embellissait la ville. L'endroit où j'avais fait le dessin servait de stationnement aux cars rapides. Cela m'a permis de voir que des gens avaient pris ma défense et avaient compris pourquoi je l'avais fait. C'est un esprit de partage, d'engagement social. À un moment de ma vie, si j'avais voulu imiter l'Occident en m'adonnant au vandalisme, cette reconnaissance l'aurait fait disparaître. J'allais dans des endroits qui manquaient de vie pour leur redonner vie. J'ai également fait les pochettes de pas mal d'albums comme « Yatfu », « Yonnenté Rap Bi[16] », « Chant Goudi[17] ». J'ai fait les logos des groupes de rap CBV, Moytoul d'Optimiste Produktions, le logo des Hip Hop Awards, Kang Fory Clan...et tant d'autres.

Je me rappelle que nous avions fait un concert à la Médina mis fin par des policiers alors que Domou Jollof était sur scène. Les populations de la Médina, notamment les femmes âgées, se sont battues contre les policiers pour dire que le matériel n'allait pas être embarqué. La veille, il y avait un *Tanebeer*, séance nocturne de danse traditionnelle organisée par la fille du préfet. Cela a démarré à 20 heures et a duré jusqu'à cinq heures du matin et pourtant la police n'est pas intervenue. Alors que nous, nous avons démarré notre concert à 21 heures et avant même qu'il ne soit minuit, le préfet disait que nous le dérangions. Quand les policiers sont venus, ils nous ont fait comprendre que cela faisait deux heures que le préfet les avait appelés pour mettre fin à ce concert parce que des jeunes sont là à faire du tapage nocturne. Comme nous sommes au Sénégal et que nous n'étions pas assez puissants, nous avons usé de nos connaissances. Nous avons appelé des juristes qui ont appelé de part et d'autre. Une fois au commissariat, nous avons appris que le grand frère de notre DJ était le commissaire. Ce dernier qui s'apprêtait à venir à notre concert a demandé ce que nous y faisions. Nous lui répondîmes « Tu as mis fin à notre concert et tu dis que tu voulais t'y rendre ? », « Qu'est ce que j'en sais ? » nous a-t-il répondu, et il nous a fait savoir qu'il avait même demandé à ses collaborateurs de se dépêcher parce qu'il devait se rendre à un concert. Il allait régler le problème. Il a embarqué le matériel dans sa voiture et l'a amené chez lui d'où nous l'avons récupéré.

K-nibal

Je m'appelle Adama Sy. Je suis né en 1980 au quartier Gounass à Guédiawaye et j'ai grandi à Niarry Tally. J'ai commencé à taquiner le rap en 1999. Mais c'est en 2000 que nous avons créé le groupe K-nibal Vorace, Cheikhna et moi. Ce fut mon premier groupe mais Cheikhna

---
16 Les prophètes du rap.
17 Les chants religieux de la nuit.

n'en était pas à son premier. C'est lui qui m'a initié au rap. J'avais déjà laissé tomber les études. Mais je m'activais déjà dans de petits boulots. J'adorais étudier mais j'ai été exclu de l'école en classe de quatrième secondaire pour indiscipline. Ça m'a fait mal parce qu'il n'en était rien. J'avais un différend avec mon professeur d'histoire, ma matière préférée. Ce dernier a usé de ses relations pour me mettre hors de l'école.

J'ai travaillé comme journalier. J'ai eu à travailler également dans une société de gardiennage comme vigile. Oui, je sais, je suis petit de taille, mais ce n'est pas une question de muscles, c'est juste de la technique. La personne qui m'avait engagé me connaissait bien et savait que j'avais quelque chose dans le ventre. J'ai fait des arts martiaux comme le karaté, le taekwondo, la capoeira. Mon poste de vigile le plus difficile, c'était à la rue Ponty, la nuit, j'y ai vu beaucoup de choses.

On avait affecté mon père, qui est un militaire, à Kédougou en 1990. J'étais encore à l'école primaire en Cours Moyen première année (CM1). Quand nous sommes partis, un de mes oncles m'a offert une cassette avec plusieurs enregistrements : Chris de Burgh et The Scorpions. Sur cette cassette, il y avait un rap. C'était le son « I Need Love » de LL Cool J. Même s'il m'arrivait d'écouter la cassette, je sautais cette chanson qui venait en dernière position d'écoute. Un jour, j'ai pris le temps de l'écouter et elle m'a plu. J'ai demandé que l'on me traduise les propos puis j'ai demandé pourquoi il avait une façon particulière de les dire. C'est là que l'on m'a appris que c'était cela le rap. De retour de Kédougou en 1993, j'ai trouvé des cousins en train de rapper. Je me suis rendu compte qu'ils faisaient la même chose que LL Cool J. Quand je leur ai demandé ce que c'était, ils m'ont dit : « Tu ne connais pas Positive Black Soul ? Tu es un vrai broussard ! » Puisque je ne connaissais pas ce groupe, ils m'ont fait savoir qu'ils étaient deux avec des danseurs qui faisaient du *break-dance*. Quelque temps après, le PBS a sorti la première version de l'album « Boul Falé ». J'ai reconnu le style musical qui était déjà en moi. C'est devenu ma musique préférée.

Mes fréquentations étaient orientées vers les adeptes de musique rap qui résidaient dans mon quartier. J'aimais également me rendre dans les salles de jeux fréquentées par les bandits. Vorace aka Cheikhna par exemple, nous nous sommes connus dans ce milieu. Mais ce qui a le plus fluidifié la relation, c'était le fait d'aller souvent ensemble acheter des cassettes de rap ou de nous rendre à des concerts. Nous avons marché de la boîte de nuit, Bideew Bi, après y avoir passé une soirée jusqu'à notre quartier. C'était vers les coups de quatre heures du matin.

Un mouvement bien en place

Hip Hop Ride : Lamine, DJ Zee Master, Books de Sen Kumpe, Argo Kaddu ak Khatim, un après-midi entre adeptes de rap.

Bibson Band and Friends. Daddy Bibson a toujours représenté son quartier Fass, et la tradition là-bas, c'est la solidarité et l'amitié ; il se déplace avec du monde, monte sur scène avec ses amis.

J'ai oublié le jour exact mais je sais que c'était en 2000. Je sais que nous revenions d'un concert organisé dans une école. Le concert était nul. Sur le chemin du retour, nous faisions des *freestyles* et quelqu'un qui était avec nous a dit : « Les rappeurs qui ont animé le concert ne sont pas meilleurs que vous ». J'ai assisté à tellement de concerts et à chaque fois, je tirais le chapeau aux rappeurs. C'est après ce concert que nous nous sommes dit qu'il fallait que nous créions un groupe de rap. Nous avons vu un film qui s'appelait « Cannibal Holocaust ». Nous l'avons aimé et nous avons voulu donner le nom « Holocaust » à notre groupe. Quelqu'un a dit que « Holocaust » serait difficile à faire comprendre aux gens. « Nous sommes au Sénégal ». C'est là qu'un de nos copains nous a proposé « cannibal ». Il nous a dit que « cannibal » signifiait être surnaturel et que tous les Sénégalais s'en méfiaient. Nous avons crié : « Cannibal !!! » dans la rue. Nous n'écoutons que le groupe de rap PBS, mais quand Pee Froiss, BMG 44 et Rapadio, sont venus nous nous sommes mieux retrouvés dans leur style musical. Nous avions vécu tout ce qu'ils disaient dans leurs textes. Ces groupes nous ont beaucoup inspirés et c'est cela qui a déterminé notre style de rap.

Rex T alias Tyranno ou Nightmare («cauchemar») du groupe Alien Zik. Il pratique tous les styles, du *beat box* à la chansonnette sauce R'N'B. Il aime la musique bien travaillée et les albums ou *mixtape* qui sont concoctés longtemps avant de sortir sur le marché.

Crazy Cool

Je m'appelle Crazy Cool. J'habite à Dalifort. Je suis né à Yoff. C'est à l'âge de cinq ans que nous avons déménagé à Dalifort. J'y ai grandi, fait mes études. Nous avons commencé à rapper vers les années 1993–1994. Il y avait des manifestations diolas organisées à Dalifort. J'en profitais pour me faire connaître. À l'époque, il n'y avait pas encore de maquettes. Tu te produisais en *live*. Nous avons très tôt aimé le rap parce que nous voyions nos grands frères le faire. Nous nous retrouvions dans ce style musical, raison pour laquelle nous l'avons adopté. Il nous permettait de véhiculer des messages, d'exprimer nos sentiments. Les textes, nous les écrivions sur papier dans nos chambres. J'évoluais en solo jusqu'à ce que je retrouve un ami du nom de Big Dou. Les parents de Big Dou, voulaient qu'il poursuive ses études alors ils l'ont emmené à Ziguinchor. Après, il ne restait que moi et un copain appelé Kab 2 Seus, il est dans le groupe Fuk'N'Kuk. Nous nous sommes retrouvés. Nous faisions tout ensemble : nous avons participé à deux compilations. Mon rap s'est amélioré quand j'ai commencé à travailler avec lui. C'est là que j'ai commencé à me faire connaître. Il a poursuivi sa carrière. Depuis l'âge de 15, 16 ans, nous évoluons dans le rap. Mais c'est à l'âge de 23 ans que nous avons compris que le rap n'était plus de la distraction et que c'était devenu du sérieux.

Je n'arrivais plus à suivre correctement les cours. J'écrivais des textes sur le sida dans mes cahiers de leçons. J'essayais de me concentrer sur les rimes et tournais de plus en plus le dos à l'école. Je n'apprenais plus mes leçons. J'étais tout le temps exclu de l'école. Cela allait de mal en pis. Le rap m'engloutissait, mais tout ce que je n'ai pas pu acquérir comme connaissances à l'école, aujourd'hui j'essaye de les rattraper dans le rap. L'underground m'a permis de croire en moi, de me réveiller dans une petite baraque et d'en être fier. Les parents ne voulaient pas que je fasse du rap. Ils pensaient que c'était s'adonner au banditisme. Être dans l'underground nous a permis de comprendre que tu peux faire du rap tout en continuant à respecter tes parents. Nous sommes à une époque où les parents doivent respecter les choix de leur progéniture. Une fois qu'ils cèdent, c'est à l'enfant de donner le meilleur de lui-même pour ne pas décevoir les parents.

Je rappe, c'est comme ça. Il faut respecter ce qui est naturel en vous et en vos enfants. Le rap ne dépend pas de l'âge de la personne. Aux États-Unis, il y a des vieux avec des cheveux blancs qui font toujours

Moona, alias Awa Mounaya Yanni, sénégalo-togolaise, vit et travaille à Dakar. Elle se livre à 100% à son rap.

du rap. Mon rap est tout un projet. Mon concept tourne autour des questions sociétales et politiques. Mais dans l'album, en plus des thèmes de mon concept, il parlera aussi de mon vécu. C'est la première fois que nous mettrons un album sur le marché.

Canabasse, Hann-Maristes

Je m'appelle Abdou Basse Dia dit Canabasse. Je suis rappeur depuis 2003. J'ai 27 ans. Je suis né à Yarakh. Je m'apprête à sortir mon album sous mon propre label.

Je ne sais même pas comment je suis venu au rap. Mais je vais vous raconter l'anecdote qui a fait que j'ai commencé à faire du rap. Nous étions en classe de seconde en 2001 ou en 2002. Nous sommes allés au cinéma pour voir le film d'Eminem intitulé « 8 Mile ? ». Après être sortis de la salle de cinéma, nous nous sommes amusés à faire des *freestyles*, des *battles*. À l'école, nous continuons à le faire à l'heure de la pause. Juste à côté de l'école, il y avait la radio Envi FM avec Fata qui animait une émission de rap. Le mercredi, il y avait un panel dans l'émission avec des rappeurs underground qui venaient s'affronter là-bas en *live* dans le studio. C'était deux par deux. Chaque mercredi, j'allais à la radio, je me suis fait distinguer. Fata, par la suite, a commencé à travailler avec la 2 STV, la chaîne de télévision, pour animer l'émission « Hip Hop Feeling ». Dans l'épisode auquel j'ai participé, j'ai rencontré les rappeurs Boeuf et No Name. Nous avons créé Illégal Sen. Nous avons commencé à travailler sur un projet d'album. Nous n'avions pas les moyens de sortir un album mais nous avons tout de même réussi à faire cinq ou six sons. Nous avons fait des tournées dans les écoles. Mais il n'y a pas eu de suivi et chacun a vaqué à ses occupations. Je suis resté chez moi, j'avais un petit PC et la connexion Internet. Je téléchargeais des instrumentaux. Il y avait plein de *beatmakers* qui mettaient leurs instrumentaux pour des rappeurs comme moi qui voulaient s'exercer. Cette année-là, j'ai eu mon bac, je devais faire une école d'ingénierie de son à Paris à la SAE mais je n'ai pas eu le visa. Je suis resté une année à ne rien faire. Je me suis mis à faire plein de sons, plus d'une vingtaine. Un ami, Neuf 2, après les avoir écoutés, m'a dit qu'il y avait un moyen de faire quelque chose. Il habitait aux HLM Grand Yoff. Il y avait le studio de Daara J family : « Bois Sacré », qui se trouvait là-bas. Nous leur avons fait écouter les sons, ils sont tombés sous le charme. Le meilleur son que j'avais réalisé, nous en avons fait la *mixtape* « Take House » et « C'est pas possible » qui fait que Canabasse fait partie du paysage hip hop sénégalais aujourd'hui. Depuis 2007, après la *mixtape*, j'ai eu deux ou trois propositions de production. Mais à chaque fois que je commençais à m'habituer à cette nouvelle donne de productions, aucun de ces projets de productions n'a abouti parce qu'ils n'ont pas honoré ce qu'ils m'avaient promis. J'ai perdu du temps et de l'énergie parce que j'ai enregistré plusieurs sons qui devaient figurer dans les albums. Il ne s'agit pas de Daara J, mais d'autres producteurs. Entre temps, j'ai fait plein de scènes avec le buzz de « C'est pas possible » dans les écoles, dans les festivals, j'ai joué un peu partout. J'avais récolté un peu d'argent et nous avons monté « Buzz Lab ». Depuis lors, j'enregistre et je prépare mon album espérant que je vais pouvoir le sortir dans le courant de 2012.

Mon rap, c'est ma vie, mes humeurs ; aujourd'hui, je peux me réveiller avec une humeur festive: c'est un son club. Quand je suis mélancolique je peux parler de ma copine qui m'a zappé, ou un autre jour, je peux parler de ma mère. L'album, c'est moi au quotidien.

Au début, ma mère était quasiment contre cela parce que ce n'est pas l'avenir qu'elle voyait pour moi. Mais en voyant que c'était le chemin que je m'étais choisi, et que je faisais le maximum pour pouvoir percer dans le domaine de la musique, elle a lâché du lest. Ma culture musicale ne s'arrête pas au hip hop. J'écoute du ragga, de la soul, un peu de tout. Tout dépend de l'humeur dans laquelle je me trouve quand le son vient à moi. Je suis ouvert, je ne m'enferme pas dans un genre musical. J'écoute un peu de tout.

Mon enfance a été assez mitigée. Je suis né à Yarakh et j'y ai grandi jusqu'à l'âge de douze ans. Puis nous avons déménagé à la Cité Conachap, à Liberté 6 extension. Quand nous étions à Yarakh, j'ai fait presque toute ma scolarité aux Maristes. Yarakh, c'est la banlieue. Les Maristes, tout le monde sait ce que c'est que. J'étais entre deux mondes. Au quartier, j'étais le petit des Maristes, aux Maristes, j'étais le petit de Yarakh. Je n'étais chez moi nulle part. C'est un peu cet environnement-là qui a fait de moi ce que je suis. C'est ce qui a inspiré le concept que je véhicule en ce moment: « Gun la » ou « Gun la Oundou Clean » qui veut que l'homme s'adapte dans n'importe quelle situation.

Lodia, Parcelles Assainies

Je suis dans le hip hop depuis 1995, et en 2000 j'ai sorti «Xibaaru Jaggalti » avec Books de Sen Kumpe. J'ai participé à des concours, des *shows* qui ont affirmé mon style. J'ai un peu changé le coté *hardcore*, j'écris avec plus de maturité. Mon album est sorti en 2011 et je suis allé le présenter partout dans le Sénégal et même dans la sous région. J'ai été inspiré par les premiers groupes de rap sénégalais Daara J, Pee Froiss, PBS.

J'ai sorti un album avec un producteur, cela m'a beaucoup aidé. Je suis reconnu, je voyage avec le produit, si ce n'est pas ce à quoi je m'attends, alors je me remets au travail pour que ce Lodia émerge enfin. Celui qui aura une place incontestée dans notre mouvement qui d'ailleurs en sera un réellement quand nous aurons accepté que nous sommes comme une équipe de football avec des joueurs tous indispensables et dont les supporters ont leurs préférences. Il faut que nous acceptions qu'il y a une manière de vivre ensemble, de partager qui fera avancer tout le monde. On n'aura rien inventé puisque même dans nos maisons, il faut avoir un code de cohabitation pour que tout se passe bien.

Bay Fall, jeune adepte de rap de son quartier Guinaw Rail et disciple de Cheikh Ibra Fall fondateur du mouvement bayfall dans le mouridisme.

Big Fa, choriste de Simon du groupe Bisbi Clan.

Klifeu et Thiat (à l'arrière-plan) de Keur Gui à Kaolack où ils sont nés et ont grandi. Ils arrivent sur la plateforme dakaroise en leader et leur carrière prend un envol non négligeable.

Chapitre 5

Les coulisses

Les médias sont les compagnons de l'économie. C'est l'ère des satellites, les images voyagent à travers le monde et la World Music est l'hymne de ce monde. Les africains y contribuent principalement. Les images de guerres, de famine, de maladies, d'immigrés sont atténuées par le rythme de la musique et de la danse du continent africain. Les clips vidéo s'améliorent, offrent des courbes, des teints bronzes et ébènes, des tissus et des couleurs qui font vendre les produits, la musique. Les artères du voyage s'ouvrent aux artistes du continent qui sont invités dans la multitude de festivals d'été existant dans le monde qui sont de grosses opérations commerciales.

Au Sénégal, le rap aussi peut bénéficier de ces opportunités, le seul ennui étant que la famille hip hop est composée à 90% d'artistes. Il n'y a pas de producteurs, d'organisateurs, de tourneurs, de managers aguerris, de biographes, de critiques d'art.

La mode *street art* locale et le tag sont beaucoup plus présents ces cinq dernières années. Les artistes sont toujours en autoproduction, les *home studios* se sont multipliés et ont permis au milieu d'assurer la matière musicale. Leurs rencontres et connections personnelles avec l'étranger leur garantissent des sorties régulières dans les pays voisins. Les copains qui, au début, s'improvisaient *managers* sont finalement passés à autre chose. Seuls quelques noms du passé survivent au bout de vingt ans. Lauter, Mister Kane, Safouane Pindra, plus récemment Amadou Fall Ba. Les artistes Matador, Awadi, Keyti, Daara J Family, Simon, Fou Malade, face à ce vide et à une certaine expérience de terrain, portent aussi des casquettes d'organisateurs et de producteurs.

Mister Kane, Producteur

Je m'appelle Moussa Guèye alias Mister Kane. J'ai 41 ans. J'ai grandi à la Sicap Liberté 2. J'ai découvert le rap vers les années 80. À ce moment-là, j'avais dix ans. J'ai eu la chance d'avoir la moitié de ma famille qui vivait aux États-Unis. Elle nous envoyait des vinyles.

Quand j'étais jeune, il y avait une radio que l'on appelait Sud FM. Il y avait un grand animateur, Joe Barry. À part les vinyles que l'on m'envoyait, c'est sur cette radio que j'écoutais la musique rap qui était si bonne, si sensationnelle, si différente des autres musiques. Je suis né dans une famille où les gens adorent la musique. Ma mère est née au Plateau : là-bas, c'était la musique cubaine, la salsa. Ma grand-mère également adorait la musique. Elle est de la région de Ziguinchor : quand elle était jeune fille, son père fut le premier Imam Ratib de la verte Casamance. Elle avait comme griot Soundioulou Cissokho. Ce dernier a dans son répertoire une chanson au refrain « Mariama, Mariama… », c'est ma grand-mère. Quand je suis né, j'ai trouvé ma famille consommatrice de musique soul. J'ai grandi dans cette ambiance musicale. C'est bien après que j'ai découvert le hip hop.

Je n'ai pas dansé le *smurf* ou le *break*. Quand j'étais enfant, on m'apprenait à danser la salsa. Je mimais le *break-dance*, mais je n'ai jamais été dans un groupe. Ma vocation n'était pas vraiment celle d'un rappeur, mais plutôt celle d'un producteur.

Je crois que c'était en 1992–1993. J'ai d'abord voulu produire le comédien Sanokho. J'adorais ses histoires : il avait une expression imagée. On se croirait dans un film en l'écoutant, c'était un bon narrateur. Je n'étais pas encore producteur, mais je rêvais de le produire. Jusqu'au jour où j'ai été déçu d'entendre qu'il allait sortir une vraie cassette, parce que ce que nous écoutions de lui était de simples enregistrements. Cela m'a fait très mal.

Après, j'ai fait la connaissance d'un groupe qui s'appelle Pee Froiss. En ce temps-là, Xuman, Gee Bayss, Daddy Bibson, Shaka Babs habitaient le quartier de Fass. J'étudiais encore. Ils m'ont fait découvrir une autre facette du hip hop. J'ai vécu l'évolution du hip hop, pas seulement au Sénégal mais aussi aux États-Unis. Je maîtrise la chronologie de l'histoire du hip hop des États-Unis au Sénégal. Quand j'ai commencé à fréquenter Xuman et sa clique, j'ai compris qu'ils faisaient du *hardcore*, que j'adorais. Il y a plusieurs formes de rap : le rap fun avec Will Smith, le rap politique avec Public Enemy ; Brand Nubian, KRS 1, etc.

bref, le rap engagé. Xuman et son groupe étaient dans ce registre et cela m'avait vraiment séduit. J'ai commencé à me dire que je pouvais bien les produire.

En 1994-1995, je me suis inscrit au Centre Culturel Américain pour améliorer mon niveau d'anglais. Je devais aller aux États-Unis poursuivre mes études en architecture. C'est dans ce centre que j'ai rencontré Ibrahima N'Diaye alias Deug Iba. Le destin nous a réunis, nous étions dans la même classe. Le professeur nous avait demandé de choisir des sujets. J'ai levé la main en premier. J'ai parlé des noirs, du rap. Quand j'ai fini, Iba m'a demandé si je faisais du rap. Je lui ai répondu que je m'y intéressais beaucoup. Il m'a dit qu'il faisait partie d'un groupe qui s'appelait Nioul té Rapadio. Je lui ai fait savoir que j'en avais entendu parler. Il m'a encore demandé si j'écoutais le rap du Sénégal. J'ai répondu par l'affirmative et que je connaissais des rappeurs comme Xuman, Cool Cock 6, etc. À ce qu'il paraît, il est allé voir Cock 6 pour lui demander s'il me connaissait. Ce dernier lui a bien parlé de moi. Il est revenu me voir pour me convaincre d'intégrer son groupe Nioul té Rapadio. J'ai décliné son offre en lui faisant comprendre que je n'avais pas le temps. Il a fini par me convaincre. Je suis devenu le troisième membre de Rapadio avec Keyti et Iba. Mais j'étais un membre effacé : les gens ne savaient pas si j'étais un copain ou un membre. J'assistais aux répétitions. Je faisais des suggestions. Vers les années 1995-1996, j'ai commencé à financer leurs sons. À l'époque, il y avait un seul spécialiste : il s'appelait Lamine Faye. Il a vraiment contribué au hip hop. Il est au quartier HLM 4. Tous les premiers rappeurs ont fait leurs enregistrements avec lui. Il a connu tous les *old school*.

J'ai commencé à financer les sons de Rapadio. Je ne travaillais pas encore, mais je le faisais par amour. Pour être franc, je ne savais même pas que j'allais produire Rapadio. Je me suis juste dit qu'ils avaient de bons textes, il fallait que je leur donne un coup de main. Nous avions un petit business de famille. C'est là-bas que je prenais l'argent pour financer les albums : parfois, on nous disait que le son était à 20 000 FCFA.

Si je ne me trompe pas, je crois que c'était en 1997 que le Positive Black Soul a sorti une compilation appelée « Sénérap ». Il y avait beaucoup de groupes, dont Rapadio qui a fait un morceau qui s'appelait « Rang Bi Dématoul[1] ». Les gens ont commencé à parler du groupe. À part cela, il y avait des aînés à Iba qui avaient promis de les produire.

---

1 La file n'avance plus.

Quand Iba allait les voir, il voulait que je l'accompagne. Ils se sont joués de lui, mais ils ne connaissaient pas vraiment le rôle d'un producteur. Nous avons commencé à faire la promotion de « Rang Bi Dématoul ». Nous avons été invités à Kaolack, Derklé, Tambacounda. Nous étions au mois de juillet. Jusqu'au mois de janvier, nous n'avons pas vu l'ombre d'un producteur. Je leur ai dit : « Si, au mois de janvier 2008, vous ne trouvez pas de producteur, je vous produirai ».

Ils m'ont dit : « Ah, bon ? Où vas-tu trouver l'argent ? ».

Je leur ai dit : « L'argent que j'ai économisé pour aller étudier, j'en prendrai une partie pour vous produire ».

A cette période, le plus grand groupe de rap était le Positive Black Soul (PBS), le pionnier. Les gens aimaient Pee Froiss, il y avait Daara J, Jant Bi, Black Mbolo, Sunu Flavor, chacun avec son style musical. Aux États-Unis, il n'y avait pas que le rap, il y avait le jazz, le *bebop*, le R'n'B, la musique soul. Comme l'a dit le père fondateur du hip hop, Cool Heart ou Afrika Bambaataa, le hip hop c'est comme l'univers. Tant de choses se développaient : le *deejaying*, le *breaking*, le port vestimentaire. Je voyais les choses en grand. Je me suis dit que j'allais montrer aux Sénégalais ce que c'était le vrai rap. J'ai créé un label de rap que j'ai appelé Fitna Productions pour produire Rapadio et d'autres groupes de rap.

Bien avant la compilation, en 1998 au mois de Ramadan, nous rompions rompu le jeûne et à 22 heures, nous commencions à enregistrer avec Tonton Mac de Sunu Flavor. Ce groupe avait déjà mis sur le marché un album et avait une bonne touche musicale. J'ai dit aux membres du groupe que nous allions essayer de travailler avec eux. Nous avons discuté et nous sommes tombés d'accord. Durant le mois de Ramadan, nous entrions en studio à vingt-deux heures pour n'en sortir qu'à cinq heures du matin, à l'appel du muezzin. Quand les gens s'apprêtaient à manger au petit matin, nous sortions du studio comme des chauves-souris. C'est à cette heure que nous rentrions chez nous. Et nous retournions au studio après le dîner. Il fallait donner le temps aux rappeurs de bien travailler sur le morceau. Quelques mois après, je suis revenu : nous avons commencé à mettre les voix. Mais avant de retourner en studio, nous avons contacté Daddy Bibson. Ce dernier s'était séparé de Pee Froiss. Un membre de Rapadio également avait quitté le groupe. Donc, nous voulions qu'il y ait trois membres au lieu de deux. Deug Iba est allé à Thiès pour convaincre Daddy Bibson et lui a dit que nous étions en train de préparer un album et que nous voulions qu'il intègre notre groupe. Bibson lui a demandé de lui laisser le temps d'y réfléchir. Après réflexion, il nous a appelés pour donner son avis favorable. Quand il est venu, nous avons discuté et travaillé sur les instrumentaux. Nous avons préparé les sons et avons démarré la promotion de l'album. Les gens ne nous connaissaient pas, sauf peut-être ceux qui suivaient l'évolution du rap sénégalais.

Au mois d'août, l'album sort sous le titre de « Kou Weet Xam Sa Bop »[2] de Fitna Productions produit par Mister Kane. Personne ne me connaissait à l'époque. Mais l'album a connu un succès. En tant que producteur, j'ai toujours été contre ce qui se faisait au Sénégal : sortir un album avec un seul titre pour faire sa promotion. Cela se fait même avec les grands chanteurs comme Youssou N'Dour. Nous ne voulions pas de cela : nous nous disions qu'il fallait que chacun ait son morceau préféré. Nous avons parlé des prisonniers dans le morceau intitulé « Paketass », du Sida dans « Xibarou Underground[3] » où nous avons parlé aussi du style de PBS. Rapadio fut un groupe que j'ai bercé. Nous sommes partis de rien, jusqu'à ce que le Bon Dieu nous gratifie de ce succès phénoménal. En 1999, Rapadio était au devant de la scène. Mais les gens ne me connaissaient pas. Je n'étais pas invité dans les radios à part par un DJ à qui je dois beaucoup, Doctor Mac de Sunu Flavor. Il animait une émission à la radio Dunyaa, il avait l'habitude de m'inviter afin que nous parlions de rap américain ou sénégalais.

Début 1999, j'ai eu l'idée de préparer une compilation : donner une opportunité à ces milliers de jeunes rappeurs qui n'ont personne pour les produire. Je voulais amener du sang neuf. J'en ai parlé à Iba qui m'a dit : « d'accord ». Mais il voulait en parler à une de mes connaissances qui a guidé mes premiers pas dans le rap Sénégalais afin de faire un *featuring* avec lui. Quand je lui ai demandé qui c'était, il m'a rétorqué que c'était Makhtar le Kagoulard de BMG 44. J'ai accepté en lui disant que j'irais dans les régions afin de dénicher de nouveaux talents. Je me suis toujours dit que le rap ne devait pas se limiter à la capitale sénégalaise, Dakar.

Je suis allé à Saint-Louis. J'ai logé dans une auberge : quand je me suis renseigné, on m'a appris qu'il n'y avait que deux groupes de rap : Keur Gui et BBS. Je suis allé à la rencontre de leur manager : je ne dis jamais que je suis Mister Kane. Je dis toujours que je suis quelqu'un qui fait des recherches sur le rap et que je venais de Dakar. J'avais amené les affiches de Rapadio. Quand je lui ai demandé les groupes de rap

---

2 C'est dans la solitude que l'on se regarde en face.
3 Les nouvelles du underground.

qu'il connaissait, il m'a parlé de PBS, Daara J et de Rapadio. Quand j'ai voulu savoir quels étaient les producteurs dont il avait entendu parler, il m'a répondu Talla Diagne et Mister Kane. J'étais en face de lui, j'en avais des frissons. Quand je lui ai demandé si Mister Kane était un Américain ou de quelle nationalité il était, il m'a dit juste qu'il savait qu'il avait produit de bons albums et a bien parlé de moi, alors qu'il ne m'avait jamais vu. Je lui ai offert l'affiche de Rapadio et lui ai dit que Mister Kane, c'était moi. Il n'en revenait pas. Il a appelé le rappeur Demba Aw, « Niagass », pour lui demander s'il me connaissait. Il lui a dit : « Non ». Quand il lui a révélé que j'étais le grand producteur Mister Kane, il n'en revenait pas ; j'avais presque son âge. C'est comme cela que je les ai invités sur ce projet.

J'ai contacté un autre groupe qui s'appelait Underground Kaolack puis Omzo, Kang Fory Clan, Fata et Govou, Abass Abass, etc. Je crois que la première compilation « D-kill Rap », c'était Iba et Makhtar le Kagoulard, Abass Abass, Sen Kumpe, Omzo, CBV, Bill Diakhou et Underground P.A. Cette compilation fut une bombe ; elle a donné une autre tournure au rap. Les gens ont commencé à faire le rapprochement entre cette compilation et l'album de Rapadio, tous produits par moi. Les gens commençaient à mieux me connaître ; j'étais invité dans les radios. Peut-être la chance que j'ai eue est que les gens ont du mal à me reconnaître physiquement. J'étais l'une des rares personnes à sortir un album au mois d'août : je m'étais dit qu'au mois de juillet des étudiants viennent d'Europe pour passer leurs vacances au Sénégal. Au moment de rentrer, ils achètent des cassettes pour les ramener avec eux. Je savais que c'était des milliers ou des centaines d'étudiants et qu'une fois rentrés ils écoutaient ces cassettes. C'était une façon de gagner de l'argent.

Après, il y eut l'élection présidentielle en l'an 2000. Avec la compilation « D-kill Rap », nous avons vraiment attaqué le système qui était là depuis 40 ans. On disait qu'à la fin des vacances gouvernementales, l'album serait sur la table du conseil des ministres à la rentrée parce que nous avions exagéré. Nous avons dit qu'Abdou Diouf, le Président de la République, mentait, alors que personne n'avait jamais osé dire une chose pareille ou produire un tel album. Les Sénégalais n'en pouvaient plus. C'était un rap vraiment dur, vraiment virulent. Après, j'ai sorti un autre album spécial politique intitulé « Politichiens ». Cela veut dire que les hommes politiques sont des chiens. Nous savons tous que le chien est un animal fidèle vis-à-vis de l'homme. Mais quelques fois, quand on te traite de chien, cela veut dire que tu es un traître. Dès la réalisation de l'affiche de l'album, notre position était claire. Durant la campagne électorale, des religieux disaient qu'ils avaient rêvé qu'Abdoulaye Wade serait Président de la République. Plus tard, nous nous sommes rendu compte que ces hommes religieux étaient vraiment passés à côté. En réalisant l'affiche, nous avons mis la carte du Sénégal en forme de natte. Sur celle-ci, un marabout donnait le dos au Saint Coran. À ses côtés, des billets de dollars, un poignard sur la ville pour dire que Dakar était mort sur le plan économique. Le marabout qui ne se soucie plus de la parole divine est plus obnubilé par l'argent. Sur l'affiche étaient également représentés des lingots d'or qui venaient de la région de Tambacounda et qui sortaient du Sénégal. C'était l'or de Sabadola. D'après les informations, on savait qu'il y avait de l'or au Sénégal mais qui ne sortait que par des vols nocturnes. Figurait aussi sur l'affiche, un homme en veste bleue avec une mallette ; il avait une tête de chien et il tentait de fuir, poursuivi par le peuple. Quand la foule commence à le rattraper, il ouvre la mallette et leur jette quelques billets de banque. C'était cela l'album : il fallait que les politiciens s'en aillent. J'étais devenu un vrai producteur musical, je connaissais la valeur de mon produit.

J'ai apporté un autre style avec d'autres groupes comme le BMG 44. Ce groupe avait déjà son premier album sur le marché, mais je sais que la compilation « D-kill Rap » les a davantage propulsés au-devant de la scène musicale. J'ai emmené un autre rappeur, BLee GI Joe. J'ai samplé la chanson du film « Guélewar[4] » d'Ousmane Sembène. C'était une première, un album qui ne parlait que de politique. À chaque fois que l'on parle d'élections, il est remis au goût du jour : c'est cela que je voulais, que mes albums traversent le temps. J'avais fait jouer un nouveau rappeur du nom de Bambino. Ce dernier a été menacé de mort, ses parents m'ont mis la pression et ont voulu que je retire son texte. Ce que je fis. Les talibés de Kara voulaient le tuer. Ils ont voulu lyncher Makhtar le Kagoulard alors qu'il ne faisait pas partie de l'album, juste son groupe BMG. La situation était chaotique. J'ai été menacé de mort. L'album sort, fait un tabac. Nous avons animé une conférence de presse. Un journaliste du nom d'Alassane Seck Guèye a fait le rapprochement entre les albums de Rapadio, « Politichiens », « D-kill Rap », tous étaient produits par Mister Kane. Donc c'est le producteur qui était coupable. Les gens disaient que ce n'était pas les rappeurs mais c'était le producteur qui était derrière. Un avis de recherche a été lancé contre

---

4   Race de guerrier de l'ethnie Sérère.

moi. J'ai déménagé. Avant de rentrer chez moi, je faisais le tour de la ville afin de m'assurer que l'on ne me suivait pas.

Avec toute cette polémique, ma mère, qui n'a jamais voulu que je devienne producteur, m'a demandé de tout arrêter. J'ai cédé. Avant que je ne produise Rapadio, je devais poursuivre mes études. Le moment était venu. Je me suis inscrit dans une école pour apprendre la langue espagnole. L'année suivante, je me suis inscrit dans une école de radio et de télévision. Je suis sorti de là-bas en tant que réalisateur de télévision. En 2004-2005, je suis allé à Bilbao chez les Basques, les gens m'ont taxé de fou et m'ont dit que j'allais me faire tuer par l'ETA. Je leur ai dit que j'étais un révolutionnaire comme eux et qu'ils n'allaient pas me tuer. J'y ai fait un Master en design graphique, monde audiovisuel, infographie. En 2006, je suis allé à Barcelone et j'ai commencé à donner des cours de montage Adobe Premier. En 2008, j'ai commencé à travailler pour Vodafone. Tout cela c'était dans le cadre du rap, il me fallait étudier. Il faut être instruit, avoir beaucoup de connaissances. Même si j'ai produit trois albums à succès au Sénégal, je n'ai pas attendu de perdre mon étoile pour tout laisser tomber. Je suis parti en plein succès. J'ai tout abandonné pour aller étudier parce que je me disais que si je ne le faisais pas et que dans 10 ans le rap ne marchait plus, avec quoi j'allais survivre ? Avant d'y aller, j'avais promis de produire le groupe de rap K-nibal que j'ai connu en 1999. Entre temps, je suis allé en Espagne, mais j'ai produit leur album « Le Sénégal qui Bagne » à mon retour.

Safouane Pindra, producteur et promoteur Hip Hop Awards

Je m'appelle Safouane Pindra. J'ai 42 ans. J'ai grandi un peu partout en Afrique : au Togo, Bénin, Gabon et Niger. Je suis né au Sénégal, mais je suis parti à l'âge de deux ans vivre au Bénin avec ma mère parce que mes parents ont divorcé très tôt. J'ai grandi avec ma grand-mère. Nous sommes allés à Lomé d'où mon père est originaire, puis à Niamey. De Niamey, nous avons fait Libreville et ensuite Dakar.

Après la grève de 1988, comme tous les jeunes de ma génération, il fallait trouver une occupation puisque durant l'année, nous ne faisions rien du tout. En 1988, je suis entré dans la musique. J'ai commencé par la batterie parce que j'ai appris à la jouer au Niger. Entre le Bénin et le Togo, au collège, c'est obligatoire de choisir un instrument de musique. Chaque semaine culturelle, chaque groupe fait un récital. Mais, il n'y avait pas trop de groupes dans lesquels je pouvais jouer dans la capitale sénégalaise. J'ai vu des amis qui ont commencé à chanter et à danser. Il leur fallait quelqu'un pour s'occuper de l'administration. Je me suis intéressé au management. Il fallait trouver des magazines qui venaient d'Europe pour voir comment le business se passait. Des amis également revenaient avec des documents sur le management de la musique. Il fallait courir derrière eux afin d'avoir ces documents, les photocopier, les lire et essayer de comprendre ce que nous faisions. Paricim, avec sa structure Heritage Productions, a été la personne qui m'a vraiment poussé. Il avait la documentation, l'expérience de la documentation et les contacts. Nous allions chez lui pour discuter de tout et de rien et la discussion nous servait de formation.

J'ai été le manager de Demba Dia pendant trois ans. Après, j'ai croisé Julien Monteiro, l'imprésario du groupe Sunu Flavor. Comme il travaillait dans l'imprimerie de son père, il n'avait pas le temps ; il m'a proposé de gérer le groupe. C'est comme cela que je me suis retrouvé dans le mouvement hip hop en 1994. Nous avons travaillé sur le premier album produit par Saprom à l'époque, aujourd'hui Jololi. Comme Julien avait un peu les moyens, nous demandions tout ce que nous voulions. Nous avons trouvé un local, nous avons commencé à acheter le petit matériel pour avoir notre propre studio. Quand nous jouions dans les concerts, chacun donnait de quoi acheter un lecteur CD ou DVD. C'est comme cela que nous nous sommes retrouvés avec un studio dans lequel nous avons enregistré « Nel Fess[5] ». Pour le studio, le côté technique se trouvait dans le salon et la prise de voix, nous la faisions dans les toilettes. Les gars montaient sur la chaise anglaise pour avoir de la hauteur. C'est comme cela que nous avons enregistré l'album. Quand il est sorti, les gens nous demandaient où il avait été enregistré. Nous répondions : « Au Studio Sunu Flavor. » Du coup, tous les rappeurs passaient chez nous. L'un des rappeurs de Sunu Flavor, Tonton Mac, était le plus doué en musique et, du coup, c'est lui qui faisait tous les sons du mouvement hip hop.

J'avais de plus grandes ambitions pour le groupe. Je leur ai dit : « Puisque nous avons tous arrêté nos études et que nous ne parlons pas anglais, nous allons essayer de trouver des écoles de formation en Angleterre et c'est là-bas que les meilleurs ingénieurs de son se trouvent. »

---

5   Disparais, tire-toi.

Je voyais trop loin alors que les gars, ce qui les intéressait c'était l'instant présent : à la fin des concerts, papoter avec les amis, les filles qui tournaient autour de nous, signer des autographes et cela s'arrêtait là. Après deux, trois ans, je pense que la mauvaise idée que j'ai eue, c'est d'avoir suggéré d'observer une pause après la sortie de trois, quatre albums. Pour moi, chaque rappeur se met en valeur individuellement : Tonton Mac chante, il fait un album R'n'B ; Doctor Mac fait du rap, il sort un album rap. Le premier semestre, l'un sort un album, au second semestre l'autre. Du coup, cela nous fait une rentrée d'argent durant l'année et chacun peut fonctionner individuellement. Je voyais le côté business. Ce fut un désastre.

Tonton Mac, qui devait entrer en seconde position en studio, entra le premier. Du coup, cela a amené de petites histoires jusqu'à ce que son album sorte. Au lieu de s'accompagner par les autres pour faire sa promotion, il a fait un petit clan. Du jour au lendemain, il s'est retrouvé en solo. Je leur ai dit que je n'en ferais pas partie et que nous allions continuer le travail.

Un jour, je suis allé en boîte et j'ai croisé trois jeunes filles qui rappaient. Je me suis dit qu'il serait bien de voir ce que nous pouvions faire parce que c'était une première en Afrique. Le groupe s'appelait Peace and Love. Je les ai approchées. J'ai discuté avec elles. Je leur ai dit que je n'avais pas d'argent mais que j'avais des idées. Comme elles étaient jeunes, elles ne savaient pas écrire leurs textes. Elles ne savaient pas comment maîtriser leurs voix pour avoir un bon *flow*. J'ai demandé à Daddy Bibson de les encadrer durant des ateliers. Il n'avait pas le temps et il m'a mis en rapport avec Maxi Krezy qui a accepté. C'est comme cela que nous avons démarré avec ces filles. Les répétitions, nous les faisions dans ma chambre chez mes parents. Il y avait un petit matelas, un petit magnétophone de marque Sharp avec la tête de lion.

Quand j'allais distribuer l'album chez Talla Diagne, l'unique distributeur à l'époque, il nous disait : « Votre nom est compliqué » et les gens ne pouvaient pas le prononcer. Pourquoi pas quelque chose comme Daara J, Jant Bi ? Du coup, je me suis dit que ce n'était pas bête et que c'était du marketing. J'ai dit aux filles, « Peace and Love » c'est compliqué pour quelqu'un qui n'a pas été à l'école. J'ai commencé à faire des recherches : j'ai trouvé le nom ALIF, la première lettre de l'alphabet arabe et la femme qui est au début et à la fin de tout. J'ai enregistré au studio de Sunu Flavor où on m'a demandé de payer alors même que j'y étais actionnaire. J'ai payé et j'ai démarré l'enregistrement.

La promotion a bien commencé. Je comptais sur des amis de ma génération qui travaillaient dans la presse. Un bon matin, Alioune Badara Bèye, le papa de Tonton Mac m'a appelé pour me dire que je ne pouvais pas gérer deux groupes à la fois et de faire un choix entre son fils et le groupe ALIF. J'ai refusé parce que je n'étais pas salarié. Je gagnais de l'argent sur les deals que j'avais négociés. En France, cela se faisait et je m'en inspirais. Pour moi, j'avais une sorte de structure et je pouvais gérer plusieurs artistes. Cela n'a pas plu à M. Bèye et il m'a demandé de faire mon choix. À l'époque nous devions aller aux États-Unis. Il aurait fallu laisser tomber ALIF et aller avec les gars aux États-Unis. Mais moi, je n'ai pas choisi la musique pour voyager. C'est un métier que j'ai choisi. Je me suis dit que ce n'était pas grave. C'est comme cela que j'ai quitté le Sunu Flavor, mais nous avons gardé de très bonnes relations. J'ai continué mon chemin.

Un jour, Talla Diagne m'a appelé pour me demander si je pouvais travailler avec lui. En 1999 je travaillais à KF en tant que responsable du département hip hop et avec ce que j'avais appris sur le tas, je gérais la communication de la boîte. J'ai travaillé pendant deux ans avec Talla et je mettais de l'argent de côté pour aller en formation. J'ai fait des démarches pour avoir des bourses, sans aucun succès. Je suis allé au ministère et on m'a dit qu'ils ne formaient pas les privés. Mais j'ai pu trouver les 6 090 euros pour payer la scolarité, mais j'ai un peu triché parce qu'il fallait être pris en charge par une structure ou avoir une bourse. Je me débrouillait pour dire qu'une structure me prenait en charge. Quand je suis arrivé en France, j'ai dit au directeur de l'école que j'avais payé mes propres frais et que maintenant il fallait me trouver un logement social. Tout cela était négocié sur place. Heureusement qu'il a été compréhensif. C'est comme cela que je me suis retrouvé en France à l'INRED pour suivre une formation en régie pendant six mois.

Quand je suis rentré, les gens m'ont dit : « Qu'es tu revenu faire dans ce pays ? Tu es fou ? » Quand je suis arrivé chez Talla Diagne, au lieu de se rendre compte que je revenais d'une formation et que ce serait un avantage pour la boîte, il n'a pas compris. Pour lui, comme je n'avais pas travaillé pendant six mois, je n'avais pas de salaire. Mais quand je suis parti, il m'a payé pendant deux mois et c'est ma famille qui passait récupérer mon salaire. Pour le reste, il leur avait dit d'attendre mon retour pour régler le problème. Quand je suis revenu, il m'a dit que puisque je n'avais pas travaillé ces quatre mois, il n'allait pas me payer. Je suis rentré chez moi.

Le lendemain, je me suis levé pour aller au travail, le bus n'a pas fait 200 mètres, tout tournait dans ma tête et je suis descendu pour rentrer chez moi me coucher. Tous les DVD que j'ai ramenés de France, je les ai regardés pendant une semaine.

Talla Diagne m'a appelé pour me demander quand est-ce que j'allais reprendre le boulot. Je lui ai rétorqué que j'avais pris mes congés. Il répliqua en ces termes : « Tu es devenu un toubab, tu as de l'argent ». Après un mois, il me rappela. Je lui dis que j'avais laissé tomber et que j'allais travailler pour moi-même. Mais ma maman insistait, en disant : « Non, il faut être honnête après tout ce que Talla a fait pour toi ». Elle ne cessait d'en parler. C'est là que j'ai décidé de lui expliquer le fond du problème et elle a compris. Chez Talla, c'était une école avec un salaire de 30 000 FCFA et aujourd'hui, je ne le regrette pas, mais quand Jololi m'a sollicité, il a eu peur. Ils reconnaissent ta compétence, et ils font exprès.

Entre temps, il fallait mettre en valeur Optimiste Produktions, même si nous ne faisions que de petites productions underground qui pouvaient prendre toute une année.

Les Hip Hop Awards

Avec Optimiste Produktions, je me suis dit que dans les autres pays ça se passe : ils font une fête où les gens remettent des récompenses. Pourquoi pas au Sénégal ? On dit qu'au Sénégal, il y a 3 000 groupes de rap. Il faut un moment dans l'année où tout le monde se retrouve. C'est là que j'ai eu l'idée des Hip Hop Awards. Au départ, c'était une soirée où tout le monde venait et où on décernait des trophées aux meilleurs projets artistiques du mouvement hip hop, du réalisateur au rappeur. Nous avons lancé la première édition en avril 2001. Nous avons contacté les politiciens, le seul à s'y intéresser fut le défunt Abdou Latif Guèye. Il nous a beaucoup aidés. Même le jour de l'événement, nous n'avions pas le reliquat de la salle. Nous n'avions pas de quoi louer la sonorisation. Nous sommes allés chez Thione Seck et, jusqu'à présent, nous lui devons de l'argent. Nous lui avions fait une avance et quand il a vu la délégation du ministère de la Culture, il a dit au directeur du Centre Culturel Français d'arrêter la musique, de nous dire de sortir notre chéquier et de le payer sinon il n'y aurait plus d'événement. J'avais ma stratégie : je leur dis de tout arrêter et à cause de 110 000 FCFA, il a gâché notre fête. On m'a dit de négocier. J'ai refusé. Après Thione est revenu sur sa décision ; la fête s'est très bien passée. Nous avons payé des dettes pendant un an mais tout le monde était content.

À l'époque, on disait dans la presse « Le hip hop est mort. » Il y avait l'histoire de Rapadio, des rappeurs qui s'étaient installés en Europe, même des têtes d'affiches à l'époque me disaient que le hip hop était mort. Je leur ai dit que j'allais essayer et que je n'avais rien à perdre. Pour montrer que le hip hop était encore là, nous avons fixé le prix d'entrée à 5 000 FCFA. La salle faisait 2 550 places. Nous avons fait 5 500 invitations. Nous avons vendu 200 tickets en avance mais la salle était pleine au point où nous refusions du monde. Après ça, les gens pensaient que nous étions riches, ils multipliaient le nombre de personnes par 5 000 FCFA. Alors que pour nous, c'était l'image du hip hop qui était la plus importante. C'est comme cela que nous avons démarré. Après, nous avons fait la deuxième édition. Les personnes avec qui j'ai entamé la première édition m'ont fait comprendre qu'ils ne pouvaient pas gérer leurs foyers avec un tel événement. Ils sont partis en Europe. Nous avons fait une réunion de dix heures de temps et je leur ai dit que moi je continuais et d'ici trois à cinq ans, si les choses ne décollaient toujours pas, là je prendrais une décision. Je suis resté et j'ai continué jusqu'à la dixième édition. Pour la onzième, cette année, le nom a changé. Mais nous restons dans le même état d'esprit parce que la programmation est 50% hip hop. Mais nous sommes allés vers la musique urbaine : ce qui veut dire qu'aujourd'hui, nous pouvons mettre du reggae. Ceci a toujours été un débat parce que les gens disaient toujours que ce n'était plus du hip hop. Pour arrêter ce débat, le festival s'appelle Yakaar[6] : Festival international de musique urbaine. Nous pouvons faire du reggae, de l'acoustique. Optimiste Produktions, officiel depuis 2002, comprend aujourd'hui quatre membres fondateurs : deux sont partis en Europe, aujourd'hui il reste mon épouse et moi-même avec quatre permanents. Quand il y a un événement, nous recrutons entre cinq et 15 personnes parce qu'il y a des petites prestations sur les évènements. Nous avons fait des stars au Sénégal : Gaston, Keyti, Matador, ALIF, Mame Xa. Nous avons également réalisé plein d'albums : le tout dernier de Keur Gui, et celui de Reskp.

---

6   Espoir.

Matador, Africulturban

Aujourd'hui, je suis un entrepreneur culturel, un artiste solo qui a aussi sa carrière impliquée à la fois à l'arrière et au devant de la scène. Ce n'est pas facile. Je mets en avant le slam, une nouvelle technique qui fait son bonhomme de chemin. Nous louons le Bon Dieu. Nous arrivons à assurer la dépense quotidienne. Mais comparé aux pays plus développés que nous qui font la même chose, je pense que nous ne gagnons pas assez par rapport à ce que faisons. Mais nous nous disons qu'il faut que nous fassions certaines choses afin que cela change : nous impliquer, nous engager davantage, pas en tant qu'artistes mais en tant qu'acteurs. Personne ne le fera à notre place. Je n'irais jamais développer le secteur éducatif ou le sport parce que ce n'est pas mon domaine. Nous sommes dans le milieu de la culture. Il faut que nous nous impliquions davantage pour développer la culture urbaine, la culture hip hop. Ce qui est dommage, c'est que les gens qui devaient s'occuper de cela et qui ne le font pas, te découragent. Ils ne sont pas capables de le faire. L'engagement, c'est une question de volonté. J'ai commencé très tôt dans la culture hip hop. Nous avons commis des erreurs au début. Quand je venais d'intégrer le mouvement, j'avais une mentalité qui n'est pas la même que celle que j'ai aujourd'hui. Je sais que les trois quarts des acteurs dans le rap n'ont pas ce souci-là.

Mon problème actuellement est de prendre connaissance de ce que les autorités ministérielles ont décidé pour les acteurs culturels, que nous ayons notre propre direction qui s'occupera des cultures urbaines. Dix ans en arrière, cela n'existait pas, même dans les pays développés. Ils ne savent pas ce que c'est que la culture urbaine. Dans cette direction, il y aura des gens, des *old school* de la trempe de Keyti, qui maitrisent bien le domaine parce que les gens pensent que hip hop égal rap, alors qu'il y a plein de branches dans le mouvement hip hop.

De plus en plus de jeunes veulent faire du rap. Ce qui leur importe c'est de faire de la musique, d'être célèbre. S'ils arrivent à un niveau où ils font des clashs, il faut les comprendre. Avec le temps, quand ils sortiront des albums, ils seront en mesure de comprendre dans quoi ils sont vraiment. Il y a deux semaines, il y a plus de 100 personnes qui sont venues déposer des CD pour monter sur scène. À un moment donné, ces jeunes seront obligés de nous suivre et c'est à nous de les préparer. Mais s'ils n'ont toujours pas compris, cela sera compliqué. Je ne peux pas comprendre qu'il y ait un festival comme le Festival des Arts Nègres

(Fesman) où il y a la presse internationale, et que les gens viennent faire du *playback*. C'est la honte pour tout le mouvement hip hop. Ils ne comprennent pas, mais c'est la honte pour nous qui essayons de faire évoluer le mouvement. C'est pour cela que c'est difficile de trouver des sponsors.

Nous avons été dans la rue, nous n'espérions même pas enregistrer dans certains studios parce que nous n'avions pas les moyens de payer. Aujourd'hui, nous gérons des studios, les rappeurs s'activent dans plusieurs domaines. Toute une génération qui ne rappe plus, a intégré le milieu professionnel. Nos amis sont dans l'enseignement, dans le gouvernement, dans les entreprises privées. Nous devons garder une bonne image du hip hop sinon c'est toutes ces personnes qui vont nous échapper, ils ne voudront plus s'identifier à ce mouvement. Je pense que pour nous, les *old school*, c'est le combat que nous devons mener. Que les gens sachent ce que c'est que la culture hip hop et que les rappeurs peuvent être des acteurs de développement. S'ils nous donnent les moyens, nous pouvons transformer les acteurs culturels en acteurs économiques. Maintenant, chacun doit mener son combat à son niveau.

Amadou Fall Ba, Festa2H

Je m'appelle Amadou Fall Bâ à l'état civil, mais les gens m'appellent Samba, Fouéguo, Do ou Ama Dof. J'ai 30 ans. Je suis né et je vis à Ouakam même si j'ai passé 15 ans de mon enfance dans la banlieue, au quartier Sicap Mbao Diamaguène entre 1983 et 1998. Après, je suis revenu en ville pour faire des études au lycée Maurice Delafosse.

Je suis conseiller-manager et membre de l'Association Africulturban, la première sur les cultures urbaines en Afrique. Dans cette association de 1 000 personnes, je dirige le Festival international de hip hop et de culture urbaine (Festa2H) qui a bouclé sa sixième édition au mois de juin 2011 avec 10 à 15 pays participants. C'est un festival qui œuvre pour la promotion et le développement de la culture urbaine au Sénégal et dans la sous-région Afrique de l'Ouest. Nous avons des partenariats avec des festivals en Mauritanie et en Guinée-Bissau. Le festival est également membre d'un réseau qui s'appelle African Music Festival Network (AMFN), soutenu par le gouvernement danois. Il regroupe sept festivals hip hop en Afrique de l'Ouest et sept festivals "World Music" en Afrique australe, un réseau de 14 festivals. Je conçois des projets : je corrige un peu, je recadre, je vais chercher de l'argent, je fais un peu de communication, de la relation publique.

J'avais toutes les raisons du monde de rêver d'un festival. Mes motivations étaient tout d'abord personnelles. J'ai fait du rap de 1999 à 2006. Les gens qui me connaissent savent que nous étions très entreprenants à Ouakam. Nous étions un jeune groupe, pas d'album, même pas trois ou quatre maquettes. Mais nous organisions toujours des matinées et de gros concerts. Nous invitions toujours le rappeur Matador. C'est comme cela que nous nous sommes connus. Cela fait 12 ans que je travaille avec lui. Quand il a créé Africulturban, il m'a demandé si je ne pouvais pas venir apporter ma pierre à l'édifice. Je lui ai rétorqué : « Pourquoi pas ? » J'avais déjà les compétences et les idées pour faire des concerts comme cela et je l'ai transformé en festival. En 2005, nous sommes partis du dernier concert de mon groupe de rap qui s'appelait Lyrics Mortel, au festival. À l'époque, je me rappelle que c'était juste un document de quatre pages avec un budget et un concept.

Comme j'avais l'habitude d'aller sur le Net, j'ai très tôt tout mis en œuvre pour me familiariser avec l'outil. Je pense que j'ai eu ma première adresse e-mail en juillet 1998. À l'époque, il n'y avait pas beaucoup de Sénégalais de mon âge qui étaient sur le Net. Du coup, j'avais des réseaux, surtout dans le monde francophone, au Canada, Luxembourg, en Suisse, et en France. J'ai envoyé ce projet à des amis pour leur demander de venir à Dakar et de soutenir la jeune création. Les Suisses ont répondu favorablement, le Canadien également, mais il a eu la grippe. Deux DJ de la radio suisse romande sont venus soutenir le festival en animant gratuitement des ateliers de *deejaying* pendant une semaine. Ces messieurs avaient dans leur répertoire, un professeur de marketing américain qui s'appelle William Carney, plus connu sous le nom de Bill. Les rappeurs Didier Awadi et Tiken Jah Coly lui doivent beaucoup de leur carrière parce que son beau-père était le Premier ministre de la Siérra-Léone. C'est un monsieur qui connaît très bien l'Afrique. Quand je lui ai dit que j'avais décidé de le choisir comme parrain du festival, il a répondu : « Pourquoi pas ? Je connais bien Dakar. J'étais à Soumbédioune quand j'avais 15 ans ». J'ai eu la présence d'esprit de me frotter à des gens que je connais humainement et non à des hommes ou femmes d'affaire. Je n'avais pas d'argent. Le budget de la première édition qui s'est passée en juillet 2006 était de zéro franc. Nous n'avons fait qu'activer notre réseau. Nous avons fait un peu de promotion sur Internet, un ami français m'a fait l'affiche. J'ai publié quelques pages sur le Net. Nous étions en 2006 :

Facebook ou Twitter n'existaient pas. Du coup, quand Bill et les Suisses ont donné leur accord, ils sont venus à Dakar, et les choses sérieuses ont commencé. Bill a fait des formations en musique business, les Suisses en *deejaying* et Matador, le rappeur sénégalais, en slam. Nous avons pu faire un grand concert au Stade Alassane Djigo de Pikine. Daour Niang Ndiaye, le Maire de la ville de Pikine, avait contribué financièrement à l'époque. Nous avons fait le concert qui a enregistré 3 000 entrées. Mais il y a eu une coupure d'électricité et cela a mis fin à la manifestation. Néanmoins, nous avons réussi à terminer les ateliers et les formations en management.

C'était la première édition et c'était parti. Nous ne pouvions pas comprendre que l'on nous désigne comme le troisième pays du hip hop et qu'il n'y ait pas plus d'activités liées aux cultures urbaines. Hors du centre ville de surcroît. Partout dans le monde quand nous parlons de hip hop, généralement c'est au niveau des grandes banlieues. Les cultures urbaines ou les « cultures nouvelles » comme on dit, se concentrent dans les grandes banlieues. Il fallait que nous apportions quelque chose en plus de ce qui se faisait sans cet esprit concurrentiel. Aujourd'hui, nous avons un partenariat avec un Festival mauritanien qui s'appelle « Assalamaleykoum hip hop ». Depuis 2007, nous collaborons. Nous échangeons des artistes.

Il fallait aussi renforcer notre association ; tous les autres autour de nous traversaient des difficultés. C'est problématique parce que c'est des jeunes hommes de 25, 30 ans. Il y a beaucoup d'ego, de femmes et peu d'argent dans le rap. Cela fait éclater les associations. J'avais déjà compris ça parce que j'avais une petite expérience dans les organisations de jeunes. Je me suis dit qu'il nous fallait un bon projet qui allait englober tout cela afin d'éviter les dissensions. Malheureusement, elles ont existé quand même. Nous étions au départ plus de 30 personnes dans le bureau. Beaucoup n'y croyaient pas et sont partis. En nous appuyant sur nos réseaux, nous avons pu faire des choses sans budget. La deuxième année, nous nous sommes dit que les choses devenaient sérieuses. Il y avait de l'engouement, tous les ateliers étaient pleins. Cent personnes s'inscrivaient dans les ateliers de *deejaying* et de slam. Nous avons senti que cette jeunesse-là en voulait et il fallait lui donner une offre qui correspondait à la demande. Nous avons 3 000 groupes de rap et un seul festival. Cela ne peut pas marcher. Ce n'est pas suffisant. Il faut faire des projets de qualité avec des concepts différents, ne pas venir concurrencer l'autre. Il y a de la place pour tout le monde.

En 2007, nous avons invité des amis qui habitent à Ouakam, « Afrik'Art ». Je ne sais plus comment la connexion s'est faite, mais ils sont venus vers nous et nous ont dit que c'était un bon projet. Ils nous ont dit qu'ils pouvaient nous aider dans la communication, dans la conception des projets. Nous avons émis les idées et ils en ont fait une bonne présentation. A la première édition du Festival nous avions eu zéro franc, mais par la grâce de Dieu à la deuxième édition nous avons reçu 15 000 euros, 10 millions de FCFA de l'Agence de développement du marketing social qui voulait que nous sensibilisions les jeunes âgés de 20 à 25 ans sur le Sida. Nous avons commencé à faire des recherches, à monter des dossiers, à comprendre comment on faisait ceci, cela. J'ai eu deux bourses pour aller en Allemagne faire du management, marketing et leadership dans le domaine culturel pendant quatre mois. Je suis allé à Bordeaux Management School. J'ai fait tout mon possible pour acquérir un bagage intellectuel important afin de pouvoir constituer un bon dossier parce que notre projet aujourd'hui coûte 100 000 euros. Il faut être très explicite dans les rapports, les factures, savoir comment négocier avec les gens qui n'ont pas cette sensibilité hip hop. Donc de 2007 à 2008, nous avons eu à agrandir notre réseau.

C'est difficile de trouver des partenaires privés ou compter sur le soutien de l'État qui lui-même a une autre vision de la chose. Il pense que nous sommes des partis d'opposition, alors que ce n'est pas la réalité.

Du coup, j'ai trouvé un concept, chaque année, j'invite un pays. Et je sais que son Ambassade va tout faire pour trouver de l'argent. J'honore son pays, je présente son hip hop. Nous avons commencé par le Canada. Même si nous n'avons pas eu l'argent, le Conseil des arts et des lettres du Québec a donné 23 billets d'avion. Un billet Montréal–Dakar, c'est presque un million de FCFA. Nous avons fait le projet avec Exporte ta Culture Montréal–Dakar. En plus des 23 Canadiens, il y en avait d'autres cette année de la Suisse, la France, la Mauritanie, la Gambie. D'année en année, nous gagnons en expérience. Nous apprenons de nouvelles choses, avons de nouvelles connections.

En 2008, nous avons créé une nouvelle thématique avec la migration clandestine, nous avons fait une compilation. Nous avons également emmené Stress, le plus grand rappeur suisse, qui a fait triple disque d'or chez lui. Même si les gens ne le connaissent pas au Sénégal, il est respectable sur l'échiquier du hip hop sénégalais. Nous avons emmené beaucoup de stars au Sénégal mais les Sénégalais se limitent au rap américain et français. Ils reconnaissent qu'ils sont bons et ne jouent jamais en *playback*, contrairement aux artistes sénégalais.

En 2010, nous ne l'avons pas fait parce que nous voulions commémorer la mort du rappeur Bourba Jollof qui était un ami du festival. C'était le seul rappeur qui nous envoyait un texto le lendemain du festival. Depuis sa mort, personne ne nous appelle pour nous féliciter ou faire des suggestions. C'était normal que nous lui rendions cet hommage parce qu'il le mérite.

En 2011, nous avons fait spécial hip hop *made in* Belgique. En 2012, ce sera autour de l'Espagne, même si plus de la moitié de la programmation reste sénégalaise. Si nous prenons une centaine de groupes, les 75 sont sénégalais, les 25 viennent de l'étranger. Nous pouvons avoir 12 pays mais ils ne sont pas tous des rappeurs. Il y a des techniciens de son, des danseurs, des vidéastes, des photographes, etc. Ils viennent partager leurs expériences. Au départ, nous nous rendions à Rufisque, Keur Massar, Thiès, en plus de Pikine et de Dakar pour faire des concerts, mais nous ne pouvons pas faire le travail des mairies à leur place, elles ne savent pas que nous sommes là pour les aider. En 2008, quand nous avons emmené les Canadiens à Thiès, la mairie n'a rien compris. C'est pareil à Pikine, la mairie nous donne des miettes pour nous affamer davantage mais pas pour nous soutenir, et nous sommes obligés de faire avec parce que la politique est ce qu'elle est dans ce pays.

Je pense que le problème ne se situe pas à ce niveau ; les Sénégalais doivent comprendre que c'est un projet sénégalo-sénégalais. Je donne un exemple. Quand un pays européen X me donne 5 000 euros et des artistes, il cherche du travail pour ses artistes, mais le gouvernement sénégalais ne le comprend pas ainsi, même si je reconnais qu'il y a de bons techniciens au niveau du ministère de la Culture. L'État doit promouvoir ce genre de festival. Nous méritons du soutien car notre festival est en vie et il s'agrandit. Avec une bonne subvention de chez nous, nous tiendrons le coup. Après, on nous parle de renaissance africaine, mais nous avons toujours les mains liées. Pour le festa de cette année, regardez l'affiche : tous les gens qui ont donné leur argent, à part le ministère de la Culture et la ville de Pikine, tout le reste vient de l'Europe.

J'ai fait une conférence de presse, j'ai lancé un appel au privé sénégalais pour essayer de créer un climat de confiance. Ils ont une attitude de business, ils doivent protéger leur business. Peut-être que la façon dont une partie des rappeurs communique à la télé ou à la radio leur fait peur. Si je prends l'exemple d'une banque, elle n'existe pas pour faire de la philanthropie, elle est là pour faire de l'argent. Il faut aller dans ce sens avec elle, faire des projets de qualité qui ont un sens pour elle. Je pense que nous ne parlons pas le même langage. Il faut casser ce mirage, identifier nos propres intérêts, mais c'est très difficile parce que c'est deux mondes différents. C'est des gens qui ont fait leurs études en Europe et qui ne connaissent rien au hip hop, mais cela ne les empêche pas de soutenir la lutte parce qu'elle a une bonne visibilité. Je pense qu'un projet comme « 72 heures hip hop » qui regroupe 30 000 personnes pendant trois jours, nous ne pouvons pas dire que c'est un mauvais projet. Festa2H, c'est dans quatre municipalités différentes donc nous ne pouvons pas dire qu'il y a un manque de visibilité. Nous n'avons pas besoin de grand chose pour faire un festival hip hop. Si nous avons une société de boissons comme sponsor, une entreprise de téléphonie, l'État, cela suffit. Tu n'as pas besoin de l'étranger. Mais la réalité est toute autre. Les fondations également font de la figuration. Je dépose mes lettres à la Fondation Sonatel qui restent sans réponse, mais elle soutient des projets qui ne signifient absolument rien ou qui sont morts.

L'autre problème est que les artistes sénégalais ne savent pas ce qu'ils veulent. Tu ramènes souvent des gens très compétents en *mix* et en *mastering* qui coûtent excessivement cher et qu'ils peuvent avoir gratuitement durant le festival mais personne ne s'en approprie. Tu inscris à l'atelier les personnes qui en connaissent la valeur et ils te reprochent de ne mettre que tes amis, alors que les présentations sont déjà faites, vous avez été introduits, c'est à eux de faire quelque chose avec eux. Je ne suis pas artiste. Qu'est ce que je gagne en ramenant des artistes ? C'est donc pour les artistes. C'est pourquoi nous ne produisons pas d'albums mais juste des projets sociaux. Nous avons aussi du mal à payer les artistes sénégalais. Ces derniers ne savent pas lire une affiche, ils voient comme sponsors la coopération européenne, l'Ambassade des États-Unis et pensent qu'il y a de l'argent alors que l'argent qu'ils donnent c'est pour leurs artistes.

Nous avons comme projet le « Hip Hop Akademy ». Cela existe partout dans le monde. Mais nous avons remarqué qu'ici les jeunes, après les classes du mercredi, vont faire de la lutte. C'est l'occasion pour eux de se cacher pour fumer. Les parents ne peuvent pas les contrôler. Nous savons que les jeunes aiment le hip hop mais il faut leur présenter le meilleur, l'authentique avec des valeurs positives. « Hip Hop Akademy » permettra aux jeunes de se former pendant neuf mois en *deejaying*, culture musicale, informatique, anglais, graphisme, management, marketing, et communication dans le domaine de la culture urbaine, du hip hop, du rap et du slam. Nous avons également un autre projet que nous voulons faire dans les écoles nommé « Hip Hop Education » : utiliser le hip hop pour contrecarrer les fléaux sociaux auxquels nous sommes confrontés comme les grossesses précoces, les viols, la drogue, la prostitution. Il s'y ajoute la bibliothèque hip hop : nous avons déjà cent livres sur le hip hop écrits par des sociologues, des journalistes, bref, des spécialistes de ce mouvement. Tout ce qui est sorti comme CDs dans le mouvement hip hop sénégalais est archivé. Les émissions télé, radio, les coupures de presse, les affiches des concerts hip hop, tout est en train d'être archivé pour monter cette bibliothèque hip hop qui n'existe pas encore en Afrique.

Simon, Bisbi Clan

Les gens se plaignent et disent que c'est à cause du mouvement Y'en a marre, qu'il n'y a plus de concerts, mais nous leur disons qu'avant Y'en a marre, il n'y avait pas de concerts. Si Africulturban, Orange, Tampico ou les autres ne bougent pas, il n'y a rien. Il faut que les rappeurs sachent qu'à part leur grande gueule, ils ne valent pas grand chose. Deux ou trois qui font leur petit business : Didier Awadi s'occupe de ses voyages, il a sa structure. Matador y croit mais il commence à se décourager. Même nous, nous commençons à l'être. Même si ces structures ou personne n'organisent rien, nous continuons à faire des choses : nous avons organisé la quatrième édition des « 72 heures hip hop ». C'est toujours la même chose. Personne ne veut devenir coordonnateur. Avant, je m'en chargeais mais là, personne ne veut prendre le poste, ça râle trop. Et toi, tu ne peux pas être dans Y'en a marre, Hip Hop Discover, Club 25, tu vas être saturé. Tu es obligé de prendre du recul et de laisser tomber plein de projets, mais cela fait mal parce que c'était une victoire pour le rap sénégalais. Dès fois, l'envie me prend et je me dis que je vais appeler les uns et les autres puis je réfléchis bien et je laisse tomber. La tentation est là parce que ce festival ne doit pas être nul mais tu as tellement reçu de coups que tu te dis : « cela n'en vaut pas la peine, le hip hop n'en vaut pas la peine. »

Nous allons dire que le côté hip hop ou le côté musique dans Y'en a marre se bat pour une bonne politique culturelle, peut-être que là, nous allons prendre des positions. Nous ne cherchons pas à devenir ministres mais si l'on valorise notre art, peut-être que les choses vont changer. Je prépare un triple album, je veux marquer un coup parce que cela ne s'est jamais fait. Vu que tu as plusieurs publics qui te suivent, tu veux amener un peu de slam pour les adultes, d'autres sont plutôt R'N'B ou *hardcore* dans le milieu hip hop. L'album est en train d'être enregistré et mixé. Mais là le focus est sur l'élection présidentielle de 2012. Nous avons inscrit pas mal de jeunes sur les listes électorales. Le combat, c'est de mettre la pression à l'État pour qu'il leur donne leurs cartes d'électeurs. On remet les cartes d'identités mais pas les cartes d'électeurs. Nous avons lancé une autre campagne « Fanané Dass[7] » et nous mettons le focus sur cela. Ce weekend, nous étions à Thiès et à Bambey. Le weekend prochain, c'est Keur Madiabel, après nous irons à Tambacounda, Kolda, un peu partout pour sensibiliser les jeunes afin qu'ils récupèrent leurs cartes.

Gaby Ba, Iris Audioviz

Je m'appelle Djibril Mancou Bâ plus connu sous le nom de Gaby. J'ai 31 ans et je suis vidéaste depuis 2008. C'est un milieu que j'ai découvert quand j'ai travaillé dans une structure audiovisuelle qui s'appelait Magique Pixel à l'époque. Ma première expérience dans la réalisation d'un vidéo-clip, mon premier cobaye fut Simon qui m'a donné ma chance. Nous avons fait une vidéo et cela s'est très bien passé, c'était sa chanson « Djiguen[8] » : il était content et moi surpris. Cela m'a donné le goût de la réalisation de clips vidéo et ça m'a donné envie de continuer sur cette lancée. Au début, ce n'était pas lucratif. Je le faisais par passion et c'était une façon de m'entraîner à affronter le grand terrain du monde audiovisuel.

J'ai arrêté mes études en classe de terminale. J'ai appris la réalisation de façon informelle avec Boubacar Bâ, dont personne n'ignore l'expertise et l'expérience. Ma première entrée en matière dans le milieu audiovisuel, c'était en 1993 où j'ai interprété le rôle de Billy Boy dans un téléfilm qui s'appelait « Yondélou ». J'ai continué mes études et puis j'ai arrêté. En 1997, j'ai joué dans un autre téléfilm qui s'appelait « Fakk Man[9] ». De 1997 à 2000, je n'ai pas fait grand chose. À partir de 2000, j'ai fait une formation en réalisation avec mon père. J'ai fait énormément de plateaux de cinéma, pleins de stages et de séminaires. J'ai été assistant-réalisateur au moins sur une cinquantaine de plateaux de tournages de

---

7   Inciter les gens a se munir de leur carte pour le vote.
8   Femme.
9   Le fugitif.

spots publicitaires, de films documentaires pendant cinq ans. À partir de 2005, j'ai démarré un stage en montage avec Lahat Wone qui m'a initié pendant trois semaines. Il m'a montré les techniques de base et je suis devenu un autodidacte. Tout ce que je sais faire en matière de montage et de réalisation audiovisuelle, je l'ai appris moi-même.

Jusqu'ici, je n'ai pas encore recensé le nombre de clips que j'ai fait. J'ai peur de le faire parce que je me dis que tout ce que j'ai pu faire comme vidéo clip, j'aurais pu le faire pour la réalisation de films ou de documentaires, mais ce n'est pas encore le moment. J'ai dû réaliser environ 50 ou 60 clips.

Je me rappelle qu'un jour j'ai demandé à mon maître, Lahat Wone, qui m'a formé en montage, où s'arrête le montage. Il m'a répondu : « Là où s'arrête ton imagination ». C'est comme en philosophie quand quelqu'un te dit que c'est le chemin des chemins qui ne mène nulle part. Pour moi, la créativité n'a pas de limites. Tant que nous sommes aptes à réfléchir et à penser, à jouir de nos facultés mentales, nous sommes toujours créatifs. Je veux toujours apporter quelque chose de nouveau.

Cela peut plaire ou ne pas plaire. Mais j'ai la chance de rencontrer des gens qui me font entièrement confiance et qui me laissent faire parce qu'ils viennent voir un professionnel et ils se disent : « C'est un réalisateur », quelqu'un qui part de rien pour créer quelque chose que l'artiste même n'imaginait pas. J'essaye d'être fidèle à ce métier. Depuis que je suis né, je travaille avec des réalisateurs. J'évolue dans ce milieu depuis que je suis petit. Je sais me faire respecter en tant que réalisateur.

Je me dis qu'il faut apprendre des autres pour enrichir ses propres valeurs. C'est bien que les rappeurs puissent se dire : « Nous n'imitons pas les Français, nous n'imitons pas les Américains, nous restons nous-mêmes, nous proposons aux gens ce qui nous appartient. » Mais est-ce que cela intéresse les consommateurs nationaux ? Les Occidentaux aiment bien découvrir. Ils aiment bien voir un artiste rappeur avec un grand boubou, un grand bâton sur scène avec des *dreadlocks*. C'est impressionnant. Mais encore faudrait-il avoir accès à ce marché international pour prétendre garder ses valeurs. Il y a le groupe Daara J qui est un bon exemple de rappeurs qui exportent leur culture, leurs valeurs. Il y avait les Positive Black Soul à l'époque qui faisaient des scènes à l'international et qui s'habillaient avec des boubous africains traditionnels de chez nous. Ce sont des précurseurs, des porteurs de voix.

« Hip Hop Selecta » était une émission qui existait avant que je n'intègre la Radio Télévision Sénégalaise (RTS). La première fois que

Un public de jeunes filles aux concerts de rap *hardcore* à des heures tardives de la nuit est rare, mais il y'en a parfois.

je l'ai vue, elle n'avait pas de présentateurs. C'était juste une sélection de clips et c'était très original à l'époque. Cela donnait de la valeur aux vidéos clips et ce n'était pas n'importe lesquels sur la *playlist*. Je me disais que nous avions enfin quelque chose de VIP pour les artistes et cela allait pousser les réalisateurs à bien bosser et les artistes à être plus exigeants avec eux-mêmes.

L'émission ne passait plus parce que le Président de la République Abdoulaye Wade avait demandé à ce que l'on arrête tout ce qui était danse à la télévision nationale. J'ai sorti cette émission des tiroirs de la RTS pour la reprendre. Au bout de deux, trois diffusions, la direction de la télévision m'a appelé pour me demander de la présenter parce que c'était la seule plateforme où les jeunes pouvaient s'exprimer. Vu que je n'étais pas un présentateur professionnel, je me suis dit que j'allais chercher un binôme. J'ai rencontré Guin Thieuss et c'est ainsi que nous animions l'émission à deux.

Le public aimait bien l'émission et c'était nouveau que deux personnes animent une émission hip hop. Le fou Guin Thieuss et le timide Gaby, deux personnalités qui étaient là et qui se confrontaient positivement sur le plateau. Les gens appréciaient ce duo. Nous en avons fait ce que l'émission est devenue. On était dépassés. Avec Hip Hop Selecta, nous avons eu à voyager à travers l'Europe. Nous avons fait des tournées. Les gens nous ont invités un peu partout.

C'est vrai que le hip hop m'a beaucoup donné parce que je l'aime. Je me suis fait un peu ma place. Je me réjouis aujourd'hui que l'on cite mon nom parmi les *vidéo makers* hip hop du Sénégal. C'est un honneur. De plus en plus, les rappeurs mesurent l'importance du vidéo clip dans la promotion de leurs albums. Ils ne se contentent plus d'une seule vidéo et en font deux ou trois. Pour moi, les plus grands artistes du monde, ce sont les rappeurs.

Docta

J'aime le graffiti, je le vis, je le sens. Cela m'a permis de me professionnaliser, de me former, de côtoyer des professionnels qui ne sont même pas graffeurs mais qui sont dans le milieu du *showbiz*. Ils me donnent des conseils et me disent que je dois me comporter de telle ou telle façon. Cela m'a bonifié et m'a ouvert des portes, j'ai fait des rencontres et j'ai appris beaucoup de choses. J'ai un projet social, une caravane de sensibilisation et de distribution de dons, de soins gratuits, qui est

« Graffiti Santé ». Cela m'a permis de travailler avec des institutions, de voyager, d'avoir des contacts à l'étranger aussi bien sur le plan musical qu'avec le graffiti.

Nous avons toujours été ambitieux. C'est pourquoi quand j'ai émis l'idée de créer pour la première fois une ligne de vêtements pour le hip hop sénégalais, les gens se sont bien marrés. Selon eux, des marques de vêtements comme Tommy Hilfiger, Lacoste, entre autres, existent déjà et pourquoi voudrais-je imposer ma marque ? Qui va l'acheter ? Je leur ai répondu que dans 5 ou 10 ans, ils me demanderont de leur donner des habits de ma ligne de vêtements. Depuis 1998, tous les vêtements que je mets, c'est moi qui les ai créés. Ce que je fais, je ne le limite pas qu'au Sénégal. Un jour, j'avais fait deux pulls. L'un était blanc, l'autre noir avec au dos le logo de ma structure, « Doxandem Squad ». Quant au pull blanc, j'avais mis le premier prototype de « Docta wear ». Il y avait une manifestation au stade de la Médina. J'ai dit au défunt Bourba de Sen Kumpe que j'allais créer une marque de vêtements. Il m'a dit de lui donner le pull, qu'il allait le mettre et que ça sera une réussite.

Puisque nous sommes arrivés à un moment où il fallait que les choses soient faites professionnellement, nous avons côtoyé des professionnels qui nous ont expliqué comment les choses évoluaient. Certains sont venus de l'étranger et ont partagé notre expérience à l'instar d'autres venus d'ailleurs. Nous travaillons avec des managers. J'ai managé le rappeur, Shaka Babs. J'ai fait la promotion de son premier album. J'ai également managé Nigga L et d'autres. Étant artiste, cela ne m'a pas empêché d'aider d'autres artistes.

Le hip hop nous a appris que tu dois faire quelque chose là où il n'y a rien jusqu'à ce que cela serve à quelque chose. Nous formons des jeunes qui ne savent pas ce qu'est le graffiti et d'autres qui ont une certaine base. Cela nous permet d'ouvrir une brèche pour la nouvelle génération afin qu'ils gagnent également en notoriété et en respect. Un graffeur est un artiste comme le DJ, le breakeur, le rappeur, le guitariste. J'ai imposé aux organisateurs qui me côtoient de ne plus mettre en arrière plan les graffeurs invités. Tu invites un graffeur, tu lui accordes le même temps que tu as donné au rappeur pour s'exprimer. Tu donnes au graffeur la latitude de s'exprimer sur son tableau et de prendre son temps. Tout le monde ne peut pas être du même avis mais j'ai la chance de partager le point de vue sur cette question avec les jeunes avec qui je collabore. Je crée des choses et dans les milieux où les gens pensent que le graffiti n'a pas accès, je ferai en sorte de l'y introduire.

Nous avons d'autres projets concernant l'Afrique, ma vision va au-delà du Sénégal. Le Festival International de Graffiti, permet de réunir le graffiti urbain et le *street art*. Je voudrais aussi mettre sur pied un réseau africain qui permettra de donner une identité au graffiti africain parce que le graffiti a toujours existé et continuera d'exister. Même à l'âge de la pierre, les premiers hommes faisaient du graffiti. C'est à travers le graffiti que l'histoire écrite existe. Les jeunes africains d'aujourd'hui, où qu'ils se trouvent, sont conscients que le continent africain peut dépasser son niveau de développement actuel, mais il faut le mettre en pratique. Pour cela, il faut que nous soyons soudés dans nos idéaux. Je suis graffeur, je ne peux travailler qu'avec des graffeurs. Avec le temps, nous nous rendons compte que les breakeurs y ont leur place, et au fur et à mesure, les DJ.

Il faut que nous soyons ouverts d'esprit. Si je collabore sur un projet avec Africulturban, la structure de Matador, Sankara celle de Awadi, nous ne disons plus de noms mais plutôt des noms de sociétés. Ça veut dire que nous ne restons pas les bras croisés.

Les réalités africaines sont ce qu'elles sont. Dans chaque pays, les réalités sont différentes, de même que les solutions qu'elles imposent. Je collabore avec des Africains de plus de cinq pays du continent noir. Quand je discute avec des gens avec qui je partage la même chose, nous avons beau avoir des points de vue divergents, nous finissons toujours par nous retrouver autour d'un idéal.

Sur le pont, il n'y a plus de place pendant la campagne électorale, les affiches recouvrent tout. « Votez pour un tel ». C'est une période de chômage et de frustration pour le créateur de graffiti, le seul plaisir que tu as c'est quand quelqu'un passe devant le graffiti, le trouve beau et t'en parle. Le lieu où les gens urinaient, jetaient des ordures, collaient sauvagement des affiches, toi, tu viens avec tous les dangers que cela comporte, tous les microbes, tu mets tout dans des sachets et gratte les papiers, peins le mur en blanc. Puis tu y poses des couleurs qui prennent vie. La nouvelle génération doit prendre des initiatives.

Crew de Gaston alias "Bandit Mic".

Nit Doff Killah alias Mor Talla Guèye est un célèbre énergétique rappeur. Il est originaire de la ville de Louga, au nord et arrive dans l'arène hip hop avec du pur gangster rap et des clash lacérants.

Les coulisses

Ndongo D alias Mamadou Lamine Seck du groupe Daara J Family. Reconnu comme l'un des premiers à rapper en wolof.

Bakhao de Da Brains est l'un des larrons du groupe. Il est réputé être très dynamique sur scène.

Gauche à droite : Oumy, Miriam et Njaaya du groupe ALIF, filles pétries de talent. Leurs débuts dans l'unique groupe féminin de l'époque leur donneront l'assurance pour un changement de carrière intéressant.

Chapitre 6

Les femmes du hip hop

Les femmes occupent une place particulière dans la société sénégalaise. Depuis le jour de sa naissance, elle est placée dans un univers qui la prépare à être une future épouse et mère. Toute sa vie elle est "la fille de", "la sœur de", "la femme de", "la mère de". Au Sénégal, dans les instances les plus hautes et les plus importantes du pays, il y a une femme, influente, reconnue et respectée. Dans les groupes de pression, de réflexion, les sentinelles, la politique, la justice, elles sont présentes. Elles représentent la moitié de la population du pays. Elles intriguent par leur fort statut et sont pourtant si dépendantes. A l'Université, les intellectuels les plus percutants sont des femmes. Pourtant, le pays continue une lutte quotidienne contre les injustices et les violences faites aux femmes. Injustices culturelles ou cultuelles, religieuses, tout y passe. Pour les sénégalaises prises dans l'étau d'une société féodale, patriarcale (contrairement à la tradition originelle), musulmane, animiste, moderne, assimilée, la schizophrénie est un fait avéré. Aussi moderne et évoluée qu'elle soit, malgré une indépendance financière, le respect envers elle, sa place dans la communauté, sa société, son pays, restent liés à un statut matrimonial. Ce statut matrimonial, elle tente de le conquérir toute sa jeunesse par ses talents culinaires et son pouvoir de séduction, puis pour le conserver, elle sera engagée dans des relations très hiérarchisées et contraignantes avec une belle-mère, des belles-sœurs (les femmes de la famille) ou plus souvent une ou plusieurs coépouses. Dans le rap, celles qui le pratiquent se comptent sur les doigts et celles qui le consomment encore plus. Le groupe ALIF, Moona, Sister Coumbis et le collectif Gotal, qui sont les seules artistes vraiment actives en ce moment, se battent avec cet héritage qui, pour le moment, semble avoir l'avantage.

ALIF

ALIF signifie Attaque Libératoire pour l'Infanterie Féministe parce que nous proclamons la promotion des droits des femmes. Nous combattons l'argument traditionnel et culturel qui confine la femme au second rang. Nous nous sommes rendu compte qu'au Sénégal la gente masculine domine et nous voulons corriger cela. Il faut qu'il y ait des femmes pour défendre les intérêts des femmes. ALIF c'est également la première lettre de l'alphabet arabe. C'est deux concepts qui convergent, histoire de dire que la femme est au début et à la fin de tout, puisqu'elle donne la vie.

Miriam : J'habite le quartier de Grand-Yoff.

Oumy : Je suis de la Patte-d'oie.

Njaaya : J'habite la Médina.

Miriam : Grand-Yoff, c'est le ghetto, la Patte-d'oie est plus calme et la Médina est un mélange de tout. Nous sommes un groupe de femmes, un peu underground, un peu médiatisé. On a un certain équilibre. Le côté underground est important, c'est être en dehors de la scène pour préparer un album, puis ça change un peu dès que nous mettons un CD sur le marché. Puis c'est reparti, c'est comme plonger en profondeur pour trouver la matière et refaire surface. Il y a tout un débat sur ce mot-là, "underground", mais nous pensons que c'est aux gens de définir qui l'est qui ne l'est pas, si c'est si important pour définir les artistes. Nous sommes underground quand ça nous plaît et nous faisons aussi du business. Pour nous, le business est l'ensemble des maillons dont tu disposes pour gagner ton pain. Et le *show* pour nous, c'est tout ce que la personne possède à l'intérieur, sa façon de communiquer. Nous essayons de gérer tout cela toutes seules comme des grandes, étant donné que nous n'avons pas de manager.

Njaaya : Pour moi, le rap est venu naturellement. Cela fait deux ans et demi que je suis dans le milieu R'n'B. Je chante même si je rappe un tout petit peu. Plus tard, je sais que le rap prendra du recul et mon style émergera, mais pour le moment je suis une MC. Les Sénégalais traversent d'énormes difficultés. Chacun se serre la ceinture pour s'en sortir. Et c'est une situation pénible pour nous les jeunes qui sommes victimes du chômage. En tant que femmes, nos sujets de prédilection sont ceux qui permettent aux femmes d'accéder facilement au monde du travail, d'être libres, de pouvoir exprimer leurs idées et, surtout, de se libérer parce que, dans notre pays, culturellement et traditionnellement, la femme doit rester derrière l'homme. Nous parlons également de la prostitution et nous essayons de savoir ce qui motive les femmes qui s'y adonnent. Quand les hommes abordent ce sujet, c'est pour critiquer les prostituées alors que nous allons au-delà de la stigmatisation. Nous avons des textes sur les femmes battues, les harcèlements sexuels, l'inceste, comme nous le soulignons dans une de nos chansons intitulées, "Aïssata". Il s'agit d'une fille qui a été violée par son père, qui est tombée enceinte et a eu une fille. C'est écrit sous forme de lettre qu'elle adresse à sa fille pour lui dire qu'elle ne peut pas la garder parce que la regarder lui rappelle des choses pénibles qu'elle a vécues avec son père pour expliquer son suicide à la fin de l'histoire. C'est pour nous une façon de retracer les problèmes rencontrés par les femmes dans la société sénégalaise. En 1999, il y a eu plein de groupes de rap féminins. Il y avait Djaféroy, un groupe composé de trois filles, Elvistu, Docs authentiques. La plupart de ces groupes n'existent plus parce que les filles se sont mariées ou sont tombées enceintes et ont mis fin à leur carrière.

Miriam : C'est le rap qui m'a choisi. J'ai commencé par le *break-dance* comme la plupart des rappeurs. Cette danse est toujours accompagnée de musique rap et c'est comme cela que j'ai piqué le virus. Là, sans m'en rendre compte, j'ai commencé à écrire mes premiers textes, à monter sur scène également. C'est venu naturellement. Après, tu te demandes pourquoi tu rappes et tu te dis que c'est le seul mouvement qui te permet de dire tout ce que tu as dans le cœur. Nous sommes des rebelles, nous avions des choses à raconter. Nous étions contre un système et nous avions notre mot à dire et c'est le rap qui nous a permis d'extérioriser tout cela et d'être prises au sérieux. Quand on est sur des compilations ou que l'on est invité à rapper dans une chanson, on nous explique ce que l'on attend de nous. Sur place, tu écris ton texte, tu rappes, ça passe et les pros se rendent compte que tu as quelque chose dans la tête. Là, on commence à croire en toi et cela nous rassure que nous pouvons compter sur nous-mêmes pour nous en sortir. Il n'y a que de l'amitié entre les rappeurs et nous. Nous leur demandons des conseils et les considérons comme des frères. Quand nous avons un problème, nous leur en parlons par rapport à leur expérience. Ils ne nous font pas de chantage affectif. Nous sommes très prudentes.

Njaaya : Je fais du rap et j'étudie toujours un peu. J'avoue que c'est difficile. Les parents sont très concernés par les études et par nos éventuelles prises de positions politiques. Mais moi, je suis apolitique et quant à l'école, je ne suis pas sûre où cela va finir.

Oumy : J'ai juste fait cinq ans à l'école mais je pense que l'éducation est à la base du développement d'un pays. À part la musique, je suis commerçante. Je vends des produits cosmétiques à part ceux qui éclaircissent la peau. Je regrette d'avoir laissé tomber les études.

Miriam : Pour moi, il n'est pas question d'arrêter les études. Depuis mon enfance je ne fais qu'étudier, je me vois mal faire autre chose que des études. Même pour faire de la musique, il faut que tu aies un certain niveau d'instruction. Tant que nous sommes jeunes, je pense qu'il faut s'y mettre. J'ai une maîtrise. Par rapport à la politique, je reproche à nos gouvernants leur politique de l'emploi. Nombreux sont les jeunes comme moi qui ont du mal à trouver un emploi après avoir fait des études et obtenu des diplômes.

En tant que femmes, quand nous avons voulu intégrer le monde de la musique, nos parents ont dit *"niet"*. Dans la tradition sénégalaise, la musique est réservée aux griots. Nous avons dû signer un pacte avec nos parents. Le gage a été que je continue mes études, ce que je fais depuis lors. C'est pareil pour Njaaya. Quant à Oumy, ses parents ont été plus compréhensifs. Après cela, les obstacles que nous avons rencontrés sont ceux relatifs à toute vie de femme. Les hommes machos nous font chanter en nous disant si nous voulons être produites afin de mettre un album sur le marché il faut que nous couchons avec eux, que nous acceptons d'être sexy. Nous avons toujours refusé de telles propositions et cela nous a pénalisées. Après la sortie de notre première cassette, nous sommes restées quatre ans sans mettre un album sur le marché. D'autres te promettent le ciel et la terre et ne font rien. Dans la rue, nous sommes indexées parce qu'il y a des gens qui ne comprennent pas le fait que nous soyons des femmes et que nous rappions. Nous sommes mal vues par beaucoup dans cette société-là. Ils pensent que pour des femmes, c'est une forme de prostitution. Imaginez la pression sur nos familles. Nous nous battons pour donner la meilleure image de ce que nous faisons, puisque nous sommes le groupe de rap féminin qui a la cote en ce moment. Et nous voulons que les filles qui souhaitent rapper aient l'audace de le faire et qu'elles puissent intégrer ce milieu sans difficultés. C'est pourquoi nous essayons d'éliminer ce genre d'obstacle afin qu'elles sachent que faire du rap n'est pas malsain.

Oumy : Je suis la seule femme mariée du groupe ALIF, mais j'ai eu la chance de trouver un mari compréhensif. Vous savez, dans le mariage tout se joue au début. Nous avons mis cartes sur table avant de nous marier. Il est commerçant et un grand mélomane. Il nous aide beaucoup dans nos démarches artistiques. Quand j'ai une prestation à faire dans la matinée, il s'organise et quand je suis dans mon foyer je n'ai aucun complexe à aller au marché et lui préparer de bon petits plats. Je suis tombée sur une belle-famille compréhensive qui sait et croit en ce que je fais. Et mon propre père a voulu que tout soit clair entre tous avant que je ne me marie.

Miriam : Nous sommes victimes de préjugés. Quand les gens te voient monter sur scène, loquace, ils se méfient sous prétexte que tu te mêles de tout. Moi qui vous parle, je n'ai même pas de petit copain, à plus forte raison un époux. Même si ton amoureux t'accepte en tant que musicienne, ses parents s'en mêlent et brandissent un refus catégorique. C'est le même problème qu'a eu Mina, une des filles fondatrices du groupe ALIF, la fille qu'a remplacé Njaaya. Elle a quitté le groupe quand elle s'est mariée et ce n'est pas son époux qui a voulu qu'elle arrête de rapper mais sa belle-famille. Elle a dû se plier à leur volonté parce qu'elle était amoureuse de leur fils. C'est une question de choix. Elle a fait son choix et nous, nous avons décidé de continuer à faire notre musique.

Oumy : c'est vrai que nos clips peuvent être sexy, le titre "Xoulo bi" est une dispute entre coépouses où chacune disait à l'autre qu'elle était la plus belle. Il faut que la personne qui regarde le clip sente le jeu de séduction. Si nous devons tourner un clip qui exige que nous nous déguisons en soldat, nous le ferons parce qu'il faut que le clip soit en harmonie avec le texte. La plupart des gens font des clips qui n'ont rien à voir avec le contenu des chansons. C'est courant de voir certains, qui, pour vendre le plus d'albums, font appel à des filles dans leurs clips qui s'y trémoussent habillées de façon indécente, et la plupart aime cela.

Njaaya : C'est le clip qui vend ton album. Dans le clip de notre single "Douta Mbaye[1]", nous parlons certes de politique mais nous avons imposé notre style sexy, chacune met ce qu'elle veut et cela ne change rien aux paroles.

---

1   Jeu un peu malsain pour tricher avec les sentiments.

Miriam : N'importe qui est libre d'être sexy. Moi, je préfère être moi-même, mettre des vêtements dans lesquels je suis à l'aise. Si c'est sexy tant mieux.

Oumy : Je m'habille *jump*, c'est ça mon style. Il ne nous est pas encore arrivé de mettre des boubous. Mais il fut des temps, nous allions en tournée, nous arborions des tenues africaines, mais c'était plus des petits pagnes avec des cauris et nous les mettions au dessus de nos pantalons parce que c'est difficile de rapper en pagnes. Tu as du mal à te déplacer.

Miriam : Être sexy ou pas, c'est un débat qui fait toujours couler beaucoup d'encre et de salive. Je pense que c'est une question de conviction. Tu peux t'habiller sexy, une autre s'habille *jump*, comme les garçons. Pour moi, l'habit ne fait pas le moine. Il ne faut pas juger la personne à travers sa mise mais plutôt à travers ce qu'elle a dans la tête et dans le cœur. C'est un combat. Nous nous battons pour que la femme puisse trouver sa place dans la société. Et c'est toute une bataille.

Safouane Pindra

Le groupe ALIF m'a pris un an à monter. Quand je faisais une prestation, si on nous payait 100 000 FCFA, c'était réservé pour faire un morceau ; le *beat*, le mixage coûtent 50 000 FCFA. Je payais pour le morceau. Nous procédions étape par étape jusqu'à ce que l'album soit prêt. Même pour la tenue de scène des filles, je les lavais chez moi parce que nous n'avions pas de quoi les amener au pressing. Et comme elles allaient en boîte avec, quand nous terminions les prestations, elles venaient chez moi se changer pour ensuite rentrer chez elles. C'était Miriam, Oumy, et Mina, qui s'est mariée aujourd'hui et qui est basée en France.

Du jour au lendemain, des gens venaient leur dire qu'ils connaissaient les directeurs de BMG, d'Universal. Ils leur en ont mis plein la tête. Nous avons répété un spectacle pour un concours. Quand nous sommes arrivés, elles ont fait tout le contraire. Je leur ai dit : « Qu'est ce que vous venez de faire ? » Elles m'ont répondu qu'elles faisaient ce qu'elles sentaient. Je leur ai fait comprendre que si je ne pouvais pas avoir d'autorité, chacun devait prendre ses responsabilités. Toujours les mêmes mots : « Il a volé notre argent ».

Moona

Je m'appelle Yanni Awa Mounaya. Je suis née le 10 octobre 1983. Mon père est sénégalais, sa mère est nigérienne et togolaise. Ma mère est métisse française. Je suis née et j'ai grandi au Bénin. Aujourd'hui, j'ai les nationalités sénégalaise et togolaise. Je suis venue au Sénégal en 2002 pour retrouver mes racines. Quand je suis venue, je suis entrée en contact direct avec ma famille soninké. J'y ai vécu quelques années, histoire d'intégrer ma vraie culture et aussi pour étudier. Quand j'étais au Bénin, on m'appelait "enfant du Sénégal". Je viens au Sénégal, on m'appelle "Niak[2]". J'aime bien dire que je suis une citoyenne du monde.

Depuis 2000, c'est tout naturellement que je rappe. Alors que j'étais en vacances au Burkina Faso, un de mes oncles m'a mise en rapport avec le studio Seydony que tout le monde connaît là-bas, pour un test. Quand je suis allée au studio, j'ai demandé un instrumental. Celui que l'on m'a trouvé était du rap et c'est venu naturellement. En 2002, je suis rentrée au Sénégal, je faisais des *sound systems*. J'ai toujours baigné dans la musique, mon père était un amoureux de la musique. Il était commerçant mais mécène à ses heures perdues. C'est pourquoi, quand nous étions enfants, nous avons reçu chez nous des gens comme Angélique Kidjo avant qu'elle ne connaisse la gloire, Aicha Koné, Kassav. Mon père a été un des pionniers du *Tchenkoumen* (style musical au Bénin et au Togo). Avec ses frères, ils en jouaient tout le temps. Il jouait de la guitare, de la basse et un peu de piano. C'est lui qui m'a fait aimer Carlos Santana. Il est décédé en 2007. À cause de cette musique que mon père m'a laissé, mon rap est très hétéroclite. Il peut être très différent d'un morceau à l'autre. Je pense juste en termes de choses à transmettre. Certains, quand ils m'écoutent, disent que je fais du Diams. Cela me fait un peu mal. J'aimerais qu'ils me disent que c'est du Moona parce que je me livre dans mes chansons. C'est peut-être parce qu'ils n'ont jamais eu de rappeuse qui ne rappe qu'en français. Mon premier album de 13 titres qui est sorti en avril 2009, s'appelait "À Fleur de Mots".

Mon rap est humaniste. Je l'ai dit une fois et Awadi m'a demandé ce que c'était. C'est comme cela que je l'appelle. Il n'y a que Ceptik du groupe Still qui s'en souvient. J'étais nerveuse, très en colère ; j'étais dans l'*egotrip* et il m'a dit : "Comment veux-tu que ton public te perçoive ? Que veux-tu donner aux jeunes filles ? Que veux-tu leur inculquer ?" Qu'est ce que tu veux qu'elles ressentent à travers ta musique ?" C'est

---

2 Etranger venant d'autres parties de l'Afrique.

là que je me suis dit : tout ce que je fais, ce n'était pas moi parce que je voyais les autres le faire. Mon rap relève de mon vécu, de ce que d'autres personnes proches de moi vivent. Puis, il y a des morceaux club qui ne veulent rien dire, qui sont des invitations à la fête comme "Ah, Euh". Je compte sortir le prochain album en 2012.

 Je connais tout le monde dans le milieu hip hop et je sais que si je demande un service à quelqu'un, il ne va pas me le refuser mais, finalement, et c'est très distant, je suis solo dans mes trucs à moi et c'est comme cela. Je ne sais pas si ce sont mes origines *niak* qui se mettent à travers ou si c'est dans ma tête que ça se passe. Je me suis battue pour moi, pour avoir les moyens de ma subsistance, même s'il est arrivé que je tombe sur les bonnes personnes comme Didier Awadi qui m'a beaucoup apporté en maturité musicale. Et même Awadi, il ne te donne pas du poisson. Il t'apprend à pêcher. Et je pense que la mentalité de beaucoup de personnes dans le hip hop c'est cela. Il ne faut pas attendre que l'on te donne le poisson. Je viens du Bénin et les femmes sont très débrouillardes. C'est un système matriarcal. Les gens me voient me battre, avoir ce que j'ai et pensent que j'ai dû, forcément, faire quelque chose. Ils se trompent.

 Aujourd'hui, je peux avoir un million de FCFA ou même 25 FCFA sur moi, tu ne le sauras pas parce que j'aime être propre. Je travaille dur. Il m'arrive de ne pas dormir parce que je sais ce que je veux. C'est aussi un message que je donne aux gens: il faut qu'ils se cherchent, qu'ils n'attendent pas qu'une personne les cherche et les trouve. C'est vrai qu'il y a un vide féminin dans la *mifa* rap et cela me fait mal parce qu'à chaque fois que je suis en ville, je croise des filles qui me disent : « Où est ton album? Je veux ton album. » Alors que généralement, on se plaint que les filles ne viennent plus aux concerts de hip hop alors qu'elles ont besoin d'une personne en laquelle elles peuvent se reconnaitre *hip hopement* parlant. Elles sont obligées d'écouter du hip hop d'ailleurs. J'ai pris la responsabilité de leur faire croire en quelque chose, mais je ne veux pas me positionner en tant que femme. Je suis un rappeur. Quand je faisais mes premières scènes, je m'habillais court. Cela faisait du marketing parce qu'il fallait que je conquière le public. Alors, je me suis dit qu'il y a une carotte qui marche: être sexy. Je me suis toujours habillée ainsi, même quand j'allais à la fac. Après, je me suis dit que j'étais une femme et que je n'avais pas besoin de cela. Il faut se respecter. Il faut arrêter les conneries, viens comme tu es, donnes-toi comme tu es. J'avais envie de vendre mon cœur. Je ne me vois pas en *baggy*, casquettes, en train de jouer à l'homme. Je ne juge pas les filles qui le font parce que le hip hop c'est aussi une culture, un mode vestimentaire.

J'aime les collaborations musicales, mais je veux être honnête avec moi-même. Je ne veux pas collaborer avec un artiste de la banlieue juste pour que les gens m'acceptent. Je veux que le public de la banlieue ou de Dakar m'aime comme je suis et je ne veux pas faire le distinguo entre les publics. J'ai fait des collaborations avec un artiste de la banlieue qui n'est pas connu qui s'appelle Tapha et avec un autre plus connu, Govou de Syndikate 21. J'ai travaillé avec No Name, Bouba Kirikou, Noumou Kounda, Safia du Niger, Wahba de la Mauritanie. Je me dis que si des collaborations musicales doivent se faire, elles vont se faire et il faut les sentir. Je m'éclate avec l'expression artistique des autres, et c'est de la mienne qu'il faut que je me soucie plus et ce n'est pas évident. Vous savez, mes deux parents ne vivant plus, je suis l'aînée de ma famille et il faut que je travaille tout le temps. Il y a la vraie vie à affronter, des factures que mon rap ne gère pas tout le temps. Le travail de présentatrice que j'aime beaucoup me prend beaucoup de temps, ce qui fait que je vis sans ma musique. C'est très dur, en attendant mon prochain album.

Sister Coumbis

Je m'appelle Coumba Cissokho, plus connue sous le nom de Sister Coumbis. Je suis artiste-musicienne, hip hoppeuse. J'habite à Ouakam Stadium. J'y suis née. J'ai 23 ans. J'ai fait mes humanités à l'école primaire Ouakam Camp, mes études secondaires au Collège d'Enseignement Moyen El Hadj Mamadou Ndiaye, toujours à Ouakam. J'ai arrêté mes études en classe de troisième secondaire. Je n'ai pas eu mon Brevet de fin d'études moyennes secondaires.

Le rap y est pour quelque chose parce que je suis issue d'une famille de musiciens : la famille de Soundioulou Cissokho. J'ai des grands frères qui faisaient du rap parce que, du côté de ma famille directe, les gens font de la musique traditionnelle. Je séchais les cours pour aller suivre leurs concerts, assister à leurs répétitions, jusqu'à des heures tardives.

Mon père était fâché contre moi, mais quand il a vu la vidéo que j'ai réalisée et qui passait à la télé, il s'est calmé, comprenant que j'aimais ce que je faisais. Mais toujours est-il qu'il est désolé que j'aie laissé tomber les études pour le rap. Il m'incite à suivre des formations professionnelles, mais je pense que je n'aurais pas le temps d'allier les deux parce que je veux me consacrer au hip hop.

Je fais de la musique pour relever un défi. Tout le monde sait que ma famille, notamment Soundioulou Cissokho, mon grand-père, a beaucoup fait pour la musique. Il l'a hissée au sommet et moi, je veux dépasser ce stade. C'est cela mon objectif. En outre, je veux sensibiliser les populations sur les sujets tabous au Sénégal.

Je prends connaissance de ces sujets dans les familles, dans la rue. Tous les jours, je lis les journaux pour m'informer. Des sujets comme le viol, la violence faite aux jeunes filles, la pédophilie, les enfants abandonnés que je vois dans la rue, il faut qu'on en parle. Mon combat c'est aussi de donner la voix aux femmes. Au Sénégal, nous avons tendance à confiner les femmes au rang d'épouses, de mères, de sœurs, de belle-mères et de belles-filles. Je suis dans un collectif qui s'appelle Gotal, ça signifie "s'unir" en langue Puular. Nous nous sommes rendu compte que les filles ne sont pas visibles dans le mouvement hip hop au Sénégal. À chaque fois qu'il y a des rencontres, nous ne voyons qu'une Fatim, une Njaaya ou ALIF. C'est de là que nous avons pensé créer Gotal. Nous voulons faire nos propres démarches, nous imposer. Nous sommes cinq filles issues de Guédiawaye, Thiaroye, Guinaw Rail et Ouakam.

Même si nous ne pouvons pas tout dire, nous rencontrons d'énormes difficultés. Certains rappeurs pensent que nous ne sommes pas assez intelligentes pour faire du hip hop. D'autres s'adonnent à du chantage. Dès fois, les invitations pleuvent ou on te dit : "Si tu veux participer à tel ou tel événement, il faudra que tu fasses quelque chose pour nous en échange." Mais tu te dis que tu as été bien éduquée par tes parents et que tu es à l'abri du besoin, mais on t'ignore et tu ne participes à aucun événement juste parce que tu ne veux pas céder à leur chantage.

Je pense qu'il faut procéder par étape. J'estime que je n'ai pas encore beaucoup fait pour me lancer dans une carrière internationale. Je prends le temps de poser le pied et de gagner chaque pas. Je suis assez prudente. Par exemple, je ne suis pas trop intéressée par la politique, bien que je suive l'actualité en tant que citoyenne et que nous ayons notre mot à dire sur la marche du pays. Je ne suis pas pour le mouvement Y'en a marre parce qu'il y a trop de rappeurs visibles et je trouve qu'il y a trop de violence utilisée par le mouvement Y'en a marre alors qu'ils pouvaient procéder comme d'habitude : s'en tenir à la musique, faire des vidéo clips, des compilations, des concerts. À cause d'eux, nombreux sont convaincus que les rappeurs à présent s'adonnent à la politique. D'autres avancent qu'ils procèdent ainsi pour avoir de l'argent.

Toussa du collectif Gotal.

Keyti

Il y a trop peu de femmes. Il faut que les filles rappent. Le rap n'est pas un truc de mec, c'est pour toutes les personnes qui ont quelque chose à dire. Je crois que les femmes, particulièrement, ont beaucoup plus de choses à dire que les hommes.

Mais malheureusement le rap est vu comme un truc de gamin et comme quelque chose qui doit être fait forcément par des hommes. Je crois que le jour où il y aura réellement des filles qui vont venir dans le rap sénégalais avec beaucoup d'engagement, on parlera beaucoup moins des hommes. Il faut qu'il y ait beaucoup plus de filles dans le rap sénégalais. Je pense que le rap est là pour changer les mentalités. Il y a une certaine égalité que pas mal de jeunes veulent rétablir dans ce pays et je pense que le rap peut rendre cette égalité effective. A chaque fois que je vois des rappeuses sur scène prendre le micro, elles s'adressent à un public relativement constitué d'hommes. Et il y a une certaine fierté parce que nous n'avons pas l'occasion de voir cela dans ce pays où la femme a très peu droit à la parole ou, si elle y a droit, c'est entre femmes. Donc le fait que les filles puissent tenir le micro pour s'adresser à des mecs, c'est renverser la tendance. Il faut que le rap donne de plus en plus l'occasion aux filles, mais pour cela, il faut que les filles se sentent d'abord concernées, qu'elles se disent que leur rôle ne consiste pas seulement à aller acheter des cassettes de rap et à les écouter, qu'elles sachent qu'elles peuvent avoir des choses à dire et qu'elles sont toujours les bienvenues.

Coumba Diallo alias Queen Biz, artiste, auteur, compositeur solo depuis 2002. Elle a fait des études de droit international et de sciences politiques. Son style est R'n'B et Mbalax depuis peu.

II

LA COMMUNAUTÉ DU HIP HOP SÉNÉGALAIS

Un membre du groupe Fuk'N'Kuk.

Chapitre 7

L'éducation

Le rappeur, comme l'intellectuel, doit être pourvu d'une capacité d'analyse qui lui permet d'approcher et d'aborder la réalité. L'art n'est pas seulement le beau, c'est une manière de connaître, de pénétrer le réel. Le hip hop de notre pays est en plein dedans. C'est un art en soi, ce hip hop, une philosophie, comme l'art contemporain produit par les artistes africains porte une philosophie.

Les membres de ce mouvement doivent avoir un accès différent à la signification du réel, une clé pour accéder au sens, pour lire la réalité en plus de la créativité. La connaissance est essentielle et ils le savent bien. Beaucoup de groupes sont venus et ont échoué parce qu'il leur manquait cette capacité de combiner conviction, vision, mission et émotion.

L'avis le plus partagé parmi les acteurs du hip hop est qu'ils aient un point de vue à donner car ils doivent jouer un rôle de médiateur entre le peuple et ceux qui semblent diriger la société. Le rappeur serait là pour éclairer. À défaut d'être des journalistes, ils ont choisi le rap, car conscients d'avoir accès à une plus grande audience. La musique a plus d'audience que la religion et la politique réunies. Le message passe plus vite avec la musique. Des messages, ils sont tout à fait capable d'en formuler, beaucoup d'entre eux ayant été à l'université, et pour les autres, des bacheliers comme Didier Awadi, les générations suivantes comme DLJ Sound, bac en poche, avaient un modèle à suivre. Katapult du Bat'Haillons Blin-D avait choisi de faire des études de journalisme pour être plus efficace au sein du mouvement.

Mass de Black Diamond

Quand j'ai eu mon bac, je suis allé à l'Université de Dakar pour des études en maths-physiques. J'ai également une autre passion, le dessin. J'alternais avec l'école Pictoon pour faire des dessins animés. Quand mes camarades allaient à la fac, j'allais à Sacré-Cœur 3 pour apprendre le dessin animé. Malheureusement, nous avons fait une grève et j'ai été expulsé parce que l'on me trouvait rebelle. J'ai passé l'examen au mois d'octobre mais j'ai échoué. J'ai fait deux ans à l'ENSUT (l'École nationale supérieure universitaire de technologie) pour avoir mon DUT en informatique en 2002–2003. J'ai fait un stage à la Sonatel puis je suis allé à Diourbel où j'ai travaillé dans le privé, puis j'ai rejoint la Sonacos. J'ai été premier adjoint du département informatique pendant six mois. J'ai démissionné pour faire ce que j'aimais, c'est-à-dire l'infographie. Je suis revenu à Dakar pour travailler dans une imprimerie. Je gagnais moins mais c'est ce que j'aimais. Même en étant à la Sonacos, à la fin de ma journée, à 13 heures, j'étais pressé de faire des choses graphiques.

DLJ Sound

Notre savoir est notre force. Au DLJ, nous sommes tous bacheliers et nous conseillons à nos jeunes frères de tout faire pour avoir le bac avant de se lancer dans la musique, même en dehors du hip hop. La société sénégalaise a l'habitude de considérer un rappeur comme quelqu'un qui a échoué dans ses études. C'est un avis que nous ne partageons pas. Il y a des gens qui sont dans le milieu hip hop et qui continuent à étudier parce qu'ils aiment le rap et savent qu'ils peuvent y apporter quelque chose. Le *show*, c'est la musique et le business est différent de la musique. Le savoir c'est tout autre chose et il faut le chercher toute une vie.

Awadi, Positive Black Soul

Quand tu commences le rap, les gens pensent que tu ne vas pas à l'école. Quand ton son les interpelle, ils sourient et se disent : « Tiens, il a raison » et puis, d'un autre côté, il y a ceux qui n'ont rien à faire et qui regardent d'un œil ce que vous vivez et un jour se lancent, eux aussi, sans avoir le *feeling*. Mais pour la plupart de ceux qui ont réussi dans le rap, ils ont été à l'école et ont, au minimum, le bac. Il y a, parmi eux, certains qui ont la licence ou la maîtrise. C'est un choix délibéré de carrière de faire du rap. A travers nos textes, tout le monde se rend compte que nous sommes des gens cultivés, ouverts d'esprit, qui apprennent des uns et transmettent aux autres. Nous connaissons la valeur de ce mouvement social, j'en veux pour preuve les élections présidentielles de l'an 2000. Tout le monde voulait le changement. Nous nous sommes acharnés sur les citoyens en disant à tout le monde : « Allez voter et évitez ceux qui ont eu le temps de faire leurs preuves et qui nous ont lâchés ». Il y a eu beaucoup de tentatives de récupération politique parce que nous représentions quelque chose de concret. Donc, nous ne sommes pas dupes.

Fou Malade

A un certain moment, le discours était très politique dans l'album : « Le Gouvernement n'a pas fait ceci, le Gouvernement ne fait pas cela ». Il y avait déjà beaucoup de choses. Pour être écouté, pour sortir du lot, c'était très difficile. Il fallait du neuf, sortir des textes que les gens n'ont jamais écoutés, il fallait être très original. Après la sortie de Rapadio, la quasi-totalité des albums a tenu le même discours. C'est là que l'idée du "Fou Malade" m'est venue. Le malade mental qui ose tout dire sans conséquences. Quand les gens ont vu le clip, ils ont dit que j'étais devenu fou, même dans mon quartier ils se disaient : « Il doit être surmené. C'est un fumeur de joint. » Ils n'avaient pas compris que j'allais à la recherche de ce qui captait le public. Je suis dans la peau du personnage que j'incarne avec toute la cohérence du métier. J'étais étudiant à la fac en ces moments-là. Même dans cet espace, j'ai eu des moments difficiles liés à mon statut de rappeur.

Un jour, revenant de la faculté d'anglais, en regagnant ma chambre au Pavillon G, c'était en 1998, le chef de pavillon m'a attrapé et m'a dit : « C'est vous les voleurs ! Vous venez de Fass, des quartiers périphériques pour voler les objets des étudiants !» Je lui ai dit que j'étais un étudiant. Il m'a dit que je mentais et de lui montrer ma carte. Je me suis exécuté car je n'étais pas habillé en étudiant, parce que, à l'époque, un étudiant s'habillait en costume et chemise.

Moi, j'ai d'autres objectifs. J'ai encore envie de montrer aux gens que le rappeur peut entrer au palais présidentiel, animer des conférences, parler aux diplomates, parce qu'il a un discours cohérent. C'est un leader d'opinion, respectons le rappeur. Mon objectif dans le rap, ce n'est pas un disque d'or ou un Grammy Award mais c'est de diffuser un message universel et d'être un peu partout à travers le monde. Pour cela, j'utiliserai tous les filons possibles.

Bay Souley, B Boy-Back du groupe Positive Black Soul ; entrepreneur avec une marque de vêtement, «Bul Dof». A droite, Gacirah Diagne, coordonnatrice du festival de danse Kaay Fecc.

Manu de Wa BMG 44. Crédit photo : Jacques Daniel Ly.

Xuman, Pee Froiss

Mon public est composé de gens de mon âge et plus ; beaucoup ont fait la fac et sont sortis brillamment de cette jungle. Ils me soutiennent, achètent des versions originales de mes CD, écoutent ou regardent mes émissions. Ils font attention à mes textes et nous en discutons. Avec les étudiants, nous débattons des heures durant de mon travail et ils y ajoutent énormément. À travers nos voyages, surtout en Europe, il y a tellement d'étudiants sénégalais qui vivent là-bas depuis longtemps mais qui continuent à vivre le hip hop et qui sont branchés sur ce qui se passe au Sénégal, par le Net et l'actualité du rap. Quand tu vas à l'Université de Dakar ou de Saint-Louis, ces jeunes sont les futurs décideurs du pays et ils sont hip hop à 20 ans, à 30 ans et plus. Ils sont dedans. Ces jeunes t'apportent des critiques objectives, ils te disent ce qu'ils pensent. Au Sénégal, les rappeurs en tant que tel ne sont pas des jeunes du lycée, ce sont des jeunes de l'université ou des jeunes du ghetto, complètement underground. Ils font des études de droit, de marketing, il arrivera un moment où ils vont créer des sociétés qui travailleront directement ou parallèlement avec les rappeurs.

Nous avons réussi à changer la manière de voir des gens dans ce pays, le hip hop n'est pas un phénomène de mode. Le hip hop continue à vivre, contrairement à d'autres musiques. Il y aura à chaque fois de nouvelles générations, de nouvelles voix qui vont ajouter leur pierre à l'édifice. Autour de cela, il y aura une industrie qui va se créer un jour. Les jeunes sont de plus en plus dans l'informatique, sur Internet. Ils s'intéressent de plus en plus à la production, à la programmation et te font des musiques qui n'ont rien à envier aux autres musiques. Les clips sont puissants, je crois que plus nous y allons, plus le hip hop aura de la force. Et pour tout ça, l'éducation est la clé. Pour moi, elle est détenue pour l'instant par ceux qui ont le pouvoir de décision dans ce pays-là. Il faut que l'on permette aux jeunes de se cultiver, les mettre dans de très bonnes conditions. Ils sont l'avenir du pays. Très tôt, ces jeunes doivent avoir la possibilité de fréquenter les bonnes écoles, de pouvoir cultiver leur intelligence et de la mettre en pratique. Ma génération est beaucoup plus ouverte d'esprit. Elle est dans l'ère des multimédias et connaît la valeur de l'éducation, quoi qu'on dise.

Katapult, DJ et journaliste

En 1998, nous étions étudiants, Malal (Fou Malade) et moi. Nous venions de mettre sur pied le collectif Bat'Blin D. Nous n'étions pas acceptés en tant que hip hoppeurs avec nos *baggy* jeans, nos tee-shirts larges. Nous avons trouvé des gens avec un style à l'occidentale plus ou moins correct, je l'avoue ; notre style était mal accepté au restaurant, à la faculté, comme partout ailleurs à l'université, mais nous avons su nous imposer parce qu'à un moment donné, les gens n'y pouvaient rien. Chaque année, il y avait des vagues de jeunes lycéens qui quittaient leurs établissements avec cet amour pour le hip hop, avec leurs habillements hip hop, bref, avec cette culture hip hop ancrée en eux. Au fur et à mesure, le hip hop a commencé à s'imposer à l'université. En 1999, nous y avons mis sur pied une association de hip hoppeurs qui s'appelait Hip Hop Campus Club. C'était pour vulgariser un peu plus le mouvement hip hop. Nous avons imposé le hip hop dans les concerts qui se faisaient périodiquement à l'université parce que, auparavant, il était inconcevable que des gens viennent prendre le micro au campus pour dire qu'ils représentaient le hip hop. À l'époque, il était inimaginable qu'un étudiant se dise « rappeur ». Ce n'était pas dans la logique des étudiants. Pour eux, quand tu es à l'université, c'était pour parler un bon français et avoir une mise correcte : pantalon super 100, chemise, costume. Mais les pionniers du hip hop à l'université étaient marginalisés par les étudiants. C'était normal que ces mêmes étudiants n'acceptent pas que d'autres prennent le micro pour monter sur le podium. Il y avait, de façon périodique, des concerts avec de grands noms de la musique sénégalaise : Youssou N'Dour, Omar Pène. C'était une lutte avec les autorités universitaires qui avaient une certaine appréhension pour ce mouvement-là considéré comme violent et une lutte avec les autres étudiants. Ces derniers pensaient que ceux qui se disaient « hip hoppeurs », et qui étaient étudiants comme eux représentaient leur alter ego sur le plan académique et c'était incompréhensible qu'ils aient un style différent de ce qu'on leur avait inculqué jusque-là, à savoir que l'étudiant est quelqu'un de correct et point final, parce qu'ils pensaient qu'être hip hoppeur, c'était être tout sauf correct.

Avec les institutions de l'université, c'était un peu plus difficile. Déjà, la violence qui sévit à l'université et qui n'est pas due au hip hop, dure depuis les années 1968, les autorités avaient une certaine appréhension par rapport aux hip hoppeurs en qui ils voyaient des gens violents, parce que quand le hip hop est venu au Sénégal, le premier argument brandit par ses détracteurs, c'était que le hip hop incarnait un mouvement violent avec des messages provocateurs, de révolte. Devoir supporter le hip hop à l'université n'était pas imaginable pour les autorités de l'université. Au fur et à mesure et avec le Hip Hop Campus Club, nous avons entamé certaines démarches. Nous sommes allés voir le directeur du Centre des œuvres universitaires de Dakar (COUD), le directeur des cités universitaires et le recteur de l'université pour leur expliquer que ce mouvement était à considérer comme tout ce qui existait à l'université sur le plan culturel et artistique. Il fallait leur faire comprendre que nous étions des étudiants et qu'il fallait nous accepter en tant que tel. Avec notre penchant artistique, l'université avait tout intérêt à soutenir ce mouvement au lieu de le repousser parce que, nous avoir à ses côtés, était bien mieux que de nous avoir contre elle.

Simon, Bisbi Clan

En 2000, un an après le bac, je suis parti en France pour étudier la sociologie mais je n'ai pas pu continuer à cause de mes conditions de vie : manque de bourse, je n'avais pas encore la nationalité, les papiers. J'ai arrêté pour travailler en intérim, faire des petits boulots. Mais j'ai continué à écrire, rencontrer des rappeurs de là-bas, créer une connexion avec un petit groupe, 99 Pro-G. Nous faisions de petites tournées dans la ville et nous avons réussi à sortir un album qui a bien marché au niveau de la région aquitaine, à Bordeaux, mais pas dans toute la France. Nous avons fait pas mal de scènes. Il y avait des étudiants sénégalais qui me reconnaissaient. Il y avait toutes ces connexions de même que celles avec les gens restés au Sénégal. J'ai réussi à avoir une émission hip hop à la Radio Campus Bordeaux tous les samedis après midi et les sénégalais étaient vraiment scotchés. Beaucoup de gars d'ici m'envoyaient des CDs. Cela me permettait de savoir ce qu'il y avait de nouveau et comment cela évoluait.

Quand j'étais en France, je revenais presque chaque année en vacances au Sénégal. Mais c'est en 2006 que je suis rentré pour sortir un album. À chaque fois que je réussissais à avoir de l'argent, j'envoyais au groupe de quoi faire les enregistrements. Mais il n'y avait pas de suivi et c'était normal ; chacun prenait de l'âge. Ibou Sène s'était marié, Bocar Carbo travaillait avec son père. Il y avait un petit relâchement. À chaque fois, j'essayais de mettre la pression mais rien ne se passait. Mais moi, je continuais, vu que j'avais écrit beaucoup de morceaux. Bisbi Clan était un groupe assez spécial : c'était la fusion de deux à trois groupes. Les uns chantaient, les autres rappaient. Il y avait nos petits frères du groupe Zaïr ak Baatine qui nous avaient rejoints et qui ne faisaient que rapper. Ils ont continué leur carrière avec nous et moi j'ai continué à écrire. Avec les morceaux que j'avais déjà enregistrés et ceux que j'ai écrits ici, j'ai sorti mon premier album "Dieug Bol" en 2006.

Keyti

Ceux avec qui j'étais à l'université sont aujourd'hui des magistrats. L'un d'eux, Zapata, n'étudiait même pas, il passait tout son temps à organiser des soirées à l'université. Récemment, lors d'une soirée organisée par le Mouvement des entreprises du Sénégal (MDES) au Canada, il a gagné le prix du meilleur investisseur étranger au Canada. Personnellement, quand nous nous voyions, nous nous éclations, mais à présent c'est différent, il ne fréquente pas le rappeur. Alors que ce sont des gens de ta génération qui comprennent ta démarche, qui y ont même adhéré à un moment, mais aujourd'hui leur statut a changé.

Maxi Krezy

Le hip hop n'a rien à voir avec l'entendement populaire, à savoir qu'il faut être un cancre pour le faire. Les premiers artistes étaient de grands intellectuels. Ils avaient le bac plus un niveau universitaire. Tant que tu ne dépasses pas ce niveau intellectuel, tu ne peux que clasher. Je n'ai pas encore vu de rappeur qui ait fait plus : sois tu copies les précurseurs ou tu fais moins qu'eux.

A l'université, le rap était très présent. Il y avait des groupes comme Bad Compagnie, Banor-Z (ces derniers venaient de la région de Ziguinchor et étaient d'ethnie Mancagne). Le rap était vraiment d'actualité à l'université. Ils jouaient même avec l'orchestre qui s'y trouvait.

Aujourd'hui encore le rap y est très présent et tous les pirates s'y trouvent. Je l'ai dit une fois : « Les plus grands pirates du Sénégal se trouvent à l'université. » Ils dupliquent les CDs et les vendent. Ce serait moins grave s'ils les dupliquaient juste pour les écouter encore que c'est tout de même illégal. C'est le temple du savoir. Tout ce que nous rappons les concerne ; c'est la même tranche d'âge. Ils ne devraient pas agir de la sorte. C'est vraiment dommage.

Il faut préciser qu'à l'époque, quand tu étais un intellectuel, tu avais l'esprit révolutionnaire. C'est aujourd'hui que la donne a changé mais avant, il y avait un conflit de générations entre nos parents qui n'ont pas fait les bancs et ceux qui avaient été à l'école. Il y a toujours une polémique entre eux. Quand tu as étudié et que tu as fait des matières comme la philosophie, tu as une certaine ouverture d'esprit. Tu es capable d'argumenter quand quelqu'un dit quelque chose. C'est la philosophie qui te donne cet esprit critique, surtout quand tu as lu des auteurs comme Descartes, Jean-Paul Sartre. En plus de l'environnement qui fait que tu rencontres des gens qui l'ont dans le sang. Si tu es avec des gens qui sont des meneurs de grève, tu les imites. Nous l'avons fait.

L'actuel Président de la République, Abdoulaye Wade nous a beaucoup influencés quand il était opposant. Dans presque toutes les chambres universitaires, il y avait sa photo. C'est lui qui nous disait : « Si les policiers vous lancent des grenades lacrymogènes, ne prenez pas vos jambes à vos cous, captez les et retournez les leurs ».

Matador

La culture hip hop est très présente à l'université. C'est le public du hip hop qui est à l'université. Pourtant, dans le secteur du hip hop, des performances pareilles à celles des États-Unis, ici, ne sont pas vraiment associées au discours intellectualiste même si plein de gens reconnaissent que les acteurs du hip hop sont, en général, des chroniqueurs hors pair. Au Sénégal, cela devient compliqué. Keyti et moi sommes occasionnellement invités dans les universités européennes pour que nous expliquions. Mais je ne sais pas pourquoi cela bloque au Sénégal. Peut-être que certains rappeurs l'ont déjà fait, mais en ce qui me concerne ce n'est arrivé qu'une fois. C'était à l'École nationale d'Economie Appliquée (ENEA) avec les Américains qui y sont et avec Serigne Ndiaye, professeur d'anglais. Ce dernier fait étudier à ses élèves des textes de rap. Chaque année, ils étudient le texte que j'ai fait dans "Xippil Xol". Il y a deux semaines, j'étais là-bas pour parler des paramètres que nous utilisons pour conscientiser la population. Entre la réalité et ce qu'enseignent les professeurs, il y a un décalage. À la base, ce sont les jeunes qui écoutent du hip hop. Mais à l'université, il y a des jeunes rappeurs qui y étudient mais le rap n'est pas présent dans les amphithéâtres et c'est un problème, alors que j'ai vu une école à New York où le professeur donnait des cours avec des sons de rap, des textes.

Je me suis dit que c'est pour cela qu'ils dépassent tout le monde. Ils savent qu'au Sénégal, les jeunes te récitent facilement un texte de rap. Tu prends les leçons que tu donnes à un chanteur de mbalax qui les chante et c'est vite capté par les jeunes. C'est important de comprendre ce qu'aiment les jeunes et les enfants, et de le faire afin de faire passer le message. La forme, ce n'est pas trop important. Mais je pense que cela va venir. Nous connaissons un professeur du nom d'Abdoulaye Niang de l'université Gaston Berger de Saint-Louis et nous pensons qu'au niveau universitaire, il fera beaucoup de choses. Petit à petit cela viendra.

Muslim DJ, le milieu hip hop au Sénégal est très proche de la religion et de ses confréries religieuses respectives.

Chapitre 8

La politique ou l'engagement

La politique est un jeu entre administrés et administrateurs. Dans beaucoup de pays en Afrique, les populations sont à peine initiées à ce jeu dangereux où l'on joue à malin, malin et demi. Le Sénégal pendant si longtemps encore sous le joug de sa tradition de royaumes, n'y voyait pas très clair. Maturité politique atteinte ou non, le bilan est mitigé. S'il y a des sénégalais qui comprennent les enjeux, c'est bien ces jeunes hommes issus de la famille hip hop qui connaissent le mieux les règles du jeu, à présent.

Duggy Tee

Moi, je suis apolitique, mais j'ai les yeux ouverts. La politique ne fait pas vraiment partie de mon monde. Je ne soutiens aucun parti politique. Je tiens à le préciser. Le PS en vert, le PDS en bleu, nous, nous voulons être respectés par ceux pour qui nous avons voté. Maintenant, c'est toute la population qui doit s'unir derrière le Président de la République qui écoutera et tiendra compte de ses besoins. Et l'équipe qui gravite autour du Président doit faire le relais entre ce dernier et la population et doit pouvoir transmettre nos messages et préoccupations. Je pense que cela va prendre du temps pour atteindre une bonne vitesse, car le réel changement est en nous, les sénégalais. Il faudra s'unir, travailler et faire des sacrifices pour l'avenir du Sénégal, il faut que les sénégalais comptent sur eux-mêmes d'abord avant de compter sur qui que ce soit. Maintenant, s'ils ont confiance en leur Président, ils doivent se mobiliser et l'aider à les aider.

Didier Awadi du groupe Positive Black Soul

Mon avis personnel, cependant, est qu'il faut plus de collèges, de lycées et d'universités. En nombre il en faut plus, mais aussi il faut qu'ils soient fonctionnels.

Awadi

Je pense qu'aujourd'hui en Afrique, nous avons des idoles qui sont souvent conjuguées au passé. Des hommes comme Thomas Sankara nous prouvent que nous pouvons être dignes, faire des choses bien, des hommes comme Nelson Mandela pour montrer qu'il n'y a pas que des Eyadéma, des gens comme Rawlings nous ont montré que nous pouvons prendre le pouvoir pour régler des choses et une fois que nous avons pris le pouvoir le quitter. Nous avons des preuves aujourd'hui que c'est possible. Nous avons au Kenya, une femme qui a reçu le prix Nobel de la paix. Nous avons des militantes comme Aminata Traoré, une superbe femme au Mali qui tente d'éveiller l'Afrique. Je pense qu'il y a plein de gens qui peuvent nous donner ce sentiment de fierté, l'envie de continuer et d'être optimiste. C'est important d'avoir la foi et d'être optimiste. Nous devons connaître nos héros. Au Sénégal par exemple, nous ne connaissons pas l'action de Cheikh Anta Diop. Les Américains en savent plus que nous sur celui qui a donné son nom à l'université. Notre rôle consiste à faire connaître le maximum de personnes qui peuvent nous motiver dans notre combat. Thomas Sankara, Patrice Lumumba, Cheikh Anta Diop, Cheikh Omar Foutiyou.

    Le pouvoir fait et défait. On ne sait pas ce qui se passe. Il y a eu des promesses et peu de réalisations. Il faudrait à un moment que les gens arrêtent de faire de la politique et qu'ils travaillent concrètement. Le Sénégal a des priorités et nous ne sentons pas que l'ordre de nos priorités soit le même que celui de notre état.

    Comment occulter les dépenses de prestige dans un pays qui n'est pas riche, le népotisme, une justice à plusieurs casquettes ? Il faut arrêter de déconner un moment. Le travail des jeunes, l'éducation, la santé, sont relégués en arrière plan et le folklore, les loisirs, le sport ont trop de place. Je n'ai pas vu grand chose. J'attends.

    La jeunesse est trop négligée, pourtant, tous les politiciens s'en servent en période électorale. Beaucoup de gens de la mouvance présidentielle et même des opposants sont venus me voir pour travailler avec moi. J'ai toujours refusé. Je ne vais pas me décrédibiliser comme ça. Je suis un musicien. Je fais mon job. Si par exemple, dans un des mes morceaux, vous êtes critiqués, cette critique vous devez la prendre comme un outil constructif. Nous ne vous critiquons pas pour atteindre des individus mais des actes posés qui ont des conséquences afin de faire changer le cours des choses.

Sen Kumpe

Nous sommes de jeunes Sénégalais. Nous sommes conscients que nous ne pouvons pas fermer les yeux sur ce qui se passe chez nous. De plus en plus, nous développons des thèmes relatifs aux conditions sociales des Sénégalais. Déjà en 1999 ou 2000, nous avons composé une chanson intitulée "Lou Deukbi Ladj" [Que demande la ville ?], dans la compilation "Politichiens" produite par Mister Kane. A l'époque, la situation politique était plus tendue et beaucoup n'osaient se prononcer parce qu'il n'y avait pas la prolifération des médias comme aujourd'hui. Tu pouvais être envoyé en prison et les sénégalais n'étaient au courant qu'un ou trois mois après. Tu pouvais être tué et les gens ne sauront que l'État a malmené quelqu'un des mois plus tard. Alors qu'aujourd'hui, si quelqu'un a la moindre égratignure, tout le monde est aussitôt. au courant. Pourtant, durant cette période, nous étions vraiment engagés dans le rap. Avec notre album "Freedom", Bourba et moi, nous nous sommes dit que nous allions sortir un album où nous n'aurons pas besoin de parler de l'État parce que tout le monde sait ce qui se passe, de ne pas nous prononcer sur ce qui se passe dans le mouvement hip hop en disant qu'un tel est un *real* (vrai), de faire des clashs ou de dire qu'un autre est un *fake* (faux), parce que ceux qui se considèrent comme un *real* le pensent déjà, ceux qui sont des *fake* n'accepteront jamais de l'être. Si tu ne pointes pas ton doigt pour dire qu'un tel est un fake, il ne se dénoncera jamais.

Je suis en train de composer un morceau "Waxal sa Baye" [Dis à ton père] qui va sortir dans quelques semaines qui dit ceci : « Dit à ton père que le prix de l'électricité est exorbitant de même que le prix de l'eau… ». Quand nous le disons, cela ne veut pas dire que c'est le Président de la République et son fils qui sont les seuls à voler l'argent du pays, ils ne sont pas les seuls à s'adonner à l'escroquerie…il y en a d'autres qui ne sont pas membres du gouvernement et à qui on confie l'argent du contribuable sénégalais. Pourtant, nous devons nous appesantir sur ces cas mais les sénégalais, s'ils ne parlent pas du président, parlent de son fils. Tout ce qui dérange, nous en parlons, de même que tout ce qui nous plait. C'est cela notre musique.

Keyti : Je suis un radical

L'esprit radical, pour moi, c'est en tant qu'être humain, en tant que citoyen de se sentir concerné par ce qui se passe autour de toi, de ne pas te laisser emporter par la vague, sens-toi concerné par ce qui se passe dans ton pays, donne ton avis par rapport à tout parce que cela compte. Il est nécessaire que chacun donne son avis pour que nous construisions cette société de la façon la plus satisfaisante et que chacun s'y retrouve. Malheureusement, *radical spirit* (esprit radical) au Sénégal est signe de marginalisation parce qu'il n'y a pas assez de radicaux au Sénégal, ou alors quand nous sommes radicaux, nous le sommes en dehors du Sénégal parce qu'il y a tellement de pressions politiques, familiales, religieuses dans ce pays qu'il est difficile de donner son avis. Il faut prendre les avis individuellement et ne pas mettre tout le monde dans le même moule. J'ai le droit d'être ce que je suis, de penser comme je pense et de l'exprimer, de vivre les choses comme je les sens et pas forcément comme ils voudraient que je les vive. Nous n'avons pas également besoin de gueuler pour nous faire entendre, pour se dire "je suis radical, je suis radical".

Je voudrais juste dire avant que nous ne terminions cette interview que je ne crois plus à un langage du rap et des rappeurs dans la mesure où c'est devenu un fonds de commerce. Il y a cette logique qui veut que les artistes soient engagés, mais le sont-ils réellement ?

La discussion que j'ai souvent avec certains rappeurs qui sont engagés, c'est que je refuse maintenant de faire une cassette et sur huit, dix ou quatorze titres, d'insulter les politiciens et de cracher sur la société parce que, quelque soit la pauvreté que l'on vit, les difficultés que l'on rencontre, nous avons eu de bon moments dans nos vies et, pour moi, c'est être engagé en essayant de faire ressortir ces moments de bonheur, de dire que malgré toutes les difficultés qu'il y a ici il y a une heure de temps à passer avec des amis pour prendre le thé, c'est très précieux pour nous, il y a une soirée à passer avec notre famille où nous allons nous lâcher, rigoler, raconter des histoires et c'est très précieux pour nous et je crois qu'aujourd'hui, c'est notre rôle de ressortir ces choses positives qui se passent dans notre société, de dire qu'il y a des gens qui veulent offrir un cadre de vie paisible à leurs enfants, qui veulent créer un environnement paisible. Mais à entendre les rappeurs engagés, nous avons l'impression qu'il n'y a que des choses malheureuses qui se passent en Afrique et au Sénégal. Dans ce pays particulièrement, j'ai eu la chance de faire la sous-région et je peux assurer que nous sommes gâtés au Sénégal. Il y a une liberté d'expression, une liberté d'être qui n'est pas toujours admise dans les pays limitrophes. Donc, il faut arrêter de se foutre de la gueule des gens, de vouloir peindre en noir pour en faire son fonds de commerce. C'est bien d'avoir l'esprit radical, mais il faut aussi être très objectif et honnête.

Manu de Wa BMG 44

Quand on vient de ces quartiers-là, on fait de la politique au berceau. On est au cœur de toutes les préoccupations politiques quand vient la période des élections.

En 2000, tout le monde a reconnu que le rap a participé à l'avènement de l'alternance. Je dis que le rap a été le seul parti et le vrai parti de l'opposition pendant les dernières années du règne d'Abdou Diouf, ancien Président de la République.

Je m'explique : les partis d'opposition, nous ne les voyons que quand il y a des élections mais le rap, depuis que nous avons commencé à grandir, à sentir cette pression sociale, on a commencé à comprendre un peu et on s'est dit qu'on ne voulait plus de ce président et nous avons commencé à écrire. Quand je dis « on », je ne parle pas seulement de BMG 44, mais de la grande famille hip hop. Dans tous les coins de rue, toutes les écoles, les dimanches et les mercredis, chaque année, il y a ouverture et fermeture de foyer, tu vas jouer dans les écoles devant un parterre d'élèves en disant "Y'en a marre", nous ne voulons plus de tout cela. Mais ces élèves-là, huit ans après, avaient l'âge de voter et il y a eu un *brainstorming*, un « matraquage » de cerveau fait par les hip hoppeurs. Ces jeunes-là, ils ont voté pour Maître Abdoulaye Wade, l'actuel chef d'État et je trouve que c'est bien que les journalistes aient reconnu que le hip hop a participé à l'alternance. Et je crois, de par cette petite comparaison, que nous pouvons dire que le hip hop a une certaine influence sur la jeunesse et j'espère que c'est une influence positive.

Une compilation produite par Mister Kane le même année 2000 a fait le résumé des années passées et du 19 mars, c'était une manière de dire ce que nous avions constaté durant les élections et puisqu'il y avait un marabout qui s'était prononcé sur la réélection d'Abdou Diouf, nous avons trouvé cela injuste parce que nous voulions qu'ils nous guident plutôt vers la voie spirituelle plus que vers la politique. Il y avait aussi les hommes politiques qui, du jour au lendemain, quittaient le parti déchu, le Parti Socialiste (PS), pour rallier le Parti Démocratique Sénégalais (PDS), parti au pouvoir. C'est ce que l'on a appelé les « transhumants ». Nous, nous avons appelé ce phénomène la « prostitution intellectuelle ». Nous avions trouvé cela sale. Et les gens qui ont combattu avec Wade, le chef d'État, ont été lésés. Et nous ne voulions pas que la jeunesse applique cette leçon de traîtrise. Retourner sa veste dès que le vent tourne.

Quand l'album est sorti, nous avons été menacés. Il y a un membre du groupe qui s'appelle Kagoulard qui a été battu. Nous autres avons reçu des menaces par des personnes interposées. Ceux-ci allaient à la rencontre d'un jeune dans notre quartier et rétorquaient : « Vous devez aimer le hip hop et vous devez connaître tel groupe, dites leur qu'on va leur mettre la main dessus. » Nous avions notre mot à dire, nous l'avons fait et nous continuerons à dire ce que nous avons à dire parce que c'est notre Sénégal, notre Afrique et si jamais nous devons mourir pour cela, nous n'allons pas reculer parce que nous n'avons pas envie d'un Sénégal où les gens ne peuvent pas s'exprimer. Nous ne voulons pas d'un Sénégal divisé : Cheikh Ahmadou Bamba l'a dit, il n'y a aucune autorité au-dessus de Dieu. Donc ces gens qui nous dirigent sur le plan politique ou religieux sont des êtres humains comme nous et le respect doit aller dans les deux sens.

Alajiman

Nous avons plusieurs types de problèmes qui concernent et affectent notre jeunesse, économiques, politiques et sociaux, c'est sûr. Aujourd'hui, mon rôle en tant qu'artiste c'est de réguler, ce n'est pas de prendre part. Parmi tous ces sénégalais, il y a des gens qui sont au pouvoir qui écoutent ma musique ; il y a des gens qui sont dans l'opposition qui écoutent ma musique ; je ne me dois pas de prendre part. Je suis un artiste engagé, mais je suis un artiste qui régule. En tant que citoyen sénégalais, j'ai le droit de choisir, de participer au destin du pays. Et ça, pour moi, c'est en allant voter, comme tous les autres citoyens. Ce n'est pas de casser des autobus, même si le droit à la manifestation existe. Moi, je considère que je manifeste à travers ma musique depuis prés de 20 ans. Et j'ai un groupement citoyen qui s'appelle « Lord Alajiman » depuis 20 ans aussi. Mais quant à tout ce que je dis ou fais dans ma fonction d'artiste, je reste un régulateur. C'est cela la subtilité de l'art à mon avis. Nous sommes des réconciliateurs, notre musique doit aider les gens au dialogue. D'autres artistes ont le droit de penser et de faire autrement, mais ils devront accepter que certains d'entre nous ne se manifestent pas de cette façon-là. Le groupement Y'en a marre a son combat et moi, mon combat est artistique et je veux commencer par mon foyer en m'assurant que chacun de mes enfants soit un sénégalais modèle. Pour moi, c'est la continuité de tout, l'éducation à l'école, celle de ses parents, pour livrer un bon citoyen. Ce n'est pas parce que je ne suis pas dans Y'en a marre que je suis contre eux. Je les respecte, j'y ai beaucoup de connaissances et ils me sollicitent sur des créations artistiques mais je m'en arrête là. Dans notre pays, personne n'est aveugle, nous savons que nous avons un réel problème et qu'il va falloir y faire face. Maintenant les méthodes et les hommes diffèrent. Il y a beaucoup de manipulations, beaucoup de sauveurs qui apparaissent de nulle part et je ne serai pas de ces messies-là. Ma musique servira à communiquer avec le peuple en leur recommandant vigilance et discernement.

Daara J Family

Faada Freddy : Un jour, nous avons rencontré un ministre. Il a regardé nos vêtements et nous a dit : « Ce qui me déplaît chez vous, c'est votre habillement à l'américaine. » J'ai juste regardé sa cravate. La cravate vient des « crava », des guerriers croates qui portaient cela. Ce sont des barbares qui tuaient tout le monde sur le chemin. J'avais juste envie de lui rappeler cette page de l'histoire. Je l'ai bien regardé et j'ai souri. Il noue sa cravate mais ne sait pas ce qu'elle symbolise.

J'ai eu beaucoup de déceptions avec l'État. Je vais droit au but. Lorsque nous avons signé avec une maison de production, nous avions des centaines de dates dans l'année, imaginez les délais de visas, la paperasserie, les tracasseries administratives, permis de travail etc... Etant donné que nous avions un métier et que nous représentions notre pays, notre continent, nous payions des impôts sur nos cachets, alors nous avons sollicité l'État pour avoir des passeports diplomatiques. Et on nous l'a promis. Nous avons eu un passeport de service qui nous obligeait à venir à chaque fois au ministère demander l'autorisation de sortir. Il y a eu tellement d'opportunités de concerts tombées à l'eau avec cette affaire de visa.

La seconde fois qu'on les a sollicités, nous leur avons soumis un projet pour les écoles, un beau projet éducatif et citoyen, mais rien. Silence radio. Impossible d'avoir une réaction ou un interlocuteur intelligent là-dessus. J'ai dit « merci ». J'en ai eu ma claque de ces gens-là. Quand il n'y a pas d'intérêt politique, il n'y a personne qui bouge.

Ndongo : C'est aujourd'hui que les gouvernants ont compris le mouvement hip hop. C'est maintenant que la relation entre les rappeurs et les gouvernants est devenu dur pour nos dirigeants. Les gens qui travaillent dans les ministères ou dans le gouvernement quand nous les rencontrons sont fiers de nous. Ils nous disent : « Daara J, vous êtes bien » et tout. Pour la petite histoire, nous étions partis au Mexique. Dans l'avion, il y avait Mame Birame Diouf, un ex-ministre de la Culture. Il était derrière moi, je l'ai reconnu. Je l'ai salué en lui disant que vous êtes notre ministre. Il me demanda : « Vous partez où ? » Je lui dis : « Au Mexique ». Le ministre avait l'air surpris.

Faada : Les gens ne t'écoutent que quand tu tires sur le gouvernement. Nous ne sommes pas obligés de tirer sur le gouvernement. Il n'y a aucun homme politique derrière nous. Si nous parlons, c'est parce que nous avons constaté quelque chose. Nous allons en studio et nous en parlons après avoir bien observé. Ce jour-là, j'étais tellement énervé et j'ai demandé à Ndongo pourquoi il parlait avec ce ministre-là.

Ndongo : Il y a des propos qui reviennent assez souvent qui me choquent et m'énervent : cette phrase combien de fois l'ai-je entendue : « Je n'aime pas le rap mais vous, vous êtes différents. »

Faada : C'est quoi nous ? Soit on l'aime soit on ne l'aime pas. Moi, je trouve que c'est hypocrite. Quand tu dis « Je n'aime pas le rap », cela veut dire que « Je n'aime pas ce que tu fais ». Même quand tu me regardes et que tu me dis : « Je n'aime pas les rappeurs », je dis « d'accord ». Il faut que l'individu dispose d'une certaine culture pour accepter cette musique. C'est une musique qui fait appel à l'intelligence, à la tolérance. Si tu ne la comprends pas c'est parce que tu n'as pas cherché à t'adapter à cette génération. Comment peux-tu diriger un pays et ne pas savoir les modes de fonctionnement de sa jeunesse ?

Xuman de Pee Froiss

Je n'ai pas remarqué un changement profond avec Maître Abdoulaye Wade à la tête du pouvoir. Oui, il y a eu des changements d'une autre nature, il y a des individus très pauvres qui sont devenus très riches. Les personnes qui étaient déçues de l'ancien régime ont poussé un « ouf » de soulagement. Elles se sont dit : « Voilà nos problèmes sont résolus. Nous n'avons pas à nous plaindre, il faut juste travailler ».

Il y a eu énormément d'espoir quand il y a eu ce changement. Concrètement, qu'est ce qui a été fait ? Il y a eu des infrastructures, des édifices pour améliorer Dakar la capitale, et continuer l'incitation à l'exode. On nous a donné le « Sopi » ou changement, sans le mode d'emploi. Nous avons eu du mal à comprendre que quand nous disons « Sopi » c'est dans la tête d'abord.

Il y a eu une soi-disant chasse aux sorcières pour ceux qui ont détourné de l'argent dans le régime du Parti socialiste. « Nous allons auditer tout le monde. » Deux ou trois personnes ont été détenus en prison. Il a y eu beaucoup de chamboulement dans la presse, de règlements de comptes personnels, de manipulations religieuses. Il y avait longtemps que nous n'avions vu de journalistes envoyés en prison pour avoir dit des choses contre le gouvernement. Beaucoup de voyages ; aucun président sénégalais n'avait autant voyagé. Les petites réalisations ont été amplifiées aux yeux du peuple afin qu'elles paraissent grandes. Nous avons besoin de l'éducation, de la santé, des denrées de première nécessité ; les choses qui sont les plus importantes pour le Sénégalais sont devenues encore plus inaccessibles. Sans compter la longue crise énergétique que nous venons de vivre. Ce qui est certain c'est que jamais un Président de la République n'a fait l'objet d'autant de polémiques. Après les élections de 2000, nous avons fait un morceau "Zeumeula" où nous exprimions tout notre désarroi par rapport à l'ancien régime et que nous ferions tout pour donner la force au nouveau régime de s'installer mais que, si jamais cela ne changeait pas, nous étions les gardiens du temple. Nous allons voter et refaire la même chose. Tu laisses un an, deux ans, mais tu réalises que les promesses n'ont pas été tenues. C'est la désillusion totale deux mandats plus tard.

Fou Malade : Y'en a marre, un vrai mouvement

Ce mouvement n'est que la phase active de ce que nous étions en train de faire depuis des années. Keur Gui fait son rap engagé, dénonce la mal gouvernance, l'injustice ; Keyti, Simon de 5-Kièm Underground et beaucoup d'autres rappeurs en général. Mais moi, je faisais mon rap humoristique, de temps à autre un peu de rap politique, beaucoup de rap en prison. J'étais convaincu qu'avec le rap, nous pouvions faire des choses. Donc n'importe qui n'est pas dans ce mouvement. Chacun jouait sa partition. Ils avaient une idéologie qui n'avait pas encore son nom. Ce sont des rappeurs très charismatiques qui avaient une vision de la politique, de la société, etc.

Le rappeur Thiat du groupe Keur Gui est un ami. À chaque fois que nous nous voyons, nous parlons politique. Avant ce mouvement, j'ai eu à animer avec lui des textes de rap, sur l'artiste et l'engagement. Lors d'une conférence animée au lycée Delafosse, quand nous nous sommes attaqués à Senghor, le modérateur nous a insultés et la conférence s'est arrêtée. Nous l'avions fait auparavant dans les écoles, les collèges, les lycées pour donner notre point de vue sur la politique, sur comment devrait marcher les choses. Thiat m'a dit : « Tu me disais que tu voulais faire quelque chose, Malal; nous avons pensé à quelque chose. Est-ce que tu peux venir ? »

Je suis venu à la Place du Souvenir, le 18 janvier 2011, j'ai lu le manifeste du mouvement Y'en a marre et j'ai vu que cela regroupait les frustrations des Sénégalais. Et le mouvement était défini comme un mouvement apolitique, citoyen, et il n'y avait personne derrière. C'était juste de jeunes rappeurs qui, avec les coupures d'électricité, voulaient envoyer des e-mails et ils n'ont pas pu. Tout est parti d'une coupure d'électricité. Ils se clashaient et ils étaient avec des journalistes et leur ont dit : « Vous ne faites qu'écrire » et ces derniers de rétorquer : « Vous ne faites que rapper ». Et ils se sont dit : « Levons-nous et agissons comme si rapper n'était pas agir. » Mais pour eux, ce n'était pas suffisant. Ils ont mis en place ce mouvement. Et quand j'ai lu le manifeste, j'étais convaincu parce que c'était dans ma démarche. Et je me suis demandé qu'est-ce que j'ai fait auparavant. Est-ce que j'ai une seule fois « bouffé » l'argent d'un politicien ; est-ce que j'ai une seule fois donné mon engagement à un parti politique ? Je me suis dit : « Bien sur que non » par conséquent je pouvais m'engager.

Des gens ont eu à dire que j'avais déjà travaillé avec les ministères de la Justice, de la Culture, de l'Éducation nationale dans le projet « le rap poétique ». Ma réponse a été que ce n'était pas des ministères libéraux mais des institutions républicaines, elles appartiennent aux sénégalais, pas à un parti politique. Et ce que je vais prendre là-bas, c'est l'argent du contribuable et je suis clair dans ma démarche.

Une semaine après la naissance du mouvement, j'ai été convoqué par le Premier ministre, Souleymane Ndéné Ndiaye. Il m'a demandé ce que c'était ce mouvement. Je lui ai rétorqué : « C'est le mouvement Y'en a marre ». Il répliqua : « Y'a en marre de quoi ? » Je lui répondis : « Nous avons marre de l'injustice, des coupures d'électricité. » Je lui ai demandé s'il en avait parlé avec le fils du Président. Il me dit : « Malal njeurigne bo féké ».[1]

En rentrant dans la maison du Premier ministre, j'ai trouvé des lutteurs, quelque chose que je n'ai jamais dit dans la presse. Certains, de même que des subordonnés, m'ont dit : « Malal, tu as toujours eu une haute démarche ; il ne faut pas être avec les gars de Keur Gui. Vous n'êtes pas pareils, tu es plus intelligent qu'eux. » J'ai répondu que Keur Gui, ce qu'il est en train de combattre, c'est juste et c'est pour tous les Sénégalais, il faut les soutenir. La discussion est close. C'était le lendemain de la victoire du lutteur Eumeu Sène sur Gris Bordeaux. Dans le salon, il y avait des lutteurs de même que Eumeu Sène, le lutteur vainqueur de ce combat. Et le caméraman Belly Sy de la RTS a voulu me filmer. Je lui ai dit : « Ne me filmes pas, je suis venu à titre personnel parce que le Premier ministre veut savoir ce que c'est que le mouvement Y'en a marre ». Une fois que j'ai intégré ce mouvement, j'ai compris qu'il fallait le faire depuis longtemps et j'ai compris qu'autant être là. Le combat m'a poussé à lire les journaux tous les jours, à suivre l'actualité. Il m'a emmené à mieux comprendre la Constitution, à lire les articles, à mieux comprendre les idéologies politiques, à comprendre comment depuis cinquante ans les hommes politiques arnaquent les Sénégalais.

J'ai été choisi comme directeur artistique du mouvement. Je m'occupais de tout ce qui était stratégie de communication artistique. Nous étions à un moment confrontés à un problème d'autorisation de manifestations. À chaque fois que nous voulions en faire une, elle était interdite. C'est là que nous avons inventé le « Dalou Ndakarou[2] » qui consistait à faire du porte-à-porte. Puis nous avons inventé le « Open Guérilla Poetry », la guérilla poésie urbaine, qui a consisté à occuper les transports urbains pour parler de l'actualité de la semaine. Je faisais ce travail avec les jeunes et je le trouvais très intéressant. J'écrivais avec eux huit mesures qu'ils rappaient afin de pousser les femmes à s'inscrire sur les listes électorales. Nous avons usé d'une technique que nous avons appelé « Seurou Ngathié[3] », pour leur dire de ne pas vendre leurs cartes d'électeurs. Nous leur avons dit que si quelqu'un vient et vous offre un

---

1   Malal, prénom véritable de Fou Malade « être témoin de temps meilleurs (ou de moments fastes) ».
2   Les chaussures de Dakar.
3   Un isoloir.

tissu au nom d'un parti politique, ne le prenez pas parce que c'est acheté avec l'argent du contribuable sénégalais, c'est le « Seurou Ngathié », de refuser de le prendre. Et notre message était perçu. Malgré le fait que le gouvernement ait refusé de mener une campagne de sensibilisation sur les listes électorales, nous avons, avec les moyens du bord et beaucoup de difficultés, inscrit 480 000 jeunes.

Le mouvement nous a permis de rencontrer l'Ambassadeur des États-Unis, Marcia Bernicat, et de réfléchir sur la politique. Nous cherchons à être utile à notre société, servir d'exemple et trouver des remèdes quand un mal est là. Nous voulons que le citoyen sénégalais ne soit plus exclu de la gestion de la chose publique. Il a été exclu pendant 50 ans. Il faut redonner au peuple le pouvoir et lui faire comprendre que c'est lui qui le détient. Nous voulons montrer aux politiciens qu'ils ont échoué parce que la politique qu'ils ont définie est vomie par la population. Aux personnes à qui on dit de ne pas s'intéresser à la politique parce que c'est dégueulasse, aux personnes à qui on achète leur carte d'électeur à 2 500 FCFA, c'est une façon pour les politiciens d'avoir plus de marge de manœuvre afin d'arnaquer le peuple alors que le peuple c'est un concept, un ensemble de personnes qui ont compris que les choses peuvent changer. Et il n'y a aucun peuple qui puisse résister à la volonté de faire changer les choses : Ben Ali, Hosni Mubarack, ce sont les jeunes qui se sont levés. C'est une façon de dire aux jeunes : « Prenez vos responsabilités, levez-vous, ne vous auto-excluez pas, soyez responsables ». Notre mouvement est intéressant en ce sens qu'il fonctionne dans l'autonomie de l'action et de la pensée. Et le 23 juin, les gens nous ont dit : « Ce que vous allez faire c'est de la politique. » Nous avons rétorqué : « Non ! Le président de la République veut tripatouiller la Constitution et celle-ci concerne tous les Sénégalais. C'est la Charte de la République et ce qui nous intéresse c'est la démocratie et la République et sa bonne marche dans notre pays. » C'est pourquoi, le 23 juin nous n'étions pas nombreux mais nous avons décidé de nous opposer à la loi contre le ticket présidentiel.

Avec le mouvement Y'en a marre, nous allons à la rencontre des gens à travers le territoire national et nous donnons notre point de vue. Nous avons envie d'un nouveau type de citoyen. Nous avons lancé le concept : Nouveau Type de Sénégalais (NTS) qui dit qu'il ne faut plus surcharger les cars rapides, jeter une tasse de café Touba dans la rue ; qu'il faut dénoncer un chauffeur de car rapide qui donne de l'argent à un policier, faire ce qui est possible dans nos quartiers et le reste en faire part aux autorités compétentes. Nous entendons dire qu'il y a Macky Sall, Tanor ou Niasse derrière ce mouvement mais c'est faux. Les gens qui pensent ainsi refusent à la jeunesse de leur pays la capacité de mobilisation, de pensée, etc. Cela montre aux Sénégalais qu'aujourd'hui, les jeunes sont capables. Nous n'avons pas besoin de faire de grandes écoles pour porter un discours politique. L'argent du contribuable, des Sénégalais ne savent même pas ce que cela veut dire. Nous avons trouvé des vendeurs d'arachides salées, de foin, que nous avons sensibilisés mais ils nous ont demandé ce que c'était l'argent du contribuable. Nous leur avons expliqué que c'est l'argent de vos patentes que l'État récupère pour réparer vos égouts cassés, entre autres.

Nous sommes de nouveaux opposants contre toute forme d'injustice, le ticket présidentiel qu'il ne fallait pas accepter et qui allait instituer la dévolution monarchique. Et si le ticket avait été voté, ce serait une honte pour tout le Sénégal parce que Abdoulaye Wade et tout son clan seraient encore au pouvoir et il aurait été élu avec 25% des voix. Quand c'est injuste et que nous nous mettons devant la scène pour dire : « Non ! », nous sommes des opposants. Nous ne sommes pas des opposants politiques, nous ne pensons pas politique de manière partisane ou clanique. Nous ne nous réclamons d'aucune idéologie politique. Nous avons de l'idéologie politique urbaine.

Lors des manifestations du 23 juin, certains de nos membres ont été violentés et nous avons été envoyés au commissariat du Plateau. Il y avait Thiat, Kab 2 Seus du groupe Fuk'N'Kuk de Dalifort, Karim Fouf Hahe et moi. Nous avons reçu des coups de bottes, de fouets, etc. Ce qui a été le plus navrant, c'est quand les policiers venaient nous trouver dans nos cellules en nous disant : « Vous êtes des homosexuels, imbéciles, vous voulez brûler le pays ! » C'est ce qu'il y a eu de plus honteux dans leurs propos. Ils voulaient nous intimider, mais nous n'avons pas eu peur. De temps en temps, ils passaient et certains étaient d'accord avec nous, même s'ils ne le disaient pas à haute voix. Nous avons vu des détenus étrangers tellement violentés.

Après avoir fait la campagne « Daas Fanaal[4] » qui incitait les jeunes à s'inscrire sur les listes électorales, nous entamons la campagne « Fanané Daas[5] ». Nous suivons tout le processus électoral. C'est une campagne pour inciter les gens à retirer leurs cartes d'électeurs et à aller voter. C'est les emmener également à ne pas entrer dans le jeu de

---

4   Être prêt à aller voter.
5   Inciter les gens à se munir de leur carte pour le vote.

ces politiques qui récupèrent leur carte d'électeur et leur promettent des financements. Nous voulons les préparer à cela afin d'aller vers un vote plus utile. Nous entamons aussi la campagne « électo-rap » : c'est une tribune télévisée qui invite les candidats à parler d'eux-mêmes. Nous leur posons des questions par rapport à leurs responsabilités. Pourquoi ont-ils quitté, pourquoi ont-ils cautionné certaines choses quand ils étaient là ? Ceux qui ont été cités dans des histoires de milliards et qui ont été emprisonnés et libérés par la suite. Ceux qui se sont absentés pendant des années et qui sont revenus à 70 ans, à cet âge est-ce qu'on peut être utile à son pays ? Toutes ces questions seront soulevées pour éviter les concerts de promesses, mettre les candidats en situation. Qu'ils fassent une déclaration de patrimoine parce que moi, si demain je veux être président, il faut que je dise où est-ce que je me suis enrichi. Quel est mon rapport avec la dignité, l'éthique ? Nous voulons être un mouvement de veille, d'alerte et nous ne voulons soutenir aucun candidat.

Keur Gui

Thiat : Nous avons comblé le vide qu'il y avait. Si Y'en a marre a une certaine visibilité aujourd'hui, c'est parce qu'il est venu combler ce vide. Il n'y a pas une autre explication. Tout le monde le reconnaît à l'unanimité au Sénégal : seule la musique rap est celle de la contestation. Elle a toujours dénoncé la mauvaise gouvernance, elle s'est toujours donné la peine de réfléchir. Comme nous avons cette réputation en tant que rappeurs, nous, en particulier le groupe Keur Gui, l'étiquette que l'on nous colle depuis toujours c'est d'être engagés donc c'est une suite logique. Nous avons fait un pas en avant, nous avons joint l'acte à la parole.

Mais l'iconoclasme que nous avons amené dans l'échiquier politique est que nous sommes des jeunes qui ne sommes manipulés par aucun leader politique. Et les gens n'ont pas l'habitude de voir cela : ils voyaient toujours des jeunes orchestrés par un leader politique ou quelqu'un d'autre. Mais aujourd'hui, les gens font face à des jeunes conscients, incorruptibles, inflexibles avec des valeurs, des vertus, qui ne travaillent pas pour un parti politique ou une personne, qui sont là pour le peuple et qui disent des choses que beaucoup avaient envie de dire mais qu'ils ne disent pas ou qu'ils disent mais de manière enrobée alors que nous le disons de façon crue parce que c'est la vérité ; c'est clair que cela devienne tout nouveau. Il n'y a rien de nouveau, ce sont des choses qui ont toujours été là. Y'en a marre n'a rien dit de nouveau : nous n'avons pas d'électricité. Ce que Y'en a marre a apporté et qui est nouveau c'est le Nouveau Type de Sénégalais (NTS) : c'est un gros chantier, un gros projet mais c'est juste une proposition. En dehors de ces propositions, il y a la contestation qui a été faite par nous, les rappeurs et les journalistes. Mais cela se limitait aux gens qui écoutaient le rap ou lisaient les journaux. Aujourd'hui, c'est le jumelage de ces deux groupes pour toucher le maximum de sénégalais avec le discours qui va avec : la manière iconoclaste qui appartient aux rappeurs.

Kilifa : J'en ai parlé aux « Y'en a marristes » de la région de Tambacounda : quand ils ont commencé à revendiquer, ils ont reçu des appels de la présidence de la République pour négocier. Quand ils m'ont appelé pour me demander ce que j'en pensais, je leur ai dit de poser leurs doléances. Vous n'avez pas besoin de vous asseoir à une table de négociations : « Vous ne voulez pas que Tambacounda soit le dépotoir de prisonniers ? » Avec nos hommes politiques, le problème est qu'ils pensent qu'ils peuvent acheter tout le monde et que le pays est leur propriété privée. Ils sont habitués à des regroupements de jeunes du genre « Union des jeunes libéraux ». Là c'est différent parce que ces jeunes travaillent pour une personne. Par contre, avec ce mouvement, c'est une première que des jeunes travaillent pour eux-mêmes, pour tout un peuple et se prennent en charge. Avec les hommes politiques, c'est tout pour un et nous voulons rompre avec cette manière de faire la politique de manière partisane. Il faut s'intéresser à la gestion de sa cité. C'est ce que faisaient le Prophète (PSL) et Cheikh Ahmadou Bamba pour imposer et implanter l'Islam.

Thiat : Y'en a marre n'est pas une entité détentrice de papiers administratifs. Nous n'avons pas encore de papiers officiels parce que l'État ne veut pas nous les délivrer.[6] Nous gravitons autour d'un concept. Nous ne sommes ni une association ni un Groupe d'Intérêt Économique (GIE). Depuis sa création, c'est le volontariat et la spontanéité, il n'y a aucun leader. Nous discutons de tout, nous avons un noyau dur constitué des membres fondateurs de Y'en a marre et les premiers qui sont venus s'y greffer. Il s'agit de Fou Malade, Simon, Djily Bagdad, etc. Les avis sont bien partagés, c'est cela qui fait le charme du groupe. Nous pouvons

---

6   Le mouvement Y'en a marre est maintenant une association régie par la loi 1901, qui réglemente les associations à but non lucratif au Sénégal.

rester toute une journée à discuter pour prendre une décision et quand nous la prenons, ce n'est pas parce que la majorité la veut, mais nous sommes tous d'accord parce que nous sommes convaincus de ce que nous faisons. Si nous parlons de majorité, il peut y avoir une fronde ou que d'autres parlent d'autres choses. Si X n'est pas convaincu, on lui explique jusqu'à ce qu'il dise : « Oui ! Je suis d'accord maintenant. » Comme nous n'avons pas encore de papiers administratifs, nous ne pouvons prétendre exister comme entité. Nous nous considérons comme un état d'esprit. Même Maître Wade, le Président de la République, peut être un « Y'en a marriste » parce qu'il peut lui arriver même de dire « Y'en a marre » en Conseil des Ministres".

Kilifa : Il paraît que le président a dit : « Y'en a marre des opposants. » Nous n'avons pas de papiers administratifs, raison pour laquelle nous ne pouvons pas avoir de financements d'ONG ou de qui que ce soit. Nous ne pouvons prétendre à beaucoup de choses. Nous avons juste des sympathisants et des gens qui adhèrent à l'esprit et qui ont l'état d'esprit de « Y'en a marriste. » Il s'y ajoute le travail que tu fais à ton niveau personnel : tu sers de référence afin de soigner le mal qui nous ronge tous. Un système c'est une chaîne et moi, j'en fais partie. Et si je me retire de la chaine afin qu'il y ait une rupture, si Fatou, Kilifa, d'autres se retirent, le système va avoir une défaillance et ne fera pas tâche d'huile. C'est comme une alimentation en électricité, si je coupe une partie du câble, il n'y aura pas de courant. Il faut savoir que les revendications de Y'en a marre ne peuvent pas être monnayées. Si aujourd'hui, Thiat se laisse acheter, ce n'est pas le mouvement Y'en a marre, c'est seulement Thiat parce que ni Thiat ni Kilifa ne sont les leaders de ce mouvement. Les leaders du mouvement Y'en a marre ce sont plutôt les critiques et les contestations. C'est la plateforme qui est le leader. Dans Y'en a marre, c'est la plateforme la star. Donc, ils peuvent acheter des têtes mais je pense que ceux qui sont dans le mouvement Y'en a marre sont des hommes intègres. Nous nous faisons confiance. Ils ont usé de tous les moyens ces hommes politiques : des tentatives d'intimidation, de corruption. L'opposition n'a jamais essayé de nous acheter mais ça a toujours été le pouvoir. Et cela n'a jamais marché et ne marchera jamais. Je préfère marcher ou payer 50 FCFA en empruntant un transport en commun, un car rapide, et que les gens me remercient par rapport à ce que nous faisons plutôt que de rouler dans un véhicule 4X4 et que l'on me dise après « merde ». Je veux dormir tranquille. Je veux que mes petits-fils soient respectés. Je veux aller au paradis. Les gens comme Cheikh

Anta Diop, Thomas Sankara, Patrice Lumumba, Aline Sitoé Diatta sont au paradis. C'est cela laisser un héritage à sa famille : jusqu'à l'extinction du soleil, on parlera de toi, mais en bien.

Simon, Bisbi Clan

Pour moi, c'est plus une continuité parce que la plupart des rappeurs qui sont dans le mouvement Y'en a marre étaient des rappeurs engagés qui ont eu des problèmes avec l'État, la police ou les maires de leurs villes. Mais la différence est qu'avant, nous ne faisions que rapper, nous nous limitions aux morceaux, aux émissions de radio et de télé. Maintenant, nous sommes sur le terrain. Nous joignons l'acte à la parole. Nous organisons des marches, ce que nous ne faisions pas avant. Avant, nous avions peur d'être vus à côté d'un politicien parce que les gens avaient un peu sali la politique. Elle était tellement devenue sale que tout le monde restait de son côté et jetait des pierres à tout le monde. C'est bien beau de jeter des pierres à tout le monde mais toi, qu'est-ce que tu fais ? Tu écris tes textes conscientisés, tu es engagé et après ? Beaucoup le font, les journalistes, les écrivains le font mais la différence c'est de descendre sur le terrain et de poser des actes concrets. C'est là que nous avons pensé au concept d'un Nouveau Type de Sénégalais (NTS) avec au moins une proposition : ne pas faire que critiquer parce que nous ne nous battons pas contre une personne mais contre un système. Et nous sommes dans ce système : c'est nous qui buvons notre tasse de café Touba pour ensuite la jeter dans la rue, pareil avec les sachets d'eaux, les cartes de crédit. Nous urinons partout et n'importe comment. Il y a aussi l'heure sénégalaise : tu dis 15 heures et tout le monde vient à 17 heures. Tout cela contribue à pourrir ce système vu que nous avons un président à l'image de ce que nous sommes. Donc, il faut descendre et poser des actes concrets. Vu que nous disons NTS, il faut faire ce que l'on dit. Nous ne sommes plus de simples rappeurs qui jettent des pierres, nous nous impliquons et faisons savoir aux sénégalais qu'il y a une nouvelle façon de faire la politique. Nous avons notre mot à dire et il ne faut plus laisser la chose politique aux politiciens. Et je crois que c'est une continuité parce que si on voit nos textes depuis "Diggé Borla"[7], "Abadan Bagnkat"[8] jusqu'à "Mistik A ma mère", il n'y a pas un album

---

7   La promesse est une dette.
8   Un pur et dur, un véritable révolutionnaire.

contre la politique, contre la façon de faire mais contre les sénégalais qui se laissent faire aveuglément avec les *Ndiggel*[9] de leurs marabouts. À chaque fois, il y a des morceaux qui couvrent ce problème. Et Y'en a marre est tombé à pic pour être le récipiendaire de tout cela.

Ce n'est pas un mouvement pour prendre des postes mais juste pour dire aux sénégalais qu'il est possible de changer. Nous changeons nos habitudes et forcément, le pays va changer. Plein de gens nous tiennent ce discours : « Vous faites de la politique. » Pour eux, descendre dans la rue c'est faire de la politique. Si tu parles de citoyenneté, de changer le Sénégal, c'est faire de la politique pour les gens. Ces derniers renchérissent : « Pourquoi ne vous contentez-vous pas de votre rap ? » C'est trop facile. C'est aujourd'hui que je perçois le sens de mon combat. J'avais l'habitude d'animer un concert et de rentrer, de sortir un album tiré à 5 000 exemplaires. Tu fais des prestations dans les écoles, tu as joué dans plein de festivals en Europe et aux États-Unis, tu as des connexions. Qu'est ce qui te manque ? Peut-être signer avec un grand label et avoir un disque d'or ? Mais tu as ton studio, tu collabores avec des artistes internationaux. Mais il y a un sens parce que tu marches dans la rue et une maman en train de faire le linge t'interpelle et pries pour toi. Tu rencontres un autre Sénégal et eux ils rencontrent un autre artiste, un autre Simon. Tu loues le Bon Dieu et tu te dis que cela a commencé par le rap mais c'est la continuité avec plus de responsabilités. Tes textes peuvent toucher encore plus de monde. Tu dois faire encore beaucoup plus attention, tu as plus de pression. Avant, tu étais rappeur, *bad boy*, tu pouvais faire ce que tu voulais mais maintenant tu fais partie d'un mouvement qui veut changer le Sénégal. Et ce changement-là, il faut que tu l'incarnes avec toutes tes imperfections. Et c'est là où cela devient plus sérieux.

Neew Bi et son mouvement citoyen

Je faisais partie d'un mouvement appelé Citoyen Bon Acte (CBA). Mais le mouvement a eu des relents politiques, raison pour laquelle je me suis retiré. Depuis lors, je ne suis membre d'aucun mouvement. Avec mon travail de rappeur, je pense que je n'ai pas droit à l'erreur. J'ai remarqué que les hommes politiques et les marabouts se sont immiscés dans presque tous les mouvements. Ils ne leur restait que le mouvement hip hop. Mais j'ai l'impression qu'ils sont en passe de réussir leur coup.

---

9   Appel à respecter une décision venant d'une hiérarchie religieuse.

Aujourd'hui, je ne suis membre que du mouvement hip hop. Si j'ai des messages à délivrer, je le fais à travers les émissions et les interviews que j'accorde.

Actuellement, je prépare la sortie d'un nouvel album pour le mois de décembre 2011. Il sera riche de 20 titres et portera le titre de « d'D d' » : *Deuk Bi Doxna Ci Deug*[10]. Cet album parle de la situation politique, sociale et religieuse du pays, la situation en Libye, en Côte d'Ivoire. J'ai fait des titres inspirés du Saint Coran comme « Le Grand Rendez-Vous ».

Da Brains

Djiby : Da Brains n'a pas d'obédience partisane. A propos de la manifestation du 23 juin 2011 qui a dénoncé le ticket présidentiel, nous avons été à l'Assemblée Nationale juste pour montrer notre dimension citoyenne. Ce n'était pas une question de rappeurs ou d'artistes mbalax, mais ce projet de loi concernait tous les Sénégalais. Da Brains s'est fixé comme engagement de le dénoncer à l'instar d'autres Sénégalais. Nous ne sommes ni du côté du parti au pouvoir ni du côté de l'opposition. Nous sommes du côté du peuple.

Nous ne sommes pas des Y'en a marristes, mais tout le monde en a marre. Nous sommes donc tous des « Y'en a marristes » que nous soyons adhérents ou pas, nous soutenons le mouvement. Il y a d'autres mouvements qui sont là et que Da Brains soutient également comme le mouvement « On s'engage ». Nous soutenons toute action œuvrant pour la bonne marche du pays, mais nous sommes également contre tout ce qui détruit le pays. Nous sommes même prêts à donner nos vies.

Bakhao : J'ai dit à Thiat et à Kilifa du mouvement Y'en a marre que nous les soutenons mais que le jour où nous nous rendrons compte qu'ils donnent des consignes de vote, ça va faire mal.

Bideew Bou Bess

Être engagé, ce n'est pas l'être seulement sur le plan politique. Tu peux être engagé socialement, religieusement, culturellement, ça dépend. Nous sommes un mouvement, chaque groupe avec sa nature, sa philosophie et son histoire. Certains, de par leurs histoires, peuvent peut-être s'exprimer de cette façon, mais nous ne nous inscrivons pas dans cette logique. Nous

---

10 Le pays fonctionne avec la vérité.

préférons tuer le mal à la racine : parler de compréhension, de relations, plutôt que de parler de la guerre. Nous préférons parler avec éthique et morale et ne pas verser dans l'insolence. Je ne dis pas que les groupes qui tapent sur la table sont insolents.

Dans notre dernier album nommé « Sunugal », nous avons parlé du climat social au Sénégal. Dans un morceau, nous avons situé les responsabilités de la société, du pouvoir et de l'opposition. Nous sommes dans une société où il faut que chacun joue sa partition afin que les choses évoluent. Nous avons beaucoup voyagé mais nous nous sommes rendu compte que ces populations sont mieux éduquées : elles n'urinent pas dans les rues, les gens font la queue et ne se conduisent pas n'importe comment comme nous le voyons ici. Nous sommes des rappeurs, des musiciens de surcroît, mais il ne faudrait pas que nous portions un combat que nous ne mettons pas en pratique.

Safouane Pindra : La vérité sur les élections de 2000

Il faut que nous nous disions la vérité. Les rappeurs ont chanté des morceaux pour demander le changement, mais ils n'étaient pas sur le terrain comme le fait le mouvement Y'en a marre aujourd'hui. En 2000, c'est la population qui voulait le changement également. L'État a voulu à un moment donné prendre le mouvement hip hop. Je leur ai dit qu'il ne pouvait pas nous acheter. Ils nous donnent de l'argent, nous le prenons, c'est l'argent du contribuable. Si le mouvement est aujourd'hui en rade, c'est parce que nous avons laissé tomber plein d'opportunités.

Krazy Kool de Fuk'N'Kuk

Un être humain doit s'intéresser à tout, à plus forte raison un artiste. Même si nous ne maîtrisons pas un domaine, nous devons nous informer. Nous devons faire des recherches sur les messages que nous véhiculons. Plein de rappeurs parlent du rap. Ils se sont informés d'abord avant d'en parler. Si je prends l'exemple des rappeurs Fou Malade et Thiat du groupe Keur Gui, tu sens qu'ils maîtrisent ce qu'ils disent quand ils parlent de politique. Nous travaillons avec eux dans le mouvement Y'en a marre avec, également, le rappeur Simon, et le journaliste Fadel Barro.

Les gens ont l'habitude de dire que le mouvement Y'en a marre est un mouvement de rappeurs alors qu'il y a des docteurs, des professeurs, des banquiers. Donc il faut que le rap s'intéresse à la politique afin d'en détecter les dysfonctionnements. Mais une frange de la population a du mal à le comprendre ainsi. C'est normal que le rap s'intéresse à la politique. Mais les rappeurs ne doivent pas s'y jeter bêtement parce que la politique a ses exigences, la politique, c'est le bien-être de la cité et c'est la raison d'être des rappeurs. Abdou Diouf, l'ex-Président de la République a été déchu à cause des rappeurs. Il est en train de se passer la même chose avec Abdoulaye Wade, l'actuel Président de la République. Ce dernier, même si les rappeurs ne pourront pas le faire quitter le pouvoir, ils contribueront à le faire partir. Pensons à le faire remplacer par un jeune et surtout une personne qui n'est pas un ancien de ce régime.

Le rap m'a permis de dénoncer notre vécu quotidien. Donc l'underground est une valeur sûre. J'y suis jusqu'à présent. Je le vis. Mais nous sommes partis d'une compilation avec le mouvement Y'en a marre, que je suis membre, sur la candidature à l'élection présidentielle, intitulée « Faut pas forcer ». Chaque artiste de ce mouvement a dit le pourquoi de la non-candidature de Wade. J'ai contribué le texte intitulé « Sama Askan Sama Bakène » : cela veut dire que mon peuple est ma raison d'être. Que Maître Wade quitte le pouvoir ou le garde, ce qui nous importe, c'est le peuple sénégalais, son bien-être.

Nigger Jah de Tigrim Bi

Je ne fais pas partie du mouvement Y'en a marre. Mais le 23 juin, j'y étais avec Djiby de Da Brains et d'autres rappeurs pour défendre notre Constitution. Cela engage tout bon citoyen. Je lui ai dit que leur concept « Nouveau Type de Sénégalais » (NTS) doit être bien vulgarisé. Le sénégalais aime les actes concrets ; il est temps de leur montrer ces vidéos. Sur l'une d'elles, je les vois à Yeumbeul dans un cimetière, puiser l'eau et la verser. Je trouve que c'est un acte noble. Je fais pareil, il y a une manifestation que nous organisons tous les ans au cimetière de Pikine. Après l'hivernage, il est désherbé mais j'y participe. Mais le style de combat qu'a Y'en a marre n'engage qu'eux. Je respecte leurs choix et ils doivent faire pareil avec les autres. C'est ce qui manque au hip hop sénégalais. Les confrontations qu'il vit sont liées au fait que les gens se manquent de respect. C'est pourquoi je n'ose pas insulter dans mes textes ou lors de mes interviews. Même si je sais que je ne suis pas parfait, nous pouvons toujours tirer vers la perfection.

Le pouvoir, c'est comme nous avons l'habitude de le faire. Sous le régime d'Abdou Diouf, l'ancien Président de la République, les gens ont voulu opérer un changement. Nous, c'est par les textes parce que c'est notre première arme. Nous ne nous introduisons pas dans le champ politique, je pense que ce n'est pas ma vocation. Mais comme nous l'avions fait en l'an 2000 avec des compilations pour changer de régime avec des chansons, je pense que c'est la meilleure arme.

Je ne suis pas Y'en a marriste mais c'est un mouvement que je respecte. À chaque fois, il faut quelque chose de nouveau, de nouvelles vagues. Il n'est pas dit que nous devons forcément suivre cette mouvance. Il faut les laisser agir comme bon leur semble. C'est bien que nous les voyons dans la rue s'adresser aux populations. C'est une bonne chose. Nous les soutenons. C'est grâce au hip hop que l'on accorde toute cette importance à ce mouvement. C'est parce qu'il y a des artistes derrière qu'il a toute cette ampleur.

Simon, Bisbi Clan : Brutalisé pendant la marche du 23 juin

C'était juste pour montrer aux Sénégalais que voilà, il y a des jeunes déterminés qui sont descendus dans la rue, ces jeunes qui ne faisaient que rapper avant. C'est une façon de porter plainte et de montrer à l'opinion internationale ce qui se passe au Sénégal. Mais il faut que les Sénégalais suivent. Tout le monde a vu ce qui s'est passé le 22 et le 23 juin. Nous avons beaucoup gagné en sympathie, en notoriété. C'est par rapport à cela que j'ai voulu montrer ce qui s'est passé. Mais c'était trop facile d'aller porter plainte contre la police parce qu'il y avait des images. Le mieux, c'était de montrer aux Sénégalais ces jeunes déterminés : j'aurai pu perdre un œil ce jour-là. C'est la veille, le 22, que j'ai reçu le plus grand cachet en matière de hip hop, une tournée nationale avec l'opérateur de téléphonie mobile, Orange. J'avais beaucoup d'argent dans mon compte. Même si j'ai payé des artistes, il m'en restait. Tu es marié, tu as une entreprise qui marche, tu as une double nationalité, tu peux voyager quand tu veux où tu veux. Mais tu te dis qu'il y a une priorité et c'est le Sénégal. Donc le but c'est qu'il faut que le nom reste. Tu as honte de faire partie de ce Sénégal. J'en veux pour preuve l'acte posé par le Maire de Saint-Louis, Cheikh Bamba Dièye, qui s'est enchaîné sur les grilles de l'Assemblée Nationale, ce qu'a fait Barthélémy Dias, et nous nous disons que nous en avons marre et nous faisons quoi ? Nous allions faire pire qu'eux. Mais heureusement que parmi nous, il y a des gens très posés, qui nous ont calmés. Nous nous sommes dit que nous allions user de notre intelligence. Mais le 22 juin quand nous étions invités à Daniel Brottier, Kilifa a pris la parole et a dit de descendre dans la rue. Le 22, nos camarades ont été pris. C'est ce qui a été à l'origine des violences du 23 juin.

Avec fierté, nous nous sommes dit que nous avions participé à quelque chose. Il est même arrivé que le commissaire central, quand il ne maîtrisait plus la situation malgré la présence des leaders de l'opposition comme Moustapha Niasse ou Ousmane Tanor Dieng, quand les jeunes déconnaient, il nous appelait, Kilifa ou moi, nous faisant savoir que les jeunes avaient mis le feu et nous les calmions. Quand un homme politique voulait parler à des jeunes, ils leur disaient : « Nous ne croyons plus en vous ». Quand nous avons fini, il fallait libérer nos gars et la foule te dit que maintenant que la loi ne passe plus, que devons-nous faire pour libérer nos gars ? Les autorités ont eu peur et ont lancé des appels pour pouvoir maîtriser Simon et Kilifa. Ce sont eux que les jeunes suivent.

J'étais devant et Kilifa était derrière. Et nous avons reçu l'information parce qu'il y a des gens qui nous informent aussi. Malheureusement, je n'avais pas mon téléphone. Quand Fadel Barro, le coordonnateur du mouvement a essayé de me joindre pour me dire qu'ils étaient à mes trousses, ils ont pris Kilifa. Et pour moi, c'était trop tard, j'étais devant, j'ai été pris également. La loi n'est pas passée, ils ont libéré les gars. Ces derniers ont montré aux Sénégalais ce que les jeunes étaient capables de faire pour leur pays et nous entrons dans un tournant. Il n'y a plus de « Dieu est Grand, il va changer les choses » mais plutôt « Nous pouvons changer les choses ». Ils ont eu peur, les marabouts de même parce qu'ils avaient donné des *Ndiggel* afin que leurs talibés ne descendent pas dans la rue. L'État a peur. Forcément tu captes l'attention de tout ce monde.

Niagass : Y'en a vraiment marre

Excusez-moi de donner mon avis sur le mouvement Y'en a marre. Ils sont en train de se battre pour une cause noble. Chacun a sa mission sur terre. Les membres de Y'en a marre descendent sur le terrain pour des Sénégalais qui ne peuvent pas le faire. Mais ils rencontrent d'énormes difficultés ; ils se battent pour une cause bien déterminée, de même que d'autres personnes pour d'autres causes, mais ceux qui n'en ont pas marre ne les écoutent pas. C'est comme si j'apportais la solution de Y'en a marre parce qu'ils ne sont pas écoutés. Seule la presse est réceptive mais ceux qui doivent les écouter ne le font pas. La personne qui dirige le peuple doit faire appel à eux afin de savoir le pourquoi de ce Y'en a marre afin que des solutions soient trouvées. C'est juste pour revenir au titre de l'album "Disso"[11] : il faut se parler, se concerter. La situation du pays est tendue mais pour certains le combat est ailleurs. Quand il y a concertation, ce n'est pas des ordres que nous recevons, ce sont des discussions sur les problèmes du pays qui peuvent nous amener à un consensus. Il ne faut pas essayer de les corrompre. Je les connais, ils sont solides.

Je ne fais pas partie du mouvement Y'en a marre parce que je suis apolitique, mais ce sont des gens que nous devons soutenir parce qu'ils se battent pour un meilleur devenir du peuple sénégalais. Ils ont besoin d'être écoutés. J'en appelle à la bonne volonté du chef de l'État afin qu'il réunisse des gens véridiques qui sont prêts à entendre la vérité afin de leur demander ce qui se passe. Il faut oser le dire : le pays va très mal. Il y a des choses qui fonctionnaient bien mais qui marchent aujourd'hui au ralenti. Je vis de la même manière que mon guide, Cheikh Ibra Fall : je n'ai pas le droit de contester, juste d'observer, de constater. C'est comme un des titres de l'album, "Sama Verre" :[12] ceux qui sont considérés comme des rats de bar sont peu considérés. Avant d'être ivres, ils discutent, c'est toujours le "Disso". Il y a également le titre "Reconnaissance" : reconnaissance envers Guédiawaye qui m'a hébergé pendant sept ans alors que quand je venais, je n'étais pas « hébergeable ».

Canabasse

Tout dépend du thème de la chanson. Si c'est un thème qui me tient à cœur de telle sorte que j'en parle à mes amis, il m'arrive de proférer des insultes. L'insulte n'est pas une fin en soi. Tout dépend de la sensibilité que j'ai en traitant le thème. Quand je parle d'un sujet, je le vis vraiment, même si je ne l'ai pas vécu, je me mets dans la peau de celui qui l'a vécu. Quand je parle de politique, je peux prendre l'exemple d'un jeune qui a tous ses diplômes et qui a fait ce que la société attendait de lui et qui, en retour, ne reçoit rien de la société. Ce jeune est frustré, quand il parle de ses frustrations, il arrive que des insultes sortent. Et c'est comme cela que parfois dans mes sons, vous trouvez des insultes. Ce n'est rien de

---

11 Se concerter.
12 Mon verre.

vulgaire: c'est juste des sentiments qui n'auraient pas pu être traduits par autre chose que l'insulte.

Mon public, ce sont les écoles, les jeunes entre 18 et 22 ans. C'est cela que j'essaye de contrecarrer en apportant une certaine maturité avec l'album pour que ma mère, mon grand-père puissent l'écouter. Mais je veux franchir la barrière de l'âge dans cet album.

Mon problème est que je suis resté pendant toute l'année 2011 au studio. Je n'ai pas de radio, encore moins de télévision ici. Je ne suis pas informé. Je ne sais pas trop ce qui se passe. Mais j'ai entendu parler des mouvements comme Y'en a marre. Je n'étais pas dans la rue le 23 juin. J'ai même fait un son pour dire aux jeunes de ne pas sortir, que cela ne sert à rien de le faire et de brûler des pneus. Depuis la dernière élection présidentielle, nous n'avons pas agi. Nous n'allons pas installer le chaos à la veille de l'élection présidentielle. Si nous voulons que le Président de la République quitte le pouvoir, nous allons voter.

C'est vrai que cette année, je n'ai pas trop suivi l'actualité. Mais mon expérience personnelle, les gens qui m'entourent, les films que je regarde m'inspirent. Mais je reste utile à ma société du moment où je parle de sujets qui intéressent les gens. Il n'y a pas que la politique dans la vie quotidienne des gens. Il y a l'amour, la déception, *tekki*[13], *jom*[14]. Et dans mon album, je parle de tout cela même s'il y a la politique.

Ma position politique est que le peuple en a marre de celui qui est là et de tout ce qui se passe. Et si j'ai un discours politique à donner, c'est de dire aux gens d'attendre l'élection présidentielle de février 2012 afin de voter pour que le président dégage et que quelqu'un d'autre le remplace.

Fou Malade : La lutte à Niarry Kasso

J'habitais dans un quartier assez particulier qui s'appelle Guédiawaye, plus précisément Baye Laye, là où se trouve un marché qui s'appelle aussi Baye Laye. C'est une zone criminogène. Dès le plus bas âge, en le traversant pour aller à l'école, il nous arrivait de tomber sur des morts, une ambulance ou une voiture de la police venue chercher des caïds. La vie du quartier rimait avec la violence, le banditisme, la drogue.

Dans les années 1994–1998, quand nous avons crée le Bat'Haillons Blin-D, c'était avec beaucoup de fans derrière qui nous soutenaient.

---

13 La réussite.
14 La motivation.

La plupart sont des jeunes désœuvrés dont David Kété[15]. Le 31 mai 2000, j'ai appris qu'il était entre les mains de la police, à la Division des Investigations Criminelles (DIC) parce que leur gang était recherché depuis pendant deux ans par la police. Ils avaient fait toutes sortes conneries dans le quartier : braquages de magasins, vols à main armée, etc. Je n'étais pas trop attaché à lui mais quand j'ai appris son arrestation, j'ai pleuré tout de suite. Deux semaines auparavant, nous avions eu une longue discussion sur la banlieue et il me disait : « Malal, si j'avais les moyens, ma fille ne grandirait pas à Guédiawaye parce que quand on y grandit, on n'a pas de chance. » Je le trouvais très intelligent et je me retrouvais à faire le *rewind* de cette discussion très intéressante que j'avais eue avec lui. Avant cela, Katapult, notre DJ qui faisait droit et journalisme en même temps, rentrait chez lui à la fin des cours à l'université. Au coucher, il partageait le lit avec son frère qui était dans le même milieu. Il arrivait à Katapult de soulever le matelas et d'y trouver des coupe-coupes, des armes, du butin. C'est en ce moment qu'il m'a demandé si nous ne pouvions pas organiser un concert ou un festival en prison. Et là, nous avons écrit une lettre à l'administration pénitentiaire et nous l'avons déposée.

Mais avant cela, l'histoire a commencé en 2000 où je me suis mis à écrire un texte qui s'appelle "Kasso", prison en wolof, dans le premier album de Bat'Blin D où je disais : « *Fils yako djeuf ou ay maf la, weex douneheu ou ay guaf la, oligueun la wala doune xaaf*[16]. » C'est un texte que j'ai écrit sous forme d'interrogations parce que je ne connaissais pas bien David, je ne savais pas ce qu'il avait fait ou ce qu'il n'avait pas fait, et parce que je ne prends ni la défense du prisonnier ni du caïd. Mais leur vie m'intéressait, les gens me disaient qu'ils avaient des frissons quand ils l'écoutaient. En 2005, nous avons organisé le premier concert en prison. Les gens venaient avec ce qu'ils avaient pour faire des dons en lait, etc. Quand j'ai fini le concert, je me suis dit : « J'ai faussé le concept. Il ne s'agit pas de venir donner un concert et que les gens amènent de la nourriture ou des opérations médicales. » J'avais rencontré des prisonniers qui m'ont fait savoir qu'ils avaient été emprisonnés neuf ou dix ans sans être jugés, qu'ils étaient de Guédiawaye et que personne ne venait les voir, que la bouffe n'était pas bonne et ainsi de suite.

---

15 Jeune caïd de quartier qui a des déboires avec la justice.
16 Fils (jeune homme) es-tu coupable ou es-tu une victime ? As-tu la poisse ou es-tu juste maladroit ? Es-tu une petite frappe ou un vrai coupeur de route (bandit ou agresseur qui utilise un coupe-coupe) ?

Je me suis dit que le prochain concert allait porter sur le thème des longues détentions préventives ou la révision de la perpétuité, sur l'amélioration des conditions de vie des prisonniers et j'avais commencé à travailler sur un concept de parrainage où les gens, de façon bénévole, décidaient de parrainer un prisonnier. Ils leur rendaient visite tous les mois ou une fois par semaine. Beaucoup se sont portés volontaires : il y a même eu la chanteuse Viviane qui a apporté des choses à la prison des femmes. J'ai continué les concerts et j'en parlais dans les émissions. En 2005, j'ai fait l'album "Niarry Kasso"[17] et c'est là que j'ai encore parlé de la prison et j'ai dédié la chanson à David Kété parce que dans l'album nous entendons son nom. J'y parle de parloirs.

Je commençais à connaître la prison, à me familiariser avec les gardes pénitentiaires. J'y allais les mardis et les vendredis. Les familles des détenus qui venaient commençaient à me reconnaître et me féliciter. Ça m'a vraiment touché. Je me disais que ce travail-là, il ne fallait pas que je l'arrête. Il fallait que mon rap libère David Kété. Quand il a été convoqué au tribunal en 2008 pour être jugé, j'étais en France, on m'a appelé pour me le dire et j'ai beaucoup prié. J'ai également appris que durant l'audience, on lui disait qu'il y avait Fou Malade qui parlait beaucoup de lui. Nous avons fait une enquête de moralité et cela a beaucoup contribué à sa libération, là où les autres membres de son gang ont eu la perpétuité. Il y a eu Pape Laye Fall, un jeune frère à moi. Je trainais avec son grand frère. D'autres jeunes à qui j'envoyais de la cigarette ou du thé et qui ont pris quatre fois la perpétuité. Aujourd'hui, Pape Laye a quitté la prison du Camp Pénal pour celle de Koutal, à Kaolack.

Le combat devenait intéressant. Mais comme les sénégalais sont mauvaises langues, certains qui commençaient à dire que puisque Kété avait été libéré, Fou Malade allait arrêter de s'intéresser à la prison. Après Kété, je continuais à y aller pour voir deux jeunes emprisonnés : Mamadou Lamine Badji dit Odio et Bamba Diallo alias Baye. Ils avaient vraiment tué un jeune caïd qui s'appelait Cawouskoto. Dans le cadre de mes activités au Camp Pénal, ils intervenaient et montaient sur scène. J'ai décidé d'écrire une lettre appuyée par le Directeur de l'administration pénitentiaire et le Juge d'application des peines au ministère parce que ces jeunes avaient déjà purgé le quart de leur peine et avaient fait 11

---

17 Deux prisons (le ghetto et la cellule de prison, deux univers identiques pour un jeune issu de milieu défavorisé).

La politique ou l'engagement

Fuk'N'Kuk rap politique, rap sociétal, rap *hardcore*, tout et tout le monde passe au détecteur de mensonge. Toute une bande monte sur scène avec la cagoule pointue mode Klu Klux Klan.

ans en prison. Je lui disais de libérer ces jeunes avec, comme garantie, l'encadrement et la réinsertion que je leur offrirais.

C'est toujours en prison, en allant aux parloirs, lors des visites de cinq minutes avec les détenus à travers de petites grilles où tu ne vois même pas le détenu, que David m'a présenté Requin, en me disant : « Il fait du rap, il sera bientôt libre. Il est intéressant, il faut travailler avec lui ».

C'était la première fois que je travaillais avec un détenu. Quand il est sorti de prison, il portait encore les stigmates de la prison. Quand il marchait, le regard des autres pesait encore sur lui : il avait été emprisonné une première fois quand il était mineur pour avoir tué deux frères de même père et de même mère le même jour. Il avait été emprisonné pendant trois ans à la prison des enfants. Après sa libération, il a été associé à un crime où il a été jugé puis acquitté, cinq ans, six mois et quatre jours plus tard, d'où le concept Requin 564. Nous avons commencé à écrire avec lui et Nkrumah ses premiers textes qui s'interrogeaient sur ce qu'il avait fait. Il refusait de parler et nous l'avons emmené à dire qu'il a tué parce que c'est ce qui l'aidait à dépasser cela.

Après nous avons sorti un album intitulé "Au revoir le milieu" pour amener Requin à porter la responsabilité de ses quatre meurtres. Après le clip, il commençait à voir qu'il était important dans la société et que les gens le considéraient en tant qu'artiste et non en tant que meurtrier. Là, j'étais convaincu qu'avec le rap la réinsertion sociale et la formation des détenus étaient possibles.

C'est à ce moment que j'ai demandé au ministère de la Justice d'introduire la formation hip hop en prison, ce qui ne s'est pas fait jusque-là, malheureusement. J'ai travaillé pour la formalisation de la formation hip hop en milieu carcéral et à ce qu'il soit possible d'intervenir régulièrement une ou deux fois par semaine pour que les détenus en sortent bien formés en graffiti, *break-dance*, musique assistée par ordinateur, et en technique d'écriture. C'est un travail agréable, que j'aime beaucoup et que je continue de faire malgré quelques trahisons d'hommes. Quand je parle de Requin, je suis désolé de le dire mais j'ai mal : c'est quelqu'un que j'ai porté au devant de la scène, j'ai cru que c'était possible avec lui mais quand je me suis retrouvé dans le cadre de notre mouvement Y'en a marre, des politiciens l'ont utilisé afin qu'il m'attaque, qu'il dise des choses sur moi qui n'étaient pas vraies. J'ai honte. Cela veut dire qu'il a failli à sa mission d'artiste engagé et qu'il est toujours dans le même monde où il était, mais sous une autre forme.

III
L'IDENTITÉ, LA CULTURE ET LE MOUVEMENT HIP HOP SÉNÉGALAIS

K-nibal

Keyti

Nix

Expo

Chapitre 9

Hip hop sénégalais, copie du hip hop américain ?

Des chercheurs, des observateurs, des parents, ont tous jeté la pierre à leur hip hop. Les jeunes ont regretté que le regard que l'on posait sur eux soit si intransigeant et négatif. « Ils se comportent comme des américains » dit-on, « ils rêvent », « ils se prennent pour des gangsters ». Personne ne comprend. Oui, dans le hip hop, il y a une vibration dominante qui, certainement, est impulsée par la communauté noire américaine. C'est le côté universel du mouvement. Les originalités s'affirment au sein de cette vibration, c'est un cœur local qui bat, qui doit être écouté avec intérêt, regardé et accepté, se défendent les adeptes du mouvement. Les adultes ont eu du mal avec le pantalon trop large au début, finalement trop près du corps, puis tout à coup qui tombe sous les fesses. L'usage de la langue wolof aussi est parfois déroutant pour les adultes qui trouvent ses sonorités trop américanisées.

DLJ Sound

Nous ne copions pas les américains, parce que les réalités ne sont pas les mêmes. C'est vrai que le hip hop américain a un objectif bien déterminé et ce que les gens cherchent à obtenir à travers le verbe, la musique hip hop, n'est pas la même qu'aux États-Unis parce que les réalités ne sont pas les mêmes, même si le *beat* rappelle tout ce qui se fait comme musique aux États-Unis. La différence se situe sur le plan design plus que sur les textes parce que les Américains ne parlent pas de leurs traditions. C'est plus des critiques vis-à-vis de leurs hommes politiques alors que nous, dans nos textes, nous invitons les gens à l'amitié, à la fraternité, au respect de son prochain et de nos acquis. Dans nos chansons, nous faisons toujours ressortir une identité propre au Sénégal. Faire comme les Américains ne nous rend pas visibles sur le plan international. Et nous ne pouvons apporter aux Américains ce qu'ils n'ont pas, c'est-à-dire notre culture. J'invite les rappeurs à faire des choses qui vont impressionner quelqu'un qui n'a jamais fait l'Afrique ou qui n'est pas sénégalais de par sa culture. C'est un rendez-vous du donner et du recevoir.

Tigrim B

Je pense que quand le hip hop faisait son entrée au Sénégal, nous imitions les Américains. Nous n'avions pas les moyens de composer nos propres instrumentaux. Nous rappions sur les instrumentaux américains. Seul le groupe Positive Black Soul avait la chance d'aller à l'étranger et de rapper sur ses propres instrumentaux. Quand j'entends les gens dire que le hip hop vient du Sénégal, je suis étonné. Il faut être honnête : le hip hop vient des États-Unis. Je le dis dans un de mes textes : quand on dit que tout est parti de l'Afrique, c'est vrai mais une fois aux États-Unis, le rap a connu des mutations et il est revenu à la source. Donc il faut que l'on arrête de dire que le rap vient d'ici.

Keyti

Je pense qu'il serait dommage de penser que le hip hop sénégalais est une copie du hip hop américain dans la mesure où si c'était réel nous aurions tous appris l'anglais pour rapper en anglais. Mais nous ne le faisons pas parce que nous rappons en wolof. Et c'est beaucoup plus difficile pour le rap en wolof de sortir du Sénégal. N'empêche, nous avons tous fait le choix de rapper dans cette langue-là car nous sommes plus à l'aise dans notre langue. Nous parlons de réalités bien sénégalaises. Nous ne racontons pas des choses dans lesquelles les gens ne se retrouvent pas. Sinon, le rap n'aurait pas eu cette portée qu'il a aujourd'hui, au Sénégal. L'erreur que les gens font c'est dans la façon de faire avancer le rap dans le « business » au Sénégal, s'il y en a. Il est clair qu'il y a des choses qui se font parce qu'il y a des gens qui ont eu l'exemple des États-Unis, l'exemple de l'Europe, mais sur ce plan-là ce serait avoir une vision réductrice que de dire que le rap sénégalais copie le rap américain dans la mesure où le business reste le business et comme je le dis souvent, il y a des artistes africains, des business africains qui peuvent apprendre le business à des Américains parce qu'ils sont tout simplement plus éveillés par rapport à cela, plus en avance sur un Américain.

Mais dans le fond, il suffit juste d'écouter des cassettes de rap sénégalais, de voir les thèmes qui y sont développés pour se rendre compte que c'est un rap qui est totalement différent du rap américain. Je crois à la limite même que le procès qui est fait au rap américain est un procès injuste dans la mesure où les gens s'arrêtent à l'aspect commercial du rap américain. Celui-ci compte toute une vague de gens dans l'underground. Et même s'ils ne sont pas dans l'underground, ils ont le même style, mais avec un discours très positif. Seulement, ce discours positif n'est pas mis en avant. C'est un discours beaucoup plus *bling bling* que les détracteurs du rap veulent voir dans le rap ou c'est dans ce discours-là qu'ils mettent plus d'argent et c'est celui qui est le plus exposé au monde. Si aujourd'hui, mon rap est comparé à celui de Talib Kweli ou Mister D, je dirais : « Pourquoi pas ? », parce que je suis tout à fait d'accord avec eux dans leurs textes, c'est un discours très positif et si on veut que mon rap ressemble à cela, pourquoi pas.

Thiat

Pour moi, le hip hop est une musique universelle, il n'y a pas de rap américain ou sénégalais. Il y a du rap aux États-Unis, en France, au Sénégal. Chacun s'adapte par rapport à sa culture et surtout par rapport à sa langue pour lui donner une identité. Et notre langue, le wolof, doit coloniser le monde comme le français nous a colonisés et a colonisé d'autres. J'ai de bonnes relations avec les rappeurs qui sont sortis et qui ont travaillé pour le hip hop. Aujourd'hui, il y a Métab qui est un Peulh qui chante en anglais aux États-Unis, mais qui a un accent wolof et qui est accroché par tous les grands labels. Akon, s'il a explosé dans le monde aujourd'hui, c'est parce qu'il a un accent wolof. Imaginez qu'Akon se mette à chanter wolof, aujourd'hui, les gens s'intéresseraient à la langue wolof. Quand PBS a eu l'occasion d'approcher les Supernaturel, c'était l'occasion d'expérimenter notre wolof. C'était une chance. Nous jurons devant Dieu que nous allons amener au Sénégal tout ce qu'un groupe de rap peut avoir comme consécration. Tout le monde a son studio, nous nous consacrons aux lyrics.

Alors que nous n'avons jamais été dans un grand festival dans le monde, nous avons fait des concerts à notre propre compte. Même sur les tickets, c'était la photo de Keur Gui. La salle la plus grande en Europe où nous avons joué faisait mille places et nous ne l'avons pas remplie mais c'était quand même notre concert ; le ticket coûtait 5 ou 15 euros et il y avait notre photo dessus. Ceux qui sont venus l'ont fait pour nous. Mais dans les grands festivals où il y a de grands noms, on te fait jouer à neuf heures du matin. Tu n'as pas assez de lumière parce que tu es un petit artiste mais tu as un bon manager qui t'as mis dans le coup. Tu reviens au Sénégal pour dire que tu as cassé la baraque. Il ne faut pas que nous nous voilions la face : notre hip hop n'est pas connu parce que ceux qui ont eu le privilège de faire du hip hop sénégalais ailleurs ont eu le complexe de bien le faire. Ils ne parlaient pas notre langue, ils utilisaient des instruments qui n'ont rien à voir avec nous.

Ce n'est pas nous qui voyageons pour appeler à la radio et dire où nous sommes. Un jour, nous écoutions la radio et un rappeur avait appelé pour dire qu'il était en France et qu'il avait fait son concert dans une salle pleine alors que la veille un de mes cousins m'avait appelé pour me dire qu'il avait rencontré un rappeur sénégalais dans un café et que, malheureusement, il n'y avait pas beaucoup de monde.

Thiat alias Cyrille Touré du groupe Keur Gui de Kaolack et membre-fondateur du mouvement Y'en a marre.

Chapitre 10

L'Underground loyauté, la célébrité et l'objectif

« Underground », voila un mot qui donne le tournis dans tous les milieux artistiques du monde. Un ami m'a raconté l'histoire de Keziah Jones, le musicien anglais. C'était un bougre ordinaire qui avait sa place dans le métro de Londres. C'était un musicien underground même pas connu, dans l'underground ou métro anglais. Après son premier *single*, qui a fait le tour du monde, il se réveille un matin et reprend sa place dans les couloirs du métro. Il frôle l'émeute. Les *groupies* perturbent le rythme de l'underground londonien et le prennent en chasse. C'est à ce moment que la carrière de Keziah démarre. Mon ami et moi avons rigolé à gorge déployée: c'était la fin de son époque underground.

Beaucoup d'artistes souhaitent traîner cette réputation de celui qui reste lui-même, fidèle au quartier, revendiquant une certaine authenticité, simplicité, loin du *bling*, du *hype*, de la vie offerte par les productions commerciales. Le contraire d'être underground dans le hip hop c'est souvent *fake*, le traître qui, quand la musique ne dit plus rien mais existe pour faire danser et se remplir les poches. Les rappeurs vivent un dilemme profond ; ils ne l'avouent pas ouvertement mais gagner de l'argent avec sa musique et être éternel restent des objectifs largement partagés. Ceux qui mènent une vie dure crachent leur venin, avec cohérence ou non, exigent que le rap original reste une propriété du ghetto, de la souffrance, de la pauvreté. Rapattack, un groupe de têtes brûlées de la cité Guinaw Rail, injuriait copieusement tout le monde, y compris les autres rappeurs autour d'eux en opposant leur rap à celui des fils de riches, d'après eux. Lalataké est un membre de ce groupe qui vient de se dissoudre et il est un des enfants terribles du mouvement hip hop. Nous sommes allés ensemble pour un concert au cœur de la prison et les pensionnaires l'ont tout de suite reconnu. C'est là que je me suis rendu compte qu'il a affûté vocabulaire et plume parmi eux en faisant la somme de toutes les histoires dramatiques des jeunes oubliés dans cette prison à laquelle il a ajouté la sienne.

Jojo de Yatfu

Il y en a qui pensent qu'être underground c'est être hyper radical, *hardcore*, c'est leur concept. Nous sommes en Afrique, c'est *freestyle*, nous avons tous des idéaux, des choses à dire et nous les disons comme nous le sentons. Nous sommes anticonformistes. Maintenant, être ou ne pas être underground, *who cares?* Nous, on rappe, on avance, on vend et on n'a pas peur d'aller au fond, monter sur des scènes pourries et remonter *uptown* faire danser les jolies filles.

Fou Malade

Quelqu'un qui ne revendique pas, qui ne conteste pas, qui ne dénonce pas une situation, n'est pas underground. Il est commercial. La touche que Bat'hallions Blin-D veut apporter dans le mouvement, c'est d'aller vers la liaison entre l'underground et le commercial. Moi, je suis un produit de l'underground. Je viens de l'underground. Je vais mourir underground. L'underground, c'est la représentation du bien et du mal sur terre. C'est une sorte de dualité parce que quand tu es du ghetto, tu as la mentalité de la rue. Et le ghetto, c'est la misère, la souffrance, les maladies, la violence, la colère contre un système politique qui est là et qui porte un regard léger sur les gens qui habitent la banlieue. Guédiawaye, c'est à 18 kilomètres de la capitale. Donc underground c'est tout ce qui est caché, ce qui n'est pas représenté, une réalité que le secteur audiovisuel refuse de montrer, que certaines personnes refusent de représenter à travers l'image, la radio. Et l'underground ne s'applique pas seulement au hip hop. Dans un gouvernement, il y a des choses inconnues, c'est underground. Dans toute société, il y a des choses underground. Toute chose qui n'est pas connue, dont on refuse la divulgation, elle est underground. Le contenu de notre discours nous tient à jamais. Nous ne sommes pas proches de la rue, nous sommes dans la rue. Nous refusons ce tableau de misère, mais nous sommes des personnages de cette peinture.

Nous faisons des clips en rapport avec ce que nous vivons, certes avec des touches d'humour, mais rien qui ne se passe pas véritablement dans nos rues. Nous ne sommes pas de ceux qui disent qu'ils ont mal comme s'il s'agissait d'un mal verbal alors que leurs clips reflètent autre chose. Les costumes, hôtels, voitures louées pour la circonstance ne correspondent à rien, sinon que de s'inscrire dans une logique commerciale qui n'est pas vraie car le marché ne suit pas comme si nous étions aux États-Unis ou en France. Je tiens à cette logique underground, car c'est celle d'un chanteur comme Souleymane Faye. Il est connu, adoré, il a eu des périodes très lucratives mais il est resté underground et tout le monde le sait. L'underground le plus célèbre au monde c'est Bob Marley et le monde entier le respecte, même mort. N'oubliez pas Mahatma Gandhi, celui-là c'était un underground.

Lalataké de Rapattack

Nous sommes underground, c'est comme ça. C'est notre vécu. Tu viens nous voir en pleine inondation, nous vivons toutes les saisons hivernales, sans répit. Nous sommes obligés de superposer des briques, histoire d'en faire un pont à l'image de celui de Faidherbe de Saint-Louis pour contourner les eaux diluviennes qui ont envahi les ruelles du quartier. Nos familles squattent les écoles de nos petits frères et sœurs jusqu'à la veille de la rentrée scolaire en attendant d'avoir où aller. Les immondices et fosses sceptiques se mélangent à l'eau de la pluie et nous devons traverser cela tous les jours durant trois à quatre mois dans l'année. Où va-t-on aller ? Ici, c'est Guinaw Rail. Derrière la voie ferrée, derrière chez le Bon Dieu. Nous sommes dans le vide. Par conséquent, l'éducation des enfants et des jeunes a pris un sacré coup. Ils sont là, les pieds dans l'eau. Quand ils font des dégâts et qu'ils sont pourchassés par la police, c'est la course-poursuite dans le quartier. Afin de ne pas se faire avoir, ils traversent les zones inondées parce que les policiers ne veulent pas tremper leurs pieds dans ces eaux sales. Le quartier est le repère de jeunes bandits, que nous avons été aussi, je ne m'en cache pas, puisque tout le monde sait que Lala (diminutif de Lalatakè) a perfectionné son *flow* en taule.

Je pense que rien n'a été fait par nos dirigeants pour remédier à cette situation, même si je sais que le Président de la République n'y est pour rien. J'en veux plutôt à ses ministres et à ses députés à qui il donne beaucoup d'argent, à leur demande, pour la construction d'infrastructures. Je blâme également M. Diop, notre maire, qui n'a rien fait pour notre quartier, Guinaw Rail. Quand nous avons voulu sensibiliser les jeunes à travers la musique, nous sommes allés le voir afin qu'il nous apporte son soutien financier, il y a opposé un « *niet* » catégorique. Tout le monde refuse notre aide. Tout le monde nous regarde de haut. Nous ne pouvons aider à rien. Pour quelle raison en serait-il éternellement ainsi ? Je pense que pour bâtir une société, il faut venir en aide aux démunis, restructurer les usines. Moi, qui vous parle, je suis journalier dans une usine en ce moment. Après le travail, je reviens dans mon quartier pour m'adonner à la musique. Des jeunes de mon âge préfèrent aller en ville pour trouver du travail et après avoir cherché en vain, ils font du vol à la tire et reviennent dans le quartier. La vie est dure dans ce pays et nos dirigeants ne font rien pour améliorer nos conditions de vie. Nous sommes jeunes et nous devons préparer notre avenir et celui de nos familles. Tu vois dans une famille trois frères qui ne travaillent pas, alors qu'ils veulent subvenir aux besoins de leurs parents. Ces derniers ont du mal à trouver le pain quotidien pour leur progéniture; la plupart de nos mères ont des étals de poissons séchés et ont du mal à joindre les deux bouts avec leurs maigres bénéfices.

La plupart de nos textes, nous les écrivons dans la rue sous les poteaux électriques. Nous nous abreuvons de café Touba en compagnie de nos amis. Malgré nos visages qui font peur, notre grand nombre au coin de la rue, nos joints et notre vocabulaire de rue, on a du savoir-vivre, on travaille pour ce quartier où personne ne veut habiter. Après, nous rédigeons nos textes, nous allons nous promener à la plage, pour discuter, répéter les textes avant de revenir dans le quartier. Là nous faisons le tour de nos aînés pour leur soutirer de l'argent parce que, parmi eux, il y en a qui nous encouragent, même si d'autres ne veulent pas notre réussite. Tous nos produits sont réalisés à travers les contributions des uns et des autres. Il nous arrive même de ne pas avoir le ticket du transport pour aller au studio. C'est pourquoi nous passons tout notre temps dans la rue et chacun demande à l'autre s'il n'a pas une pièce de 100 FCFA ou de 50 FCFA avec lui. Avec le montant collecté, nous nous rendons au studio parce que le rap est notre propriété. Si nous ne faisons pas de la place aux gens, ils n'ont pas le droit de se l'approprier sans nous.

L'underground, c'est nous. Nous disons que le rap est notre propriété parce que nous sommes les envoyés de Dieu sur terre. Nous avons un père et une mère, mais ils ne nous ont pas emmenés sur terre. Nous ne pouvons pas être aussi démunis et ne pas avoir une mission confiée par Dieu, c'est impossible. Notre mission est de défendre la population démunie. C'est pourquoi le Bon Dieu nous met à l'épreuve avec toutes ces difficultés que nous rencontrons. Il y a plein de groupes qui pensent faire du rap alors qu'il n'en est rien. Ils ne font que gueuler mais ne font pas du hip hop. « Comment peuvent-ils vivre chez leurs pères dans de belles maisons et dire qu'ils font du rap ? Non ! Je suis désolé. » Le rap est vraiment la propriété du ghetto. Ils vont dire des choses qu'ils n'ont pas vécues, alors que c'est nous qui vivons dans le ghetto, nous *"Rapattackons"*. Notre vécu est un secret de polichinelle. De Dakar à Saint-Louis, les gens savent ce que nous endurons et qui nous sommes. C'est pourquoi nos ennemis ne nous souhaitent que du mal, à la limite notre mort ou que nous allions en prison. Mais ce qu'ils ne savent pas c'est que nous sommes des envoyés de Dieu et que c'est nous qui allons venir en aide à la population.

Nous n'allons jamais perdre notre dignité en échange de conditions de vie meilleures. Nous sommes des références pour la population.

Les gens n'ont pas pitié des rappeurs. Ils nous jugent et nous méprisent, puis ils entendent un son qui les interpellent et ils se disent : « Ah ouais, pas bêtes les gosses. » On n'est plus des gosses, on doit pouvoir se gérer

Coucou Bari Bagass, un des membres fondateurs de Rapattack : défendre les démunis comme eux avec leurs paroles (lyrics) telle est leur mission. Ils viennent d'un des quartiers les plus pauvres de la banlieue dakaroise.

avec le don que nous avons et ça, entre le gouvernement, l'hypocrisie sociale et la piraterie, je me demande quand nous améliorerons notre sort et celui de nos familles. Nous sommes des mecs avec des responsabilités. Les hommes naissent ainsi ici, avec des responsabilités et cela assez tôt dans leur existence. Alors pourquoi dérangerait-on la société snob sénégalaise ? Pourquoi leurs fils dansent avec de belles filles et des fringues neuves en utilisant notre hip hop sacré ?

Je prends l'exemple d'un artiste mbalax. Si ce dernier met sur le marché une production musicale, il se retrouve vite avec des millions et roule dans une voiture 4x4 alors que le rappeur qui circule même avec trois productions à son actif, ne peut même pas se payer une voiture *clando* (petite voiture déglinguée qui sert de transport public) pour aller à ses concerts. C'est vraiment dur pour les rappeurs. Je parle de respect. Les gens ne considèrent pas les rappeurs. Pour eux, ils doivent faire appel à nous juste pour animer un anniversaire. Nous ne gagnons rien dans le rap. Nous n'abandonnons pas juste parce que c'est notre mission, sinon il n'y a rien d'autre, à part mourir.

Awadi

Dans le hip hop, la meilleure période c'est quand on est underground, tout est plus passionnant. C'est le moment durant lequel nous étions prolixes et toute idée était bonne. Parce que nous avions faim d'expression. Tu en veux. Tu as besoin de prouver à ceux qui sont devant que tu es meilleur qu'eux parce que c'est en ce moment que tu as beaucoup d'inspiration. Tu passes tout ton temps à écrire. Tu n'as pas d'autres activités que la création. Aux États-Unis, il y avait un DJ du nom de Supernaturel. Il ne sortait pas d'album et c'était le roi du *freestyle* à New York. C'est mon idole, il est resté underground, il préfère faire un travail de base. Il a fait un choix qu'il assume en toute honnêteté jusqu'à présent.

Tigrim Bi

On a l'habitude de dire que le milieu détermine l'individu, mais moi, je ne suis pas d'accord. Je pense que le milieu peut influencer l'individu, tout part de l'éducation de base. Tous ceux qui ont des choses à dire doivent avoir le droit de le faire. Moi, je suis de Pikine, la véritable banlieue pauvre. Mes parents, au milieu de ce tumulte, m'ont bien éduqué. C'est ma mère qui m'a appris le Coran et m'a inscrit à l'école française. Elle veillait sur moi. Même si j'habitais dans un quartier populaire, elle ne me laissait pas à moi-même. Elle organisait mes heures de sorties, de loisirs et d'études. Ma mère était une grande intellectuelle. Un jour, je suis allé au bureau de mon oncle l'Imam Massamba Diop, président de l'ONG Jamra, qui m'a appris que ma mère avait failli être ministre dans sa génération, mais elle était trop digne. De toute sa génération, elle fut la plus brillante. Ma mère avait l'habitude de me demander les noms de mes différents professeurs. Quand je lui ai dit que j'avais Madame Thiam comme professeure de sciences naturelles, elle m'a chargé de lui dire une fois à l'école que c'est Binta, ma mère. Ce que je fis. Le professeur me dit : « Es-tu bien en maths ? français ? anglais ? » J'ai répondu que je me débrouillais en français et que j'étais bien en anglais. Elle me raconta que quand ils avaient des devoirs de maths et que la classe rouspétait, elle avait 19,5 ou 18 comme note. Cet amour pour les études, je l'ai pris d'elle, même si elle était réellement plus brillante que moi. Elle surveillait tout. Je n'avais pas beaucoup d'amis. Seuls les études et le basket-ball me passionnaient. Et elle m'encourageait à bien faire les deux. Quand un garçon venait me voir, elle était très regardante sur sa mise et son comportement. Si tu ne lui inspirais pas confiance, elle te disait que j'étudiais. Et tu repartais. Je n'avais qu'un seul ami, Babacar Faye avec qui je jouais au basket et allais à l'école. Cette éducation reçue s'est reflétée dans le milieu rap : je ne m'habillais pas n'importe comment, je ne disais pas n'importe quoi. Enfant, quand je parlais de certaines choses, elle me frappait. Un jour, elle est rentrée du travail et m'a surpris en train de fumer une cigarette en papier. Elle m'a bien battu et m'a dit qu'elle récidiverait le jour où quelqu'un m'enverra lui acheter de la cigarette, ce qui fait que jusqu'à aujourd'hui, je n'ai jamais fumé, ni bu d'alcool. Ce que je regrette dans ma vie, c'est le fait d'avoir trahi ma mère en ayant eu un enfant naturel, elle qui ne voulait même pas que j'ai de petites amies. Elle ne m'a pas éduqué dans la débauche. Elle ne voulait pas d'un voyou dans sa vie.

À un moment donné, j'animais une émission à la radio Océan FM, des *Ibadou*[1] m'écoutaient parce qu'il n'y avait pas de musique dans mon émission, c'était juste des échanges sur un thème souvent abordé par des rappeurs. J'invitais des rappeurs, un sociologue, un membre du Forum Civil, des hommes religieux à en débattre. Toute la famille hip hop y passait, les *soft*, les *hardcore*, les illuminés, les ambianceurs. Il n'y a jamais eu de problèmes dans mes émissions, grâce à l'éducation de ma mère. Elle

---

1 Musulman orthodoxe.

m'a assagi malgré mon caractère fougueux. Certes, je suis le porte-voix des revendications de ma population, mais je le fais dans la discipline. Même quand je m'adresse au gouvernement dans mes communications, je le fais de façon respectueuse parce que je me dis que les gens à qui je m'adresse sont plus âgés que moi et doivent me prêter une oreille attentive, donc c'est en communiquant poliment avec eux que je déverse ma bile. C'est la force de mon rap, surtout depuis que ma mère n'est plus. Nous avons vécu pendant 21 ans avant qu'elle ne décède. Mais c'est quand elle est partie que j'ai su que Nigger Jah du Tigrim Bi doit exister comme un personnage public, professionnel et respecté, performant dans sa création artistique mais aussi proche de tout le monde en tant qu'être humain, tout simplement. Vous savez, « Tigrim Bi » signifie tout ce qui est positif. Peut-être que nous avons fait une transposition de situation; auparavant pour désigner quelque chose de joli, on avait créé un jargon pour dire « C'est Tigrim ». Nous avons ajouté le « bi » pour montrer cette positivité qui est en nous. Nous essayons de montrer l'aspect positif en nous dans un environnement chaud et souvent dur pour des jeunes hommes. Mais nous restons positifs dans nos albums, il y a des chansons à thèmes, d'autres visent les clubs ou les gens qui rentrent fatigués du travail. Cette musique de relaxation les détend. Notre musique parle également aux désespérés de la vie. Notre public est donc assez varié.

Je me souviens, un jour lors d'un festival « Rap Attack » à Ouest-Foire, j'ai trouvé des rappeurs comme Jojo de Yatfu, Bideew Bou Bess. Le maître de cérémonie a dit : « Yatfu est là », le public a exulté, « Bideew Bou Bess », le public exulte, « Nigger Jah de Tigrim »… aucune réaction du public. Je me suis dit que personne ne me connaissait dans la zone, mais qu'ils allaient faire ma connaissance. Puisque je n'avais pas de sons où je chantais seul, et que le hip hop c'est également le *live*, j'ai dit au DJ de mettre n'importe quel instrumental. Je me suis dit que j'allais montrer au public ce que c'était le rap. Le DJ me donna l'instrumental de « Come In » et je l'ai rappé pour intéresser le public. Comme il s'agissait de Rap Attack et qu'il y avait des basketteurs, ils m'ont trouvé sur scène et m'ont soulevé. J'ai continué à rapper. En rentrant, j'ai eu 30 nouveaux compagnons. C'est cela ma philosophie.

Didier Awadi m'a dit quelque chose qui m'a beaucoup encouragé dans ma carrière. Un jour, il se produisait au Red Bowl du Sea Plaza, donc *downtown* très loin de mon ghetto : il chantait sa chanson « Zamina

Eh eh Wakawaka Eh…[2] » J'y ai participé et j'ai cassé la baraque. Le lendemain, il m'a appelé pour me dire que j'avais déchiré, que les autres rappeurs faisaient juste des *featurings* sur ses autres tubes et n'étaient pas vraiment chauds avec ce texte comme je l'avais été. C'est bien d'avoir l'esprit ouvert, nous ne devons pas mettre de garde-fous au mouvement hip hop, cette époque est révolue. Je ne peux pas comprendre que les autres musiques se laissent aller aux autres influences musicales et que le rap les rejette. Nous devrions pouvoir collaborer, même avec les artistes mbalax. Nous devrions arriver à cela et créer une musique qui prendrait en charge ces deux styles.

Chronik 2H

Rayane : Moi, je ne pense pas que parce que tu es issu d'un quartier ou d'un autre, tu as du talent. Pour moi, c'est un truc qui vient, c'est de l'inspiration divine que tu ressens en toi et cela commence là. Même si tu viens d'un quartier pauvre ou de quelque part d'autre, cela ne veut pas dire que tu vas devenir artiste. Tu peux être d'un quartier très chic et être un délinquant. Donc je ne pense pas que cela peut-être source d'inspiration pour devenir un bon rappeur.

Jim : Je pense que la galère forge la personnalité. C'est un bon moyen pour l'artiste de pouvoir avoir un certain vécu et de pouvoir l'étaler dans un texte. C'est une chose qui peut arriver à tout le monde. Mais pour être un bon rappeur, il ne faut pas forcément subir des galères. Il y a des gens qui sont dans de bonnes conditions, qui ont le talent qu'il faut et qui abordent des thèmes intéressants. La galère forge la personne et lui donne l'opportunité d'appréhender la chose.

Rayane : C'est vrai que l'on a tendance à dire que pour qu'un rappeur ait des choses à révéler, il faut qu'il vienne de la rue, qu'il ait fait la prison, mais je me dis qu'il faut donner un sens au mot « galère ». Les gens les plus aisés peuvent vivre la galère, peut-être pas dans le même sens mais dans une autre dimension. Ils peuvent bien avoir leurs problèmes et les retranscrire dans le rap. Il faut savoir que c'est le sentiment propre de la personne. Quand quelqu'un fait quelque chose de mélancolique, cela ne veut pas dire qu'il est forcément triste. Mais n'importe qui peut le faire. Il suffit de ressentir des choses. Pour moi, l'underground, c'est

---

2 Dialecte du Cameroun, refrain célèbre repris par Shakira et Akon lors de la coupe du monde de football 2010 en Afrique du sud.

des gens que l'on ne connaît pas encore. Des rappeurs underground, ce sont des rappeurs qui n'ont pas encore eu la chance parce qu'il y a plein de rappeurs connus qui ont commencé par l'underground. Pour moi, ils sont dans l'underground parce qu'ils n'ont pas encore eu la chance de monter le niveau jusqu'à la célébrité. On reconnaît facilement un rappeur underground ou un rappeur célèbre dans ses thèmes, sa façon de rapper, dans ses clips, dans sa façon de s'habiller, parce que c'est deux statuts sociaux différents.

Xuman

C'est clair qu'une fois que nous commençons à avoir du succès, la vie que nous menons change et il y a un public qui est scotché. Ce public écoute tes cassettes et te respecte par rapport à ce que tu dis, te suit, te soutient. Et une fois que tu arrives à un stade où tu n'es plus véridique avec toi-même, tu perds ce public et c'est dangereux. Je ne me suis pas perverti, j'essaye toujours d'être le plus véridique possible. Avec le temps, l'âge, j'essaye de m'approfondir mais je ne peux pas dire les choses de la même manière.

Le mouvement a changé lui aussi, beaucoup de jeunes sont venus au micro sans vocation. Pour eux, c'était une issue par rapport à une réussite sociale comme le football avec les Lions. Tout le monde y a vu, à défaut d'argent, une opportunité de voyager. Il y a énormément de jeunes qui sont prêts à tout pour s'en sortir. Très peu ont eu un succès d'un an ou de deux ans, mais chemin faisant, les opportunités de rencontres se font faites et ils sont partis. Il y en a beaucoup aujourd'hui qui se sont installés en Europe ou ailleurs grâce à ce mouvement. Les autres qui occupent la scène sont ceux qui y croient et qui ont du talent. Une sélection naturelle s'est opérée.

Djiss Mo, Fuk'N'Kuk, Crazy Kool

Je suis Djiss Mo, manager du groupe de rap, Crazy Cool. Nous avons commencé à travailler en 2003. Avant cela, Crazy Cool était dans un groupe de rap qui s'appelait Reuf Thia Clan. Il y avait trois membres. C'est au moment où il a quitté ce groupe pour faire une carrière solo que nous nous sommes rencontrés et nous avons commencé à travailler ensemble. Il y avait Merr, Modou Diallo, l'adjoint du groupe, Ingua, un des membres du groupe, Djigue qui rappait. Il travaillait avec Crazy Cool.

En 2004, Crazy Cool a réalisé son premier son qui s'appelle « High Level ». Il passait beaucoup à la radio, surtout dans l'émission de Fou Malade « Nangam Sangam ». En 2005, Crazy Cool joue en solo. En 2006, il fait un autre son intitulé « Rap Aka Graw ». Après, il a participé à un concours organisé par Maestro Sega. Il faisait partie des dix lauréats. C'est comme cela qu'il a participé à la compilation « Boul Sone ». La chanson « Rap Aka Graw » figurait dans cette compilation. Entre 2007 et 2008, nous avons fait sa promotion. Nous avons décroché un contrat avec Bois Sacré et fait un son intitulé « Yène Bou Diss ». Ce son a été enregistré en 2008. Mais ce n'est qu'en 2009, qu'il a été diffusé à la radio.

Dans le rap, il y a le langage argotique ; il existe en France et aux États-Unis. Nous nous sommes rendus compte qu'il n'existait pas encore chez nous, c'est pourquoi nous l'avons créé et nommé « Kalama Mbedd » (l'argot). Nous inversons les mots. Aujourd'hui, dans notre quartier à Dalifort, beaucoup de jeunes l'ont assimilé. En dehors de Dalifort, les gens le comprennent petit à petit : j'ai remarqué l'utilisation de certains mots dans les dernières productions de certains rappeurs. Bien avant nous, l'inversion des mots existait, mais nous l'avons améliorée et modernisée en l'adaptant au hip hop. Nous sommes toujours dans l'underground. Nous n'avons aucune production sur le marché mais nous y travaillons.

Manu, Wa BMG 44

Je fais un rap particulier. Je suis underground et je resterai underground. Je crois que l'underground, c'est un état d'esprit. C'est une façon de penser. Je le conçois au sens étymologique du terme : *under*, « dessous », *ground*, « sol » ; « ce qui est sous le sol ». Nous pouvons à partir de cette définition retenir que ce sont ceux qui ne sont pas connus, ce que nous ne voyons pas. Dans ma philosophie de l'underground, c'est comme une pyramide : les gens qui sont en haut, ce sont les hommes politiques qui décident de nos vies, et nous nous sommes en bas de la pyramide ou même en dessous. Ce sont les gens du peuple. Je resterai tout le temps un homme du peuple et comme je me bats pour les gens du peuple, je resterai toujours underground. Maintenant, il y a plein de gens que cela dérange parce que nombreux sont ceux qui s'intéressent à ce que nous faisons, à notre philosophie, à notre combat. Nous commençons à nous faire un nom, et pour eux nous ne sommes plus underground. C'est parce qu'ils n'ont pas cette philosophie de combat du peuple et qu'ils ont renié cette philosophie. Pour ce qui est de cette philosophie tendancielle qui est le *clubbing* et les filles qui bougent leur derrière, ce n'est pas notre inclination et je vais citer Fab qui dit : « Jamais dans la tendance mais toujours dans la bonne direction. » Et pour nous, la bonne direction, c'est ce combat. Si je chante pour que les gens aient un peu de *fun*, un peu de plaisir dans les clubs, je veux le faire différemment. Je vais inviter les gens à venir faire la fête, à se défouler, à ne pas obligatoirement boire de l'alcool parce que chez les Américains c'est cela et moi ce sera le contraire. Oui, nous pouvons aller en boîte, nous pouvons y aller entre copains nous défouler, mais restons *clean*. Nous n'avons pas besoin d'y aller et nous battre ensuite, être soûls et avoir un accident, tuer une personne. Tout mon combat, c'est de mettre quelque chose dans leurs têtes, que les gens aient envie de danser mais qu'il y ait du texte. Je vois mal les artistes, libre à eux, qui écrivent un texte parce que le *beat* est bon et qui ne racontent que de la merde, vous m'excuserez du terme. Il faut un texte, même si le *beat* a du rythme. Parce qu'après la musique, la personne va s'intéresser à ce que tu as à lui dire et c'est cela qui va faire la différence. C'est ma conviction. Je suis et je resterai underground.

Je ne dis pas le hip hop, je dis « la hip hop » parce que pour moi c'est la chose la plus belle et celle qui est la plus belle dans ce monde, c'est la femme. Pour moi, c'est une femme. C'est soit ma sœur, soit la femme que j'aime, soit ma mère, soit la femme que je n'aime pas qui fait sortir de mes gonds. Et je préfère aimer cette femme qui se lève tôt le matin pour aller au travail, même si c'est comme nous l'appelons ici, une domestique, je la préfère à celle qui le soir va sur le trottoir et cherche la facilité. Mon écriture, je veux qu'elle triomphe et quelle soit une écriture de combat. Je veux que mon écriture triomphe et pour cela, je ne peux pas me pervertir. J'ai adopté une écriture de guerrier qui se bat contre les injustices et je veux me commercialiser ainsi, que mes productions heurtent et fassent bouger en même temps. Il y a plein de gens qui n'aiment pas notre façon de penser, notre façon de parler. Ce sont eux qui contrôlent les médias. Sans cette couverture médiatique, comment arriver à toucher le peuple ? Pour cela, il faut mettre beaucoup de technique et de patience dans ce que l'on fait parce que plein de clips vidéo passent à la télé mais ils pervertissent et personne ne s'offusque ; mais quand il s'agit de réveiller les consciences face à l'injustice, l'illégalité, nous sommes bloqués, les barrages se mettent en place... Notre combat dans ce business c'est comment arriver à imposer notre refus sans étouffer quiconque et, depuis 15 ans, nous nous battons pour cela. C'est difficile.

Keyti

Pour moi, il ne faut pas être forcément dans la galère pour être un bon rappeur. Il n'y a pas que la galère comme source d'inspiration. Il faut déjà faire la différence entre un bon rappeur avec la maîtrise des techniques d'écriture, du *flow*, du choix des musiques et un rappeur qui a des choses à dire. Un rappeur peut avoir des choses intéressantes à dire, mais ne pas bien écrire ses textes, ne pas avoir un bon *flow*, parce qu'il y a ce côté artistique à ne pas négliger. Mais il est clair que si quelqu'un qui a toujours vécu dans des difficultés vient avec des *skills*, avec un vrai talent d'écriture et avec un bon *flow*, il est forcément au-dessus du lot. Je crois qu'au Sénégal particulièrement, il y a cette façon de voir les choses qui veut qu'un rappeur doit forcément venir de la banlieue, d'un milieu pauvre. Il doit être fauché.

Je fais la différence entre deux choses à propos de ce mot-là : "underground". Il y a l'underground en tant que tel, par rapport à un mouvement. Si je prends l'exemple du mouvement rap, il y a le *mainstream*. Au Sénégal, il n'y a pas vraiment de *mainstream*, mais à l'échelle du Sénégal, je peux dire que ce sont des gens comme moi, des gens comme Xuman, comme Nix. Nous sommes connus par le grand public et nous ne sommes plus considérés comme étant dans l'underground. Par contre, il y a d'autres groupes émergents qui sont en train de se battre pour être connus et ils évoluent dans un réseau parallèle aux autres. Ces groupes ont des endroits où ils vont se produire où nous n'allons pas. Ils ont un public qui les suit et qui n'est pas forcément intéressé par ce que nous faisons. Donc, moi, je considère que ces gens-là sont dans l'underground et peut-être qu'un jour ils vont exploser et venir sur la scène *mainstream*. Nous sommes dans quelque chose de vrai même si côté business, c'est très commercial, il y a quelque chose de vrai. Moi, je pense que là nous pouvons avoir l'esprit underground. Donc, je fais la différence entre l'esprit underground et être dans l'underground parce que nous pouvons être dans l'underground sans pour autant être underground. Nous pouvons être dans l'underground et avoir des rêves de célébrité, des rêves de belle vie, de belles filles, de belles voitures et villas. Là, nous ne sommes pas forcément underground, nous sommes dans l'underground, moi, c'est comme cela que je comprends ce mot là.

Keur Gui

Kilifa : Chez nous, il n'y a pas le groupe le plus "*in*" ou le moins "*in*". À Kaolack, chaque groupe de rap a son rôle à jouer. C'est dans cette ville que tu vois 20 groupes de rap, tous underground mais très appréciés par le public. C'est à Kaolack que tu organises un concert animé par des groupes underground et que tu es sûr d'avoir cent personnes au minimum. Le hip hop et la ville de Kaolack, c'est une très longue histoire. Comme nous avons l'habitude de le dire, nul n'est Prophète chez soi. C'est à Kaolack que nous avons compris que pour avoir quelque chose, dans la vie il faut se battre, même avec ton propre frère qui ne va pas t'apprécier juste parce que tu es son frère. C'est à Kaolack que nous avons appris tout cela, c'est ce qui nous a permis d'avoir tout ce que nous avons aujourd'hui. Ce n'était pas évident à nos débuts : il y avait des groupes de rap comme Thiossane J, Wa Jappo, Mbolo, J system. Chaque groupe était formé d'un trio du genre Ndongo D, Alajiman, Faada Freddy. Mais Keur Gui était le seul groupe de rap que les gens ne connaissaient pas. Quand nous montions sur scène, c'était la récréation pour le public. Celui-ci en profitait pour aller acheter quelque chose, draguer ou discuter. Personne ne nous regardait. C'est à Kaolack même que le public nous a jeté des pierres. Ce n'était pas facile, mais nous nous sommes toujours dit que cela changerait un jour.

Le jour où la donne a changé et que nous avons été appréciés, c'était lors d'un concert du groupe Pee Froiss : nous faisions d'habitude les premières parties des groupes de Kaolack, comme les Thiossane J avec de belles voix à la Faada Freddy qui cartonnaient. Nous étions restés quatre à six mois sans rien produire. Nous préparions un *come-back*. C'était la première fois que nous insultions sur scène : quand nous sommes montés, le public nous a tourné le dos comme d'habitude. Nous aussi. Nous avions baissé les bras avec les micros par terre pendant dix secondes. Un calme absolu régna à l'Alliance française de Kaolack. Aussitôt, notre geste a attiré l'attention des spectateurs. Quand ils nous ont fait face, nous les avons insultés en les traitant de farfelus qui ne croyaient pas en la ville de Kaolack, à l'instar de Valdiodio N'Diaye. Face à la pauvreté de la ville, le Maire dilapidait l'argent, rien ne fonctionnait et ils étaient là à écouter des chansons d'amour. Là, la foule a eu du mal à se contenir et a exulté. Nous avons posé les micros et nous sommes partis. Le concert venait de prendre fin. Il y avait Pee Froiss qui devait monter sur scène mais le public n'a pas attendu. Depuis ce jour, nous avons été le premier groupe de rap à demander un cachet à Kaolack même si c'était juste 5 000 FCFA. Pour le deuxième concert, nous avons demandé au promoteur de nous payer le transport parce que nous savions que le public allait venir rien que pour nous voir jouer. Après, place aux rumeurs : « Hier, Keur Gui est venu, nous a insultés et a insulté le Maire. » Même les animateurs radio qui n'ont jamais voulu de nous dans leurs émissions nous ont sollicités.

Thiat : Les écoles ont voulu nous payer afin que nous animions les ouvertures de leurs foyers socio-éducatifs alors que cela ne se faisait jamais. Nous sommes devenus des stars. Il faut du tout pour un monde. Je pense que chaque individu doit jouer un rôle dans sa société. Il y a des travers mais nous essayons de jouer notre partition, ce qui fait que nous mettons un cran au-dessus de beaucoup de choses parce que c'est une ville fantôme, un gros village comme nous avons l'habitude de le dire avec plein de ressources mais rien n'a été exploité. La jeunesse est laissée en rade, les gens sont fatigués à Kaolack où il fait presque 45 degrés pendant presque toute l'année. Nous ne pouvions pas ne pas être engagés avec un tel climat. Nous sommes des petits-fils de Valdiodio et nous jouons notre partition par rapport aux autres qui le font moins bien. Cela ne veut pas dire que nous sommes les meilleurs. Nous ne prétendons pas être les meilleurs en rien du tout. Nous sommes juste des gens qui sont conscients de leurs rôles et qui essayent de bien les jouer. Nous sommes les gardiens du temple.

Kilifa : C'est comme dans une équipe. Quand le numéro neuf marque, tu n'as pas intérêt à changer d'équipe. Comme nous avons l'habitude de le dire : « On ne change pas une équipe qui gagne. » Les Sénégalais d'habitude ne font pas de cadeau, si tu fais bien les choses, ils te le rendent bien, mais si c'est le contraire, ils te diront : « Tu nous a bien représentés mais là tu ne peux plus le faire. » C'est le problème des Sénégalais avec Abdoulaye Wade, le Président de la République : les Sénégalais n'ont rien contre sa personne, c'est juste qu'ils n'en peuvent plus.

K-nibal

Quand tu fais tes premiers pas dans le rap, tu es plus méticuleux avec ta technique d'écriture: tu veux que les gens reconnaissent que tu rappes bien. Nos textes retracent nos parcours respectifs, les faits observés dans la société. Ce n'est pas parce que nous sommes dans le même groupe que nous devons avoir la même vision des choses. La preuve, dans un texte, nos divergences sont prises en compte ; quand tu écoutes une chanson, tu comprends vite nos points de vue différents. Comme je l'ai déjà dit, la technique compte vraiment pour nous parce qu'il ne s'agit pas simplement de rapper parce que les Américains le font mieux que nous. La langue anglaise est belle et rapper en anglais c'est formidable. S'il s'agit de textes profonds, les Français sont les meilleurs dans le monde. Quant à nous autres Sénégalais, c'est notre identité, nos valeurs qui nous sont propres que nous pouvons offrir aux autres. C'est cela, la philosophie du groupe K-nibal : nous ne parlons pas de certains faits de société parce que nous les nions ; c'est juste que cela ne nous inspire pas. C'est pour ça que nous sommes plus intéressés par l'écriture.

Nous sommes basés à Niarry Tally, quartier dans lequel nous avons créé le groupe K-nibal. Cheikhna réside à Grand-Dakar mais il vient de Niarry Tally. Enfants, nous pouvions dire que nous habitions tel quartier mais une fois adulte, tu résides quelque part, selon tes moyens. Mais étant fils d'un militaire qui a été affecté partout, j'ai fait le tour du Sénégal. Aujourd'hui, Cheikhna n'habite plus Niarry Tally. Seuls quelques membres du groupe y habitent encore, de même qu'à Grand-Dakar. C'est pourquoi dans l'album, nous disons : « Grand-Dakar, Sénégal, Niarry Tally, Afrique de l'Ouest… »

Notre premier album intitulé le « Sénégal qui bagne », a été produit par Mister Kane qui fut le producteur de pas mal d'albums célèbres, « Politichiens », « D-kill Rap », « Rap'adio », « Underground P.A. ». Nous l'avons connu lors du concert promotionnel de l'album « D-kill Rap ». Nous y sommes allés pour jouer, mais puisque nous étions encore dans l'underground, il nous a fallu jouer au plus malin pour monter sur scène. Après avoir joué deux morceaux, Mister Kane nous a appelés et nous a demandé nos noms et lieux de résidence. Il s'est présenté et a promis de nous rendre visite. Nous ne le croyions pas trop. Deux mois plus tard, il est venu nous rendre visite : lors de la discussion, il nous a promis de nous produire parce que tout ce qu'il aimait dans le rap était en nous. Moins d'un an après, il est allé en Espagne et y est resté huit à neuf ans. Tout ce temps, nous continuions à travailler. Il nous arrivait même de rencontrer des gens qui étaient prêts à nous produire. Mais nous avons tenu à prendre notre mal en patience, nous étions convaincus que Mister Kane ferait l'affaire parce que tous les albums qu'il a produits ont connu un succès. Quand l'attente devenait vraiment longue et que nous voulions aller voir ailleurs, Mister Kane, comme s'il l'avait senti, nous appelait au téléphone. Nous avions gardé le contact. Il nous a demandé où nous en étions et nous lui avons répondu que nous nous apprêtions à aller au studio. Il nous a encouragés à y aller et nous nous sommes mis au travail. Au moment de finir l'album, Mister Kane est rentré au Sénégal. Nous avons fait la promotion de l'album. Mais l'album n'a pas produit l'effet escompté. Des difficultés ont subsisté entre temps. Mais si nous pensons rap, l'album est l'un des rares albums sortis en 2010 dont tous les morceaux sont passés à la radio. D'habitude, une ou deux chansons passaient en boucle. Nous rendons grâce à Dieu. Nous avons pris le temps de bien le faire, nous avons bien réfléchi sur tout ce qui n'avait pas été fait jusqu'ici par les autres rappeurs sénégalais.

Au Sénégal, tous les rappeurs font de l'*egotrip*. Nous, nous avons mis sur le marché le premier album de rap au Sénégal sans *egotrip*. Je dirais même peut-être dans le monde, parce que c'est difficile de ne pas trouver d'*egotrip* dans un album de rappeur.

DLJ Sound

Nos quartiers ne sont pas infestés de criminels, mais le chômage est très présent. Je pense que la galère rime avec le hip hop et encore plus avec la discipline rap. Quand nous galérons, nous n'avons pas toujours envie d'en parler. Nous habitons Dieuppeul et c'est différent de quelqu'un qui habite à l'intérieur du pays. Mais la galère des autres est une source d'inspiration pour rapper même si nous ne sommes pas tous dans la merde.

Nous nous inspirons d'une scène étrange, d'une beauté, ou d'une chose à laquelle nous ne nous attendions pas. Nous nous inspirons de tout et de rien. Nous nous inspirons également de la politique, de tout ce qui tourne autour de la vie et de tout ce qui a un rapport direct ou indirect avec la musique que nous pratiquons. Quand il y a beaucoup de chômage dans les quartiers, il y a du temps et des gens à rencontrer toute la journée qui échangent, ce dont on peut s'inspirer. De toute façon, tout le monde est révolté par la pauvreté, l'injustice, le fait d'assister à des scènes injustes sans pouvoir agir. Nous avons eu à sortir deux albums donc je pense que nous ne sommes plus underground ; nous représentons Dieuppeul, nous sommes les fils de Dieuppeul même quand nous allons sur de grandes scènes. Maintenant que nous sommes sortis du lot, c'est à nous de prouver que nous pouvons maintenir la tête au dessus de l'eau et surfer parmi ceux qui font du rap.

K-nibal

Gauche à droite: Tidjane Sow, vidéo-artiste et Xidex, présentateur à la télé.

L'Underground loyauté, la célébrité et l'objectif

Rapattack de Guinaw Rail (derrière la voie ferrée) l'underground n'est pas un vain mot pour eux qui vivent au milieu de bidonvilles construits en dur et envahis par les eaux à chaque saison de pluies.

Sembedeke de Conakry, Guinée.

Tag ou Graffiti signé par Docta ; autoportrait avec son leader spirituel Cheikh Ibra Fall de la confrérie mouride.

Chapitre 11

Les Beefs et les Clashes

Ce sont des procédés ou épices du hip hop. Cela obéit à des règles internes et remplace les *battles* lorsque l'on est underground et que l'on a des plateformes où se confronter à l'autre face à un public. Chez les confirmés, on a des *beefs*, alors on se clash et le public s'en souvient longtemps après que les protagonistes aient fait la paix. Parfois, ils entretiennent la rivalité juste pour garder le public intéressé. Par exemple, tout le monde se souvient de Youssou N'Dour et du Daara J à ses débuts…

Fatou Kandé [FK] : Racontez un peu le *beef* entre Youssou N'Dour et Daara J Family, même si nous savons que le rapport avec Youssou est serein aujourd'hui et c'est le grand frère.

Ndongo : La relation a commencé par des accompagnements aux concerts *live*. Il nous arrivait de jouer au Thiossane, sa boîte de nuit. Nous faisions les premières parties d'autres artistes. Nous l'avons fait avec Ismaël Lô au Centre culturel français, mais avec Youssou N'Dour, c'était différent parce qu'il y avait les concerts du 25 décembre au Stade Demba Diop, le premier *freestyle* sur scène, c'était avec lui et devant des milliers de personnes. Nous arrivons et il nous met sur une chanson « Solidarité ». Cette invitation a été pérennisée par son entourage. Je crois que c'était Bouba N'Dour qui coordonnait tout cela. Finalement, nous nous sommes retrouvés en tournée internationale, il nous a appelés. Nous étions en France, lui en Belgique. Nous avons joué là-bas deux ou trois fois. Ils ont voulu l'enregistrer en studio, ils ont fait un enregistrement à Bruxelles, nous avons posé nos voix mais nous n'étions pas satisfaits de ce que nous avions fait. Le *live* sur scène et ce que tu peux faire en studio, c'est différent, même si pour eux ce n'était pas le cas. Mais nous nous en sommes rendu compte trop tard, durant notre tournée. Eux, ils sont revenus au Sénégal et ils ont sorti le morceau sans nous aviser alors que nous n'étions pas prêts. C'était juste une maquette et cela a été le truc qui nous a un peu éloignés de la sphère N'Dour. Même si les gens appréciaient le morceau et nous disaient que c'était bien fait, nous savions que ce n'était pas bien fait.

Faada : A cette époque, il n'y avait pas beaucoup de collaborations entre les artistes hip hop et mbalax. Je crois qu'à part la compilation de PBS de « Boul Falé », nous commencions à aller sur les scènes d'artistes de mbalax parce qu'ils avaient déjà leur public. C'était notre stratégie avec Youssou N'Dour. Quand tu fais une musique hip hop reggae, tu as besoin de plus de visibilité.

Ndongo : La collaboration ne s'est pas arrêtée à ce *featuring* sur scène. Il y a eu d'autres projets, un label que Youssou N'Dour nous a proposé : « Da Hop ». Là aussi c'était un peu particulier ; ils ont amené des producteurs américains et ont donné des instrus à chacun. Le gars nous a emmenés à son studio et comme pour un test, il a balancé des instrus, nous avons posé nos voix. Il a enregistré et a dit que c'était bon. Mais pour nous, ce n'était pas bon. Nous nous sommes permis de reprendre une journée de studio à Xippi pour proposer quelque chose de différent de ce que nous avions enregistré. C'est là que nous avons fait le morceau « Xaley Tey daniou beug job »[1]. Il y avait un arrangeur anglais, Andy Shafte. C'est un nom connu dans le hip hop sénégalais, il a fait l'album de Bibson. Il fut le premier professionnel anglais à venir à Dakar.

FK : Il parait que tu es « peace and love » avec les collègues du milieu, tu clash pas ?

Niagass : Nous sommes au Sénégal et le hip hop a été importé chez nous. Quand tu prends quelque chose ailleurs, tu n'es pas obligé de tout prendre. Tu peux juste prendre le côté utilitaire de la chose. J'accepte le *break-dance*, c'est positif, c'est des gestes, c'est une forme de communication ou l'*egotrip* qui parle de toi et très rigolo. J'aime bien l'*egotrip*. Par contre, ce que je n'aime pas, c'est le clash parce que, par rapport à notre culture, nous pourrions être apparentés. Dans la culture

---

1 Les jeunes d'aujourd'hui veulent un emploi.

sénégalaise, la discrétion est de mise. Il arrive que les gens disent que le rap c'est le *tassou*, le *taxouran*[2], mais ce n'est pas du tout cela. Le rap a été formalisé par les Américains et nous l'avons importé. Nous le faisons pour dénoncer ce qui nous fait mal, dire nos quatre vérités, mais pas pour devenir des Américains. Si, à part nous du groupe Youkoung koung, les autres rappeurs ont honte de mettre des pantalons bouffants traditionnels appelés *thiaya*. Avant, tous les rappeurs montaient sur scène habillés avec des marques prestigieuses que je ne vais même pas citer parce que c'est faire leur publicité. Aujourd'hui, tu peux même rapper les pieds nus, même si tu n'as pas de chaussures, l'essentiel est de dire ce que tu penses, c'est une autre forme d'expression. Nous avons su apporter notre pierre à l'édification du rap sénégalais. Dans le futur, il sera difficile de parler du rap sans nous citer. Mais moi, je ne clash pas.

FK : Sujet délicat, on a tous entendu des choses assez invraisemblables sur la séparation de Daara J, tu as quelque chose à dire là dessus ?

Alajiman : Cette séparation est de l'ordre naturel des choses, toute chose a une fin. C'est une fin professionnelle. Ce qui est difficile, c'est d'accepter cette fin. Nous avons partagé 20 ans de notre carrière et la fin est arrivée, qu'importe les facteurs qui ont provoqué cette fin, car il y en a toujours pour déclencher ce moment qui aurait pu être la mort. Nous l'avons accepté, maintenant nous y faisons face et avançons vers nos objectifs personnels.

C'est bénéfique pour moi aujourd'hui d'être un jeune de 36 ans qui a plein d'énergie, des enfants de 15, 12, 8 ans et 6 mois et d'avoir l'opportunité de vivre chaque instant. Je n'ai pas vu les aînés ramper, pousser des dents, et avec Libasse je suis comblé de vivre ces instants alors qu'il apprend à s'asseoir. C'est magnifique de manger avec eux, de les voir partir à l'école, de les récupérer, car je n'ai rien de plus fort que ça. Je n'ai jamais su ce qu'ils étudiaient. Incontestablement, il n'y a rien de plus important que nos familles.

Il y a des gens qui refusent d'accepter que c'est la fin, mais on y est ; nos fans ont le choix de nous écouter ensemble ou séparément car chacun de nous offre quelque chose de perso qui lui tient à cœur.

---

2   Formes de poésie traditionnelle proche du rap.

FK : Avec Daara J Family, il y a une nouvelle dynamique, ce qui devait arriver, arriva. La séparation a-t-elle été inéluctable parce que vous avez grandi ?

Ndongo : C'est arrivé et ça fait mal, il ne faut pas penser que c'était facile. C'est une nouvelle naissance parce que toute l'administration, les investissements faits n'existent plus. Il faut repartir à zéro, refaire les « connections ». C'est une seconde chance que tout le monde n'a pas toujours l'opportunité d'avoir dans une vie.

Faada : Cela représente beaucoup pour moi. Avant, j'étais très éloigné du business, mais aujourd'hui je prends des initiatives et je peux les mettre en œuvre dès le lendemain. Je peux aller voir un partenaire et lui dire de me signer quelques millions parce que je veux faire telle ou telle chose. Il a confiance et sait que je suis venu en tant qu'artiste, il a ma parole. Auprès de Ndongo, j'ai eu le temps d'apprendre les rouages parce que, quand tout s'est arrêté, il fallait quelqu'un pour booster la machine et c'est lui qui a pris l'initiative. Moi, j'étais plutôt dans le studio, le laboratoire de création. Chaque fois qu'il revenait du terrain, il écoutait un son, l'appréciait et il me disait d'aller dans une certaine direction musicale ou artistique en fonction des tendances. Il s'est chargé d'aller sur le terrain tous les jours pour chercher des sponsors. Nous n'étions plus que deux, alors nous nous sommes organisés. Nous connaissons maintenant le potentiel de chacun et nous essayons de nous compléter.

Ndongo : J'avais beaucoup de frustrations par rapport à notre entourage, et je l'ai toujours gardé pour moi. C'était le fait que les gens ne réalisent pas que nous recommencions à zéro. Ils n'ont rien arrangé avec leurs commentaires et leurs médisances. Heureusement, maintenant c'est de l'histoire ancienne, mais je tenais à le dire.

Faada : Moi, j'ai eu la rage un matin juste après la séparation. Il y avait des gens qui étaient chez moi et qui me disaient : « Vous avez des biens communs, vous ne pouvez pas tout abandonner, il faut recommencer. » Je réfléchissais et mes enfants demandaient: « Papa qu'est ce que nous allons manger aujourd'hui ? » Je me suis rendu compte que je n'avais rien du tout. Je suis sorti dans la rue : j'habitais la Cité Soprim, j'ai regardé par terre pour voir si je pouvais ramasser 100 FCFA pour acheter un peu de pain, on en était à ce point là, tous. J'ai marché dans la rue sans pour autant ramasser une pièce, bien sûr, et quand je suis rentré, j'ai appelé Lamine (Ndongo D) pour lui dire que nous allions recommencer.

Je lui ai demandé s'il était prêt à travailler. Il m'a rétorqué : « On n'arrête pas la machine quand elle est en marche » et c'était reparti.

Ndongo : C'est notre histoire, ça devait se passer ainsi. La joie d'être ensemble, de grandir, de créer, puis la tristesse de perdre tout cela, puis la force de rebondir et d'ouvrir une nouvelle page où inscrire de nouvelles histoires.

FK : Keur Gui, vous êtes au devant d'un mouvement qui a la côte et vous vous envolez pour les États-Unis pour la première fois grâce à cette notoriété. Le milieu a t-il des raisons de parler de vous ou sont ils juste jaloux ?

Thiat : Nous ne sommes pas allés demander un visa, nous sommes allés le chercher. Nous avons des sympathisants. Il y a des gens qui ont compris l'importance de notre combat et qui nous disent : « Mes chers, si seulement nous pouvions retrouver nos 30 ans et mener ce combat avec vous… ». Le combat de Y'en a marre, c'est l'alternative pour chaque pays africain. Je crois tellement à ma chère Afrique et je crois en la thèse de Cheikh Anta Diop qui disait : « Aujourd'hui, c'est l'Amérique, ensuite ce sera l'Europe, puis l'Asie mais l'Afrique redeviendra ce qu'elle était : la mère. » Ce n'est pas pour demain certes, mais le processus s'enclenche aujourd'hui. Nous avons rencontré toutes les entités qui sont au Sénégal : les ONG, les ambassadeurs… qui ont demandé à nous voir et que nous avons reçus dans notre quartier général.

Quand nous sommes allés aux États-Unis, nous avons fait des conférences. Lors de notre conférence à Harlem, John Kerry a fait le déplacement même s'il est resté 15 minutes. Les images sont là pour le prouver. Il a dit : « C'est l'alternative pour l'Afrique. On parle de guerres tribales, ethniques ou religieuses ailleurs mais voilà que des jeunes se battent de manière volontaire et pacifiste. Voilà ce qu'il faut pour l'Afrique et même pour nous, les États-Unis. » Ce n'est pas rien et cela veut dire que Y'en a marre est regardé d'un autre œil. C'est le rap qui y gagne en respect et en considération. À l'époque, on disait : « Les petits rappeurs ». Mais aujourd'hui, qui ose dire les petits rappeurs ou les voyous ? Qui ose dire que nous sommes des marginaux et que ce rap n'a pas joué sa partition ? Quel mélomane de rap regrette aujourd'hui les 1 000 ou 2 000 FCFA dépensés pour acheter un CD de rap ? Au contraire, tout le monde se réjouit de dire qu'il est hip hoppeur et qu'il écoute du rap. Mais c'est un fardeau et nous essayerons de le porter aussi longtemps sur terre. Nous essayerons d'être à la hauteur.

Kilifa : Il faut être vraiment ingrat pour dire que le rap n'a pas réglé beaucoup de problèmes au Sénégal. C'est avec les rappeurs que nous avons assisté au clash des soi-disant marabouts qui surfaient toujours sur l'ignorance des Sénégalais. Comme le chante les chanteurs de mbalax : « Serigne tel est gentil. » Nous les rappeurs nous ne procédons pas ainsi. Il faut oser le dire : Les marabouts comme Serigne Touba, Mame Abdou Aziz Sy, Boukounta, aujourd'hui, leurs petits-fils ne suivent pas leurs pas.

Thiat : Les marabouts comme Serigne Touba et Baye Niasse, ils n'avaient même pas de poches. Mais les marabouts d'aujourd'hui ont des comptes bancaires, de belles bagnoles, de belles femmes et des villas.

Kilifa : Des marabouts qui pratiquent l'adultère.

Thiat : Ce sont des businessmen. Nous avons beaucoup de businessmen et d'opérateurs politiques.

Kilifa : Nos marabouts n'osent pas parler aujourd'hui de tout ce qui se passe dans le pays alors que Mame Abdou Aziz Sy n'hésitait pas à parler parce qu'il se foutait des hommes politiques. Il ne recevait rien d'eux. Mais aujourd'hui, nos marabouts sont gratifiés avec de l'argent du contribuable sénégalais avec la complicité de nos gouvernants. C'est pourquoi ils n'osent pas dire à Abdoulaye Wade, le Président de la République d'arrêter de s'entêter. J'ose dire à Wade d'arrêter de s'entêter alors que je ne suis qu'un citoyen ordinaire, un rappeur. Le marabout a des milliers de disciples qui l'écoutent, à condition qu'il parle bien entendu.

Thiat : Il faut savoir que nous pouvons hériter des biens de notre père, de son nom de famille, de son entregent. Mais il y a des choses que nous ne pourrons jamais hériter : c'est le savoir. Tu l'as ou tu ne l'as pas. C'est inné, les valeurs appartiennent toujours à l'homme. Quand nous disons tel père ou tel fils, c'est toujours par rapport à une démarche. Mais ce ne sera jamais par rapport à une valeur. Il y a des choses que l'on devient et d'autres qui sont innées.

FK : Bibson, tu aurais dit Y'en a marre de « Y'en a marre » ?
Qui a dit que j'étais contre Y'en a marre ? Jamais. Je suis membre du M23 à part entière. Y'en a marre n'est pas un mouvement de rappeur. Fadel Barro n'est pas rappeur, je connais des mécaniciens qui sont dans

le mouvement ; ils ne sont pas rappeurs. Je n'y suis pas physiquement car je ne m'y vois pas. Ce n'est pas parce que je ne suis pas dedans que je suis contre eux. Moi, je suis pour tout ce qui est anti-Abdoulaye Wade.

Je n'ai manifesté nulle part de l'antipathie à leur égard, au contraire. Lorsque Thiat a été arrêté, j'étais avec ceux qui ont marché et jeté des pierres aux policiers pour qu'il soit libéré. Y a pas plus engagé que moi sur la plateforme rap. Les « Y'en a marristes » que je connais qui sont dans le rap sont de bonnes connaissances, je les invite souvent à mes concerts.

FK : Black Mbolo, qu'est ce qui est à l'origine de la séparation des membres du groupe Black Mbolo ? On vous clash en vous traitant de rappeurs émigrés.

Si je ne m'abuse, c'était entre 2004–2005. Atoumane Ndiaye, un des membres du groupe est allé en Italie. Il a choisi de faire autre chose. C'est sa vie. Moi aussi, j'ai eu à voyager en Afrique du Sud et au Maroc. Yoro a également créé son propre business. Des fois, la situation familiale d'une personne influe sur sa carrière professionnelle. Aujourd'hui, ils sont tous mariés avec des enfants, ce n'est plus comme avant. Quand nous étions de jeunes célibataires, nous n'avions aucune responsabilité. Néanmoins, nous essayons de recoller les morceaux afin de faire quelque chose ensemble.

FK : Fata El Presidente, on a l'air de s'acharner sur toi ?

Dans le mouvement hip hop, je suis tellement exposé que je suis devenu une cible facile. Comme Awadi me dit tout le temps : « Même si ça râle, ce que tu as fait dans le hip hop sénégalais, ils ne l'ont pas encore fait. » Cela je m'en réjouis, je n'ai pas envie de suivre les autres. Pour moi, chacun est venu pour une mission.

Je ne vais pas dire à un citoyen sénégalais d'attendre quelque chose de l'État alors que jusqu'ici, j'ai fait ma vie sans l'État. Je ne vais pas faire un album qui parle de l'État parce que je n'ai pas mon mot à dire, mais parce que tout le monde le fera. À l'approche des élections, tous les rappeurs vont écrire sur la politique et après c'est comme s'il n'y avait plus de thèmes. Donc, je préfère écrire sur les choses constantes qui se passent dans notre pays. Alors que nous ne nous battons pas pour que le hip hop devienne une industrie dans notre pays, pour son développement. C'est comme si tu devais faire l'éducation de cette culture avec les rappeurs avant de passer au public. Nous devons servir d'exemple dans tous les secteurs relatifs au développement du pays mais je le vois rarement chez les artistes. Heureusement que les manifestations du 23 juin m'ont trouvé aux États-Unis et même si j'avais été au pays, je n'y aurais pas pris part et cela sans remords. Si nous n'avons pas fait des études, nous n'avons pas développé le mouvement hip hop afin d'en faire une industrie. Qu'est ce que nous pouvons bien réclamer à l'État ? Vous êtes une dizaine dans la maison à avoir abandonné les études en classe de cours moyen deuxième année (CM2). Vous n'avez pas misé sur autre chose pour votre réussite sociale et vous vous en prenez à l'État ? Je trouve cela paradoxal.

Je disais tout à l'heure que je suis devenu une cible facile, parce qu'il y a longtemps que mon single est sorti et à un moment où le groupe Rapadio était intouchable. Moi, je suis venu les clasher. Ils ont répondu et le public a jugé. Depuis cette période, tous les rappeurs qui viennent m'insultent. Leurs propos vont au-delà de la musique : c'est me dénigrer. Si c'est le clash, les insultes, j'ai dépassé ce cap parce que quand je le faisais, le rap était plus dangereux. Aujourd'hui, si un rappeur m'insulte, j'appelle son entourage pour lui dire que ce que j'avais permis à Rapadio, c'est fini. Si c'était aux États-Unis, je l'aurais accepté parce que le clash et l'insulte font partie d'un code de conduite et le public t'estime pour cela. Au Sénégal, nous tombons dans ce piège alors que nous ne le maitrisons pas. Malheureusement, notre public est innocent. Tu peux comprendre que des rappeurs soient des adeptes du groupe Rapadio, masqués ou pas, de leurs *lyrics*. Je ne peux plus écouter des morceaux aux rimes entassées pour montrer que tu as une soif de parler. Cela veut dire que tu es dépassé par ce qui se passe dans le monde actuel. Aujourd'hui, les gens écrivent deux *vibes* de 12 ou de 16 ; ils ne sont pas là pour montrer que Fata manque d'inspiration. Tu peux me donner un thème et une heure après, je t'écris un texte. Avec les ordinateurs, les gens discutent et enregistrent par barre jusqu'à ce que le morceau soit au complet. Facilement, ils te font un morceau en 10, 15 minutes.

FK : Canabasse, tu clash ou tu ne clash pas ?

Je ne clash pas le premier. Mais si quelqu'un s'attaque à moi, je réponds. Quand je parle de moi, c'est par rapport à un personnage imaginaire que j'ai créé de toutes pièces. Tu peux m'entendre dire dans mon son « Fais ceci alors que toi tu fais cela ». Ce « toi » là ; c'est un personnage *lambda* qui n'existe pas. C'est pour cela que j'ai du mal à me faire comprendre. Dans tous mes sons, c'est ce personnage lambda qui me permet de m'exprimer. Et souvent, les gens pensent que je clash un tel ou un tel.

Les Beefs et les Clashes

FK : C'est quoi l'esprit Canabasse, les chaussures, la casquette ? Tu clash les *haters* ?

Ma philosophie des choses veut que quand tu fais partie d'une mouvance, tu te dois de discerner ce qui est en vogue. Je ne peux pas me permettre de dire que je fais du rap et exposer mon image d'une façon qui n'est pas adéquate. Quand je regarde un clip américain ou un clip français, je vois ce qu'ils portent, ce qui est à la mode. Nous avons une image à véhiculer. Nous sommes des références pour les jeunes. Pour qu'un jeune puisse écouter ta musique, il faut que ton image l'attire. C'est pour ça que je m'attelle à soigner mon image de telle sorte que quand ils me voient qu'ils sachent que c'est Canabasse, le grand rappeur. C'est aussi pour attirer un public féminin, quand les filles aiment bien, les hommes suivent. Ceux qui ne m'aiment pas sont battus par mon style alors je préfère le leur dire déjà dans mes sons.

Diablo Tagger, artiste graffiti.

DJ Gee Bayss, alias Georges Martin Lopis, du Pee Froiss

Pul Art Bi, alias Dhby Ba, fait du rap en pulaar/wolof et français. Il promeut la région de Fouta au Sénégal et souligne des problèmes sociaux et des solutions par sa musique. Crédit photo SMKandji Skillzography.

Chapitre 12

Hip hop industrie : rappeur ou métier ?

Aujourd'hui, les membres du mouvement hip hop ont plus accès à l'information. Ils connaissent les circuits, se connectent avec des jeunes qui, comme eux, font bouger les choses dans leurs pays respectifs. Ceux qui savent se servir adroitement de cette technologie mettent leurs sons sur des sites où les internautes achètent leur musique. D'autres sont très compétitifs dans l'offre de *jingles*, de musique de films. Ils ont ajouté la vidéo, la communication à leurs productions et offrent d'autres services. Ils se sont professionnalisés et ont tendu la main au monde de leurs parents, de leurs dirigeants pour faire des affaires, même s'ils restent vigilants quant aux agissements des uns et des autres. Une académie de hip hop voit le jour dans la banlieue populaire, à Pikine, gérée par des acteurs du hip hop, et la musique hip hop étant devenue du *live*, les salles et espaces en plein air font de bonnes affaires, au grand plaisir d'un public plus mature aujourd'hui, qui sort et qui dépense de l'argent. Les concerts du Daara J Family, du PBS renouveau, de Bibson, de Bideew Bou Bess, de Nix, sont des rendez-vous bien respectés.

Les groupes et les individus voyagent, par les temps qui courent où voyager relève du parcours du combattant. Les autres disciplines du hip hop ont des opportunités intéressantes (les griffes *Siggil* du styliste Cheikha, *Buul Dof* de Baye Souley, ex-danseur, qui fera la *fashion week* de Londres en 2012 durant les JO). Chez les taggeurs, les Mizerables Graff sont invités à signer leurs œuvres hors du Sénégal, et Docta se retrouve au pays où le tag est né pour dialoguer avec ses homologues. Bien sûr, tout le monde n'est pas logé à la même enseigne, mais ils continuent d'occuper la plateforme musicale et d'alimenter les médias de plus en plus nombreux.

Black Mbolo

C'est l'industrie musicale qui a un problème. Dix ans en arrière, nous parlions de vente de cassettes, puis de CDs. Aujourd'hui, même les CDs ne marchent plus. À partir des portables, les gens arrivent à télécharger des sons de telle sorte que les artistes ne perçoivent rien.

Imaginez, nous pour qui la musique est une passion, nous n'avons pas la chance d'exercer un autre métier. Il m'arrive de voyager pour des festivals et de revenir, mais ce n'est plus comme avant. Même Youssou N'Dour ne vend plus. Il y a le problème de la piraterie, et un seul grand concert est organisé par an. Tout le monde veut devenir musicien et la vie devient de plus en plus dure pour ceux qui font de la musique pour vivre.

En ce moment, j'évolue en solo. J'ai formé un groupe avec un orchestre de variétés, nous faisons du reggae, de la soul, du R'n'B, de l'afrobeat. Nous répétons, mais nous n'avons pas encore où nous produire sur le plan local. Quelle trajectoire !

Je prépare tout doucement un album international. Je trouve que le hip hop était au top jusque vers les années 2000 avec les *old school*, je pense à des groupes de rap comme Daara J, Pee Froiss, PBS, Black Muslim, Black Mbolo, VIB, avec de beaux messages. Il y avait de la discipline, de l'intelligence, les rappeurs étaient instruits. Mais aujourd'hui, je ne dis pas que c'est n'importe quoi, mais il faut que nous procédions à une sélection des groupes de rap. Maintenant, le rap est à la portée de tout le monde. Les groupes de rap doivent redoubler d'efforts parce que c'est une véritable technique, ce n'est pas quelque chose de facile. Il faut de l'engagement et de l'intelligence.

Simon, Bisbi Clan

Je suis convaincu depuis le début que c'est ma voie. J'en ai fait un métier aujourd'hui. J'ai traversé beaucoup avec la famille qui s'est beaucoup inquiétée pour moi. Je me suis fait renvoyer de plusieurs établissements. Je menais des grèves par ci, ou c'était des prises de tête avec les professeurs par là. Mais je me débrouillais pour passer en classe supérieure. L'étiquette de bandit qui colle au rappeur n'a pas été simple à faire passer, mais nos familles nous connaissent. Nous ne sommes pas les enfants du voisin, nous sommes les leurs et ils connaissent nos capacités.

Un jour, j'ai gagné un concours à Oscars des Vacances sur les droits de l'homme. J'ai réussi à traduire le texte des droits de l'homme en wolof. L'émission passait tous les dimanches à la télé et lorsque mes parents ont vu ça, ils ont compris l'importance du hip hop dans ma vie. Cela m'a permis d'être invité lors d'un événement sur les droits de l'homme où il y avait le Président de la République. J'ai eu mon premier cachet, c'était 300 000 FCFA ; à l'époque dans le rap c'était énorme. La vision de ma famille a un peu changé. Puis j'ai eu mon bac, ça allait mieux. Je suis allé à l'université et là j'ai commencé ma période rebelle. Je me suis converti à l'Islam, cela a créé un double problème entre la famille et moi. Je suis parti de la maison. J'ai habité chez des potes par ci, par là, j'étais livré à moi-même jusqu'au jour où j'ai rencontré une Française, je me suis marié, et j'ai quitté le pays.

Maintenant, je vais, je viens. Je ne lâche pas les miens bien sûr. Le rêve avec les rappeurs se concrétise : avoir son propre studio, son propre label. En France, je vois que c'est possible avec des crédits, et avec l'aide d'un cousin. On s'achète la même table de son qu'Akon, le même micro que Dr Dre et on rentre à Dakar pour se mettre sur la liste des studios, après ceux de Youssou N'Dour, Origines S.A., Awadi, Henry Guillabert. Je mets en place la structure, et forcément la famille te considère autrement : elle te voit dans des émissions à la télé, te lit dans les journaux. Elle voit que tu reviens de France avec des projets et elle te laisse faire. La famille comprend que tu as créé ton métier. Alors, notre métier, nous lui devons respect et protection.

Alajiman

Ce n'est pas évident de comprendre ce qui se passe dans mon pays. Avec une carrière comme la nôtre, c'est normal que l'on veuille que l'on prenne notre métier au sérieux. Sur notre marché local, déjà en termes de rentabilité, nous sommes battus d'avance car il y a un certain type d'investissement que ce n'est pas la peine de faire car on n'y gagne rien. Si on pouvait, sur notre marché, sortir un single et avoir 10 millions de téléchargements à 100 francs le son, là nous pourrions dire que nous allons vers une nouvelle dynamique économique. Tu ne peux pas mettre 40 millions dans la production d'un album et vendre 1500 CD. On ne peut même pas se permettre de faire un excellent clip à cinq millions FCFA en espérant booster les ventes, c'est de l'argent jeté à la poubelle. Même si le monde hip hop a beaucoup d'avantages vu l'avancée des nouvelles technologies et la capacité du milieu à se les approprier très vite, chaque artiste à Dakar a un *home studio* où il peut travailler plus ou moins correctement. Aujourd'hui, j'ai un studio personnel où je fais mes délires et ça ne servirait à rien d'en faire un business car il n'y aura pas de rentabilité. Ce studio, je l'ai établi voyage après voyage et la douane coûte plus de 21%, lorsque vous ramenez une console qui coute 10 millions et qu'il faut payer plus de trois millions en taxes ; vous voyez que c'est quasi impossible pour un artiste de s'équiper professionnellement. Il y a une absence de politique culturelle. La musique est considérée comme un facteur de divertissement et non de développement, c'est ça le problème. Aujourd'hui l'État construit des théâtres et d'autres infrastructures sans le contenu culturel qui est fait d'artistes, de producteurs, d'opérateurs culturels. En plus, on investit des milliards dans un secteur qui n'est pas normalisé. Les artistes n'ont pas de statut social et nous qui avons beaucoup voyagé, avons voulu être quittes avec notre pays en allant à l'IPRES (Institution de Prévoyance due Retraite du Sénégal) et la réponse a été : « Désolés, on n'a rien pour vous, les artistes. » Nous ne sommes pas considérés comme des travailleurs, pourtant on paye les 18% de TVA et d'autres taxes sur nos cachets. Nous sommes des ambianceurs. Quand une compagnie de téléphone veut lancer sa marque à des milliards, on dit : « Appelez les artistes-là ». Lorsqu'il y a de la visite dans le pays, on met quelques danseurs qui viennent ambiancer. Si on a des gens aux postes qu'il faut, les administrateurs de cette économie, les formateurs aux métiers de la culture, dans la culture, on sera bien, sans politiser tout ça bien sûr. Les artistes seront plus productifs au Sénégal et incontournables dans le monde. J'espère que ça va arriver un jour.

Neew Bi

Contrairement à certains rappeurs, le rap n'a pas perturbé mes études. Il est arrivé un moment où je me suis rendu compte que ma mère galérait pour nous nourrir. Le temps de poursuivre mes études afin de lui venir en aide, il aurait été trop tard. Elle se tuait à vendre des arachides afin de me donner de quoi acheter mes fournitures. C'est comme cela que j'ai décidé de laisser tomber mes études afin de travailler pour la seconder dans les charges familiales. J'ai arrêté mes études en classe de cinquième secondaire. Mais à la rentrée des classes, l'année suivante, un de mes professeurs est venu me chercher à la maison pour que je regagne l'école. Puis deux mois après, j'ai arrêté d'y aller. Je suis devenu *coxeur* (rabatteur de clients pour les transports en commun appelés « Car rapide »), et quand je finissais le boulot, je me mettais à écrire des textes de rap. Avec le temps, j'ai compris que si je m'y mettais, je pouvais réussir dans ce domaine parce que j'avais la bénédiction de ma mère qui savait que je voulais réussir dans la vie afin de lui venir en aide. Je ne m'en suis pas tenu au rap uniquement. Je le cumulais avec de petits boulots.

Mon rap est le reflet de mon vécu quotidien. Dans mon rap, j'explique également aux jeunes comment faire pour sortir des difficultés inhérentes à leur jeunesse. Je leur dis que nous sommes sur terre pour un temps bien déterminé, de penser à réaliser des actes positifs parce que nous sommes appelés à partir un jour. C'est pourquoi, mon rap tend vers le spirituel.

Mon premier album « Bayi si Xel[1] », je l'ai mis sur le marché musical sénégalais le 4 novembre 2007. Avant ce produit, j'ai eu à participer dans une compilation intitulée « L'affiche, Siggil Las », un hommage au rappeur disparu Las MC, où j'ai chanté un titre « Wadiour ». Après j'ai fait un son qui s'appelle « Allou Boy » : l'histoire d'un émigré qui est parti laissant un enfant de deux ans. Seize après, il n'avait toujours pas revu l'enfant. Ce morceau a été consacré meilleure maquette en 2004. En 2007, j'ai gagné le prix révélation Hip Hop Galsen au Festival Banlieue Rythmes. En 2008, j'ai été nominé dans les catégories révélation album et meilleur album solo aux Hip Hop Awards. Qui peut dire que je n'ai pas de métier ?

Keyti

Non ! Ce n'est pas un métier. Ce serait insensé dans la mesure où quand nous parlons de rap, nous parlons d'énergie, de fougue, d'impulsivité. Et je crois qu'à un certain âge aussi, nous nous assagissons et nous comprenons un peu mieux la vie. Nous ne réagissons plus du tic au tac. Dans le rap, c'est quelque chose de très important de réagir de façon spontanée. Donc, rapper jusqu'à 35–45 ans, pour moi c'est de la caricature. Cela voudrait dire que nous sommes dans le rap pour faire des pépètes mais pas pour dire des choses. Donc, je ne me vois pas rapper indéfiniment, même jusqu'à 35 ans.

Le problème en ce moment-ci, c'est que le public rap dans sa majorité est un public généralement jeune. Et il faut que des jeunes s'adressent aux jeunes. Si quelqu'un de 40 ans fait du rap pour s'adresser à des jeunes

---

1 Penses y, ne le perd pas de vue.

de 19 ans, pour moi, cela ne le reflète pas vraiment. Maintenant, il faut dire que le rap est là depuis assez longtemps. Il y a des gens qui écoutent le rap depuis l'âge de 20 ans et qui ont aujourd'hui 40 ans. Peut-être qu'ils ne se retrouvent plus dans le discours rap actuel ou qu'ils sont juste touchés par certains rappeurs qui ont un discours constructif, une vision. Dans ce cas, peut-être que quelqu'un comme KRS ONE qui est un vieux de la vieille arrive à toucher des vieux de 50 ans, mais c'est encore très restreint. Moi, ce que je dis souvent, c'est que le rap n'est pas une fin en soi. C'est juste un moyen. Nous pouvons arrêter de rapper et nous investir dans des domaines qui vont beaucoup plus avec notre âge, beaucoup plus avec notre maturité. Par exemple, l'écriture : nous ne sommes pas seulement obligés de rapper pour combattre. Il y a des gens qui font des films pour dire la même chose que les rappeurs. Donc, il ne faut pas croire qu'il n'y a que le rap comme source de révolte. Nous pouvons le faire dans d'autres domaines.

K-nibal

Je dirais que le rap ne doit pas empêcher un rappeur d'exercer un métier. Nous avons la chance dans le groupe K-nibal de faire autre chose que du rap. Il est difficile pour un rappeur sénégalais de vivre uniquement de son rap. On a tendance à prendre en exemple les rappeurs américains ou français qui ont tout eu à travers le rap, mais leurs réalités sont bien loin des nôtres. Il faut comparer ce qui est comparable : les États-Unis, la première puissance mondiale, compte 50 États, alors que notre pays ne compte que 14 millions de personnes. Parmi ces derniers, seulement 100 000 achètent un album durant l'année. Donc, quel pourcentage le rappeur a-t-il de ces chiffres ? Cela ne permet pas au rappeur de s'acheter une maison. Disons la vérité, la musique au Sénégal, tous styles confondus, n'enrichit pas les artistes. C'est pourquoi tu es obligé, soit de faire un business ou d'exercer un métier. Il faut arriver à développer ton indépendance financière. Si tu n'arrives pas à développer cela et que tu penses qu'aller au studio rapper est la seule chose qui vaille, il arrivera un moment où quelqu'un viendra avec son studio et te considérera comme son valet. Il faut que tous les rappeurs le refusent. Tout rappeur qui lira ce livre doit refuser cela. Même si tu n'étudies plus, prends le soin d'apprendre un métier. Le jour où ça ne marchera plus dans le rap, tu pourras aisément t'adonner à ton métier.

Madzo, artiste graffiti

Chronik 2H

Rayane : Moi, les gens que je connais qui font du rap juste pour s'amuser et qui n'ont pas vraiment la vocation s'arrêtent très vite parce qu'ils comprennent qu'au Sénégal ce n'est pas trop facile. C'est bien beau de se dire que nous allons devenir rappeurs et qu'il y aura des filles, de l'argent, mais cela ne vient pas comme cela, surtout dans cette société, c'est une véritable profession.

Jim : Quand on dit que c'est une véritable profession, ça concerne les gens qui sont dans le milieu et qui bossent dur, c'est-à-dire : promoteurs, techniciens et artistes. Il faut que l'on prenne conscience que nous sommes en train de faire des choses, que nous pratiquons un véritable métier. Être artiste, c'est un métier, donc respectez les artistes s'il vous plaît.

Rayane : Pour moi, c'est un métier mais un métier parallèle. Nous ne faisons pas que cela. Nous avons d'autres activités mais nous nous focalisons énormément sur le hip hop. Je ne pense pas que cela soit définitif. Nous le ferons autant que nous pourrons, mais je pense que tôt ou tard, il faudra se tourner vers d'autres horizons.

Chronik 2H.

Tcheuf.

Léo du groupe DLJ Sound.

Rappeur ou métier ?

Amadou Barry alias Duggy Tee, l'autre membre du groupe PBS, considéré comme le pionnier du rap au Sénégal.

DLJ Sound de Dieuppeul.

Katapult

Je m'appelle Demba Malick Mbodj. Je suis journaliste à la RTS (Radio Télévision Sénégalaise). Je suis membre du groupe de rap Bat'Haillons Blin-D de Guédiawaye, dans la banlieue dakaroise, depuis 1998. J'ai été DJ, mais j'ai raccroché pour m'occuper de la communication du groupe. Donc j'ai un métier au sein du mouvement hip hop car je m'y sens très bien et je ne veux pas évoluer ailleurs. C'est une culture universelle que les jeunes du monde entier partagent. Nous y retrouvons du tout, toutes les influences. Mais je dirais que le jeune homme dans le ghetto, a toutes les prédispositions pour être un adepte du hip hop parce que, sociologiquement, c'est le mouvement qui reflète la réalité du ghetto et qui en fait son combat de la changer. Dès son apparition au Sénégal, le mouvement hip hop a pris en charge toutes les questions concernant le ghetto, à savoir, la pauvreté, la délinquance, les violences faites aux femmes, la marginalisation… Nous pouvons vivre dans le ghetto sans vraiment y être. Le ghetto se passe dans la tête. Nous pouvons habiter aux Almadies et rester un jeune du ghetto. Ce n'est pas seulement l'espace géographique qui détermine le ghetto. C'est tout ce que nous y acquérons en matière de formation de la personnalité. C'est cela qui fait le ghetto : où que l'on vive, où que l'on soit, on reste toujours un jeune issu du ghetto qui a des valeurs qu'il a acquises et qu'il développe partout, où qu'il soit.

Malheureusement, je ne pense pas que le jeune puisse s'en sortir avec le rap comme métier. Depuis que nous avons ce mouvement-là au Sénégal, il n'y a pas eu d'exemples de réussite sociale. Les rappeurs ont juste eu une opportunité et sont allés faire autre chose. Il ne nourrit pas son homme. Au Sénégal, seuls deux ou trois rappeurs ont pu s'en tirer grâce au rap. En général, la musique ne nourrit pas son homme chez nous. Comment est-ce que le rap pourrait aider un jeune homme à sortir du ghetto socialement parlant ? Et les jeunes n'ont pas beaucoup d'exemples de réussite dans le ghetto. Les exemples de réussite que les jeunes voient le plus ce sont les *Modou Modou*, les immigrés sénégalais. Ces derniers passent quelques années en Europe et nous ne savons pas s'ils sont dans des affaires louches, mais ils reviennent construire des maisons, acheter des véhicules et prendre une femme. C'est ce qui explique cette vague d'émigration parce qu'ils n'ont jamais entendu quelqu'un dire : « Je suis resté au Sénégal et j'ai réussi ma vie. » Pour eux, tous les moyens sont bons pour s'en aller.

En revanche, ce que le hip hop apporte, c'est le côté nouvelle technologie. Faites une enquête dans les cybercafés, vous verrez que sur dix jeunes qui surfent, les huit visitent un site hip hop. Celui-ci a permis à plusieurs jeunes du Sénégal d'aller vers les nouvelles technologies parce qu'ils se disent : « Je vais aller sur tel site pour voir tel rappeur dont je suis fan. » C'est comme cela qu'ils ont découvert les nouvelles facettes des TIC. C'est un jeune qui écoute un rappeur et qui en est un adepte mais qui veut en découvrir plus sur lui. L'Internet est là pour qu'il s'informe et c'est actualisé.

Cela a poussé quelques groupes à aller se former en montage. Nous nous sommes dit qu'il fallait que tel groupe aille se former à l'infographie. Maintenant, il y a des groupes qui font tout eux-mêmes : qui tournent leurs clips eux-mêmes, qui les réalisent eux-mêmes, font l'infographie eux-mêmes. C'est un apport que le hip hop leur a permis d'acquérir. Autre chose que le hip hop a apporté aux rappeurs, c'est que, de plus en plus, les rappeurs ont la possibilité de monter des *home studios* et cela fait des rentrées d'argent. Cela leur permet de proposer des sessions d'enregistrement aux jeunes, à raison de 20 000 à 80 000 FCFA par jour. C'est quelque chose de considérable. Ce qui manque beaucoup aux rappeurs sénégalais, c'est la créativité. Ils font du « copier-coller ». Ce n'est pas bon pour l'avenir du hip hop.

Des métiers, il y en a autour du hip hop, mais je crains que ça ne tienne pas toute une vie.

Keur Gui

Thiat : Nous ne pouvons pas tout faire nous-mêmes. Au Sénégal, nous avons la malchance d'habiter dans un pays où la demande est supérieure à l'offre. Nous sommes dans un pays où il y a plus de quantité que de qualité en matière d'image et de son, mais il y a eu beaucoup de progrès depuis lors. C'est le hip hop même qui a amené ce déclic dans l'audiovisuel, mais cela commence à devenir monotone. C'est toujours les mêmes têtes, toujours les mêmes clips, faute de moyens. Avec notre clip « Guiss Guissou Yoro[2] », nous avons essayé de faire quelque chose avec une dame qui s'appelle Audrey Gallet qui n'habite pas ici. Elle a réalisé une superbe vidéo. Nous avons fait beaucoup de clips à Kaolack mais, malheureusement, l'autre gars qui a quitté le groupe nous empêche de sortir ces vidéos.

---

2 Le point de vue de Yoro.

Kilifa : Le problème au Sénégal, c'est que la musique n'est pas encore industrialisée. Pour un groupe comme Keur Gui, il n'y a que Thiat, un copain que nous présentons comme manager, et moi. Dans chaque groupe ici c'est comme cela, il n'y a pas de manager, ni de staff. Pourtant, nous sommes ouverts à travailler avec un professionnel pour l'image de notre prochain album. Nous lui donnerons le produit qu'il va écouter et il nous fera ses propositions.

Thiat : Au Sénégal, nous n'avons pas de producteurs. Nous avons des *beat maker*. Quand tu viens chez Ama Diop, tu lui dis de te faire « Dout Dout Tate[3] », il te fait « Dout Dout Tate ». Nous n'avons pas quelqu'un qui va nous dire : « Vous êtes le groupe Keur Gui. Je vais vous faire un son qui va faire un *hit*. » Nous n'avons pas l'équipe qu'il nous faut pour de bon sons.

Les artistes au Sénégal ont quand même du mérite parce qu'ils font tout eux-mêmes. Il y a des groupes qui sortent un album et il y a forcément un tube dedans, pour d'autres il y a un *hit* ou un classique. Ils sont catégorisés ; les groupes à classiques sortent des albums tous les quatre ans ; les groupes à tube, chaque année ; les groupes à *hit* tous les deux ans au maximum. C'est une classification que les gens doivent pouvoir identifier.

Même nos animateurs hip hop de la télévision, comme ceux de la radio, n'ont pas la culture générale qu'il faut. Ils citent des noms alors que ces gens-là font autre chose que du hip hop. Il faut que l'on mette les gens qu'il faut à la place qu'il faut. Nous avons mis la charrue avant les bœufs. Au Sénégal, nous avons fait du hip hop avant de l'apprendre, et c'est maintenant que nous nous mettons à l'apprendre alors que nous avons perdu une partie du public. Quand ils y ont vu clair et ont su que ce n'était pas ce qu'ils croyaient, que ce n'était plus *fun*, le public a tourné le dos au hip hop. Alors aujourd'hui, les gens commencent à s'organiser. Il y a beaucoup plus de structures, de *streetwear*, de graffiti ; le *break-dance* commence à prendre de l'ampleur. Quand le rock est venu, le mbalax l'a tué en trois ans. La salsa est venue, le mbalax l'a tué en cinq ans. Le hip hop a résisté un quart de siècle : 25 ans. C'est significatif et ce n'est pas à négliger. Je pense que nous en avons marre de raconter Africa Bambaataa, Kool Herc. C'est l'heure de raconter le hip hop sénégalais, de prendre des images d'archives. J'avais demandé à chaque rappeur d'amener tout ce qu'il avait comme coupures de presse lors du festival

---

3   Consonances musicales.

« 72 heures Hip Hop » afin de créer notre bibliothèque. C'est possible. Si nous amenons autant d'archives de partout : tout ce que chacun détient comme coupures de presse, photos et archives. Nous nous rendrons au ministère de la Culture pour leur demander de nous donner un de ces vieux cinémas qui appartiennent à l'État, nous allons le réfectionner et en faire une salle que nous appellerons le « Temple du hip hop ». Nous y installerons une bibliothèque, un studio d'enregistrement, une chambre pour loger des gens qui viendraient d'ailleurs en plus d'une salle de spectacle que nous allons décorer à notre guise avec des graffeurs, des peintres, des maçons qui font du hip hop. Il y a des gens qui ont d'autres métiers et nous allons demander à avoir notre fréquence radio qui ne passera que du hip hop sénégalais à longueur de journée. Si nous le faisons demain, nous pouvons même prétendre avoir une télévision qui nous sera propre et nous respecterons les normes. C'est cela que j'ai dit aux gens durant les « 72 heures Hip Hop » parce que ce festival c'est bien, mais en aval, il y a quoi ? Il faut proposer quelque chose de concret, mais tu viens, tu fais juste un concert et tu rentres chez toi.

Je pense que nous pouvons régler le problème du hip hop en essayant de ne pas imposer à tout le monde de se solidariser, parce que ce n'est pas possible. Aujourd'hui, Y'en a marre a réuni des rappeurs qui ne se seraient jamais touchés de la vie. Simon et Fou Malade ne se seraient jamais parlé. La première fois que nous avons lancé Y'en a marre, ils ne se sont pas salués mais aujourd'hui, ils sont les plus grands amis du monde parce qu'ils se sont réunis autour de l'essentiel. Quand c'est l'essentiel, tout le monde y a sa part de responsabilité et tout le monde y trouve son compte. Pour moi, le rap, tout ce qu'il n'obtiendra pas durant cette période, il ne l'obtiendra jamais. Durant le festival des « 72 heures hip hop », toute la crème du hip hop s'y retrouve. Si, tous ensemble, nous tapons à la bonne porte et disons ce que nous voulons, il nous sera livré. Aujourd'hui, l'État est en train de donner le Stade Demba Diop aux lutteurs. Ces derniers qu'apportent-ils ? On ne développe pas un pays avec des muscles. Ils sont là pour leurs propres comptes mais ils ont permis au pouvoir ou à certains de blanchir de l'argent. Tout le monde sait que si Abdoulaye Wade est au pouvoir et que son prédécesseur Abdou Diouf a dégagé, c'est parce que nous y avons joué un rôle à 60%. Nous avons même donné le courage aux journalistes d'écrire et d'être mieux engagés.

Il faut que les groupes aient un photographe, un vidéaste, un biographe…

Thiat : Nous avons une base de données sous forme de photos. Nous avons notre press book. Nous sommes l'un des rares groupes à être organisé en ce sens.

Neew Bi

Je reconnais que le mouvement hip hop est en train de perdre certaines de ses valeurs et si cela continue, le mouvement s'éteindra. Les rappeurs se laissent distraire par les mouvements et se concentrent moins sur le hip hop. Ils utilisent ces formes d'expressions alors qu'à travers le rap, ils peuvent faire passer leurs messages. Si des mouvements comme Y'en a marre ont pu être mis sur pied c'est grâce au rap. Le fait d'imiter les Américains peut également contribuer à tuer le rap parce qu'eux, ils ont un langage offensif, alors que notre société ne tolère pas les injures. Les grandes personnes tourneront le dos au rap, ce qui entraînera la perte du jeune public. On dit que le rap est une musique de rue, c'est vrai, mais ses acteurs ne vivent pas dans la rue, ils vivent dans des maisons. Il faut que nous retournions à nos valeurs comme l'abnégation, la discipline…

Je souhaite devenir célèbre partout dans le monde. Je suis en train de travailler sur ma présence scénique pour casser la monotonie qui existe dans le mouvement hip hop. Tout le monde s'habille de la même façon, rappe de la même façon. Si tu ne comprends pas notre langue, tu pourrais penser que nous faisons tous la même chose. Je suis en train de réfléchir afin de changer la donne. Je travaille avec un maître chorégraphe. Je serai tout de blanc vêtu sur scène avec des squelettes tout autour, avec des acteurs qui vont jouer. Je pense, avec ce style, apporter quelque chose de nouveau comme j'ai eu à le faire avec le cercueil sur scène. Je pense que si je procède ainsi, en plus des sonorités africaines mixées à ma musique, je percerai sur le plan international.

Keyti

Moi, je n'ai pas vraiment la pression. Ça va faire huit ou neuf ans que je n'ai pas sorti d'album. La dernière fois que je discutais avec la femme d'un ami, elle me dit qu'elle a entendu des sons que j'ai enregistrés à la radio. (Je me demande d'ailleurs comment ils ont fait pour les avoir). Elle m'a également demandé si ces sons se retrouveraient dans mon prochain album. Je lui ai répondu : « Non ! Puisqu'il y a eu une fuite avec ces sons, je mettrai autre chose. » Elle a renchéri en ces termes : « Donc, tu as d'autres sons ? » Je lui ai fait comprendre que ce n'était pas par manque d'inspiration que je n'avais pas sorti d'album, mais que c'était un choix. Aujourd'hui, plein d'artistes sortent des albums juste parce qu'ils veulent être présents sur la scène musicale, mais en termes de qualité, ça laisse à désirer. Tu écoutes des albums mais tu as envie de vomir. Tout ce qui intéresse les artistes, c'est de sortir un album, histoire de gagner de l'argent en faisant des prestations par ci par là. Moi, je n'ai pas cette pression parce que je reste chez moi et quelqu'un m'appelle des États-Unis en me disant : « Je travaille sur tel projet, j'ai besoin de travailler avec quelqu'un au Sénégal », ce qui fait que tu gagnes de l'argent que quelqu'un s'est démerdé à avoir dans un concert joué à Ziguinchor, alors qu'il percevra moins, sinon même la moitié de ce tu as gagné. Aujourd'hui, tout l'argent que je gagne ce n'est pas en prenant le micro, en montant sur scène et en rappant que je l'ai obtenu. C'est plutôt par des activités subsidiaires à la musique. Il y a des vidéos qui sont publiées sur le Net avec des traductions en anglais. Je suis payé pour les faire. Je dis tout le temps aux gens de se démultiplier parce qu'il y a plein de choses à faire dans la musique. Si on était dans un pays où les spectacles rapportent des bénéfices, je peux comprendre que tu fasses le choix de ne faire que de la musique. Mais au Sénégal, ce n'est pas possible. Pour moi, c'est cette pression qui fait que beaucoup de gens se sentent obligés d'être productifs dans le rap. Moi, je me dis que je ne subis pas cette pression financière, ce qui fait que je prends mon temps.

Je veux faire un album anthologique. Aujourd'hui, c'est mon choix : je préfère rester neuf ans sans sortir d'album mais une fois que je le sortirai, les gens sauront que c'est du sérieux. Aujourd'hui, si je prends un artiste comme K'nane ou comme Toumi, il n'y a aucun album d'un artiste sénégalais qui rivalise avec les leurs. Aujourd'hui, le rap sénégalais est tellement replié sur lui-même qu'il n'arrive plus à avoir des tubes comme cela. Il y a peu de groupes sénégalais qui peuvent rivaliser avec Yeleen du Burkina Faso. Alors que la première fois que j'ai rencontré Smarty de Yeleen, il m'a dit : « Quand nous commencions à rapper, nous ne comprenions pas wolof mais nous prenions les textes de rap sénégalais que nous transcrivions de façon phonétique. Nous montions sur scène et nous rappions. Et celui qui avait fait son rap en wolof avait fait le meilleur concert. » Yeleen tourne à travers le monde et nous étions leurs références.

À un moment, nous étions tellement dans les histoires sénégalo-sénégalaises, que le rap sénégalais aujourd'hui n'a pas su créer cette industrie autour du rap sénégalais, hormis Daara J, et encore… je les ai vus deux à trois fois en Europe, c'est l'un des meilleurs groupes africains ; mais Daara J en Europe est un groupe underground. Ils doivent représenter « le groupe africain ». Quand tu vois des gens comme Toumi, Blitz The Ambassador qui font le Festival de Jazz de Montreux, tu te dis qu'il y a un problème. Blitz The Ambassador a déjà sorti un premier album. Il est de New York, même s'il est d'origine ghanéenne, il a sorti un album typiquement américain. C'est un excellent rappeur mais l'album n'a pas eu de succès. Pour son second album, il est retourné aux sources ghanéennes. L'album, quand tu l'écoutes, c'est du highlife, de l'Afrobeat. Son album a environ une quinzaine de titres, sur une dizaine, il a rappé dans sa langue maternelle, lui qui a grandi à Brooklyn, pour vous dire qu'ils ont compris l'importance de faire du marketing en se positionnant comme groupe africain. Alors que des groupes comme Daara J, Awadi sont là depuis le début, ils ont porté le rap africain, mais aujourd'hui, ils ne peuvent pas se faire cette place-là.

Il y a un problème au niveau local en termes de créativité. Je le mesure à moi : quand j'écoute un rappeur sénégalais qui s'applique véritablement sur un certain type de son, cela m'inspire sur le champ. Je me dis : « Il faut que je fasse quelque chose. » Et les rappeurs de la vieille génération comme Manu de BMG m'a dit : « Boy, le jour où tu as sorti ton single de ton album solo, je me suis dit que c'était à moi de le faire quand je l'ai écouté. » C'était cela l'objectif. À l'époque, j'entendais un texte de Manu, je me disais : « Il faut que je fasse mieux que cela. » C'est cette influence que chacun avait sur l'autre. C'était de la compétition saine parce que nous étions tous copains. Mais aujourd'hui, quand tu rivalises avec quelqu'un, tous les coups sont permis. C'est cela qui a phagocyté le rap sénégalais, ce qui fait qu'aujourd'hui, quand tu dois percer dans le rap, un autre te noie.

Je suis allé à Amsterdam, il y avait un jeune rappeur anglais d'origine nigériane, mais rien qu'à le voir tu savais qu'il réclamait son identité nigériane juste pour faire du marketing : il s'appelait « Afrikan Boy ». Il dégageait tellement que tu te disais avant même de le voir sur scène qu'il allait cartonner. Mais une fois qu'il l'a fait, je n'avais qu'une envie, le gifler. Juste pour vous dire qu'aujourd'hui, nous sommes dans une situation chaotique professionnellement parlant, moi y compris. Me poser certaines questions du genre, « Avez-vous un manager ? », « Où sont vos coupures de presse ? » c'est à la limite, m'embêter. Je trouve que de tous les raps africains celui du Sénégal a le plus d'âme. La preuve : au Nigéria les artistes sont payés à coup de millions : P-Square est payé 250 000 dollars par spectacle. Dans ce pays-là, on propose de vrais contrats aux artistes alors qu'ici, ils galèrent pour aller au studio. Cela arrive parce que des gens comme Safouane Pindra se disent producteurs, alors que lui, il galère comme l'artiste pour le produire. Alors qu'au Nigéria, tu as des jeunes qui vendent de la drogue pendant six mois pour l'investir dans le rap ou pour équiper leurs studios. Il faut de l'investissement pour organiser le rap. C'est ce que je dis aux gens : « Ne pensez pas que ce sont les lutteurs qui ont régulé le business de la lutte. Des comptables, des hommes d'affaires s'y sont mis parce que s'ils investissent leur argent, ils veulent que cela soit amorti. » Mais le rap n'a pas su être attrayant de cette façon-là. Pourtant, les médias ou étudiants américains, européens qui veulent travailler sur du rap africain viennent toujours au Sénégal.

Un jour, quelqu'un est venu me dire : « Un des joueurs de l'équipe nationale de 2002 qui habitait Niarry Tally et qui n'écoutait que du rap a demandé après toi. » Je lui ai rétorqué : « Eux tous n'écoutaient que du rap. Mais à présent, ils ont un certain standing de vie, ils ne veulent plus s'afficher avec le rap. Pourtant, ils pourraient investir dans le rap. » C'est cela la différence entre les pays colonisés par les anglophones et les francophones. Tu vas en Tanzanie, une grosse chaîne de télévision, dont j'ai oublié le nom, est managée par des jeunes. Un autre jeune, directeur d'une brasserie, sponsorise la télévision, ce qui fait que la télévision propose des programmes de qualité. Les rappeurs tanzaniens sont très bien payés. C'est juste une question de mentalité.

Nix

J'essaye de faire de l'argent. Je sais qu'à la base je ne suis pas un grand businessman et on me l'a toujours dit. On me reproche d'être trop sentimental. Mais j'essaye de m'entourer de gens qui ont le sens du business. Nous avons lancé une marque de tee-shirt en plus de la production d'un album. Nous essayons de nous faire de l'argent. Je bouge beaucoup dans les autres festivals hip hop, j'apprends le métier et ses rouages. Je fais des clips qui font danser un autre public, parce que notre musique doit être jouée ailleurs que dans notre univers hip hop, il faut que nous soyons présents partout où des gens se regroupent : en club, en soirées, dans les fêtes, partout. Tout ton album ne peut pas être consacré à un seul *feeling*. Il faut que, dans une maison, chaque personne trouve son compte et qu'ensuite tu travailles sur ton image à fond. Il faut être présent sur les télés, faire des clips attractifs pour le business, et ce n'est pas incompatible avec les convictions politiques ou l'engagement social.

Bideew Bou Bess

Nous avons beaucoup appris de ce showbiz-là. Mais je pense que c'est assez logique. C'est le monde du showbiz, chacun défend ses intérêts. Je suis pour un showbiz sain : chacun peut avoir sa part sans handicaper l'autre. Je ne dirais pas que nous avons été trompés, mais peut-être que ces producteurs voulaient assurer leurs arrières. Nous, en tant que groupe, nous ne comprenions pas trop et peut-être qu'en tant que producteurs, ils ont voulu tirer le maximum de profit. Mais, à un moment donné, nous n'avons plus voulu nous laisser faire. Sans rancune, nous avons compris que les choses devaient se passer ainsi dans certaines situations. Nous avons pu en sortir la tête haute et poursuivre notre carrière. Si nous sommes emmenés à travailler avec eux dans l'avenir, nous saurons comment procéder. On nous a fait signer des contrats qui ne nous arrangeaient pas et à un moment donné, nous avons demandé pourquoi. Cela leur a déplu et ils nous ont dit que nous ne devions pas le leur dire comme cela. C'était une façon de nous intimider parce qu'ils ont usé de voies légales pour décrocher ces contrats et nous les avons cassés. C'était valable pour Jololi et Passi, mais nous entretenons de bons rapports aujourd'hui, la vie continue.

Nous sommes dans un tout et nous ne pouvons pas porter toutes les casquettes du monde. On doit faire quelque chose pour que le hip hop se porte mieux. Il faut de meilleurs clips, des studios au Sénégal. Les gens disent qu'après le rap américain, français, c'est le hip hop sénégalais.

Le problème du hip hop, c'est le problème du Sénégal. Quant à redéfinir les rôles, le Sénégalais ne sait pas ce que c'est : je partage mon avis et les gens le prennent autrement. C'est un système et l'on ne dit pas toujours la vérité aux jeunes rappeurs qui se retrouvent avec un clip que l'on passe à la télé alors qu'il n'y pas de cassettes derrière. Nous sommes tout le temps invités sur la bande FM pour discuter des problèmes du hip hop, mais cela n'a mené à rien.

Autre problème du hip hop sénégalais : seuls cinq ou six groupes voyagent et il faut le faire pour une ouverture d'esprit au lieu de s'en tenir à des détails parce que nous sommes dans un monde compétitif. Il faut que nos chaînes de télévision se professionnalisent en ayant leur *playlist* : c'est du n'importe quoi que de mettre le clip d'un rappeur confirmé suivi de celui d'un jeune talent. Les clips sont de meilleure qualité, le nombre de groupes de rap s'accroît, mais le hip hop ne nourrit toujours pas son homme. Seul un Awadi a quelque chose de structuré, un Daara J qui s'est battu pour avoir son style, un Matador dans la banlieue, mais jusqu'à présent, ce n'est pas un grand mouvement représentatif avec des awards. Il y a des groupes qui ont du talent. Il faut juste que le hip hop soit plus organisé avec moins d'hypocrisie. Le problème de leadership se pose : personne ne veut être derrière personne. Quelqu'un crée un mouvement, vous avez les mêmes points de vue, mais tu ne veux pas l'admettre. Tu crées ton mouvement à côté pour dire que tu es le président alors que tu aurais pu te rallier à ce mouvement. Beaucoup se demandent si nous faisons toujours du hip hop, mais ce sont des détails pour nous, si l'on prend l'exemple du Black-Eye Peas.

Manu de Wa BMG 44

Cela fait 15 ans que je fais du hip hop et c'est encore difficile parce que je pense que c'est mal organisé. Aux États-Unis ou en France, il y a au moins une industrie musicale parce qu'il ne faudrait pas qu'il y ait simplement des artistes. Il faut qu'il y ait des promoteurs, des spectacles, des gens qui tournent. Des personnes pour te dire que demain ou après demain, tu seras à Ziguinchor ou dans tout le Sénégal, même si il y a des avancées intéressantes dans le domaine du clip vidéo. Il faut toute une industrie qui fera que le hip hop et les autres musiques sénégalaises marchent. Au niveau de la distribution, nous ne comptons que trois ou quatre structures et elles sont toutes basées à Dakar. Elles sont pareilles et offrent les mêmes conditions à tout le monde. Je pense que Dakar ne fait pas le Sénégal. Je pense que c'est un mal qui gangrène toute l'Afrique : le manque d'organisation. Au Sénégal, nous avons vécu 15 années de hip hop intense et il n'y a pas encore un seul magazine hip hop. Personne n'a encore créé une marque qui se vend, que l'on retrouve facilement, tout comme il n'y a pas toujours pas de MC avec de véritable studio et ils ne font aucun voyage à l'étranger pour améliorer leurs compétences. Même s'il y en a, ils se comptent sur le bout des doigts. Chacun de son côté essaye de voir comment sortir de ce marasme économique parce qu'on est seul, on ne peut compter sur personne. Nos États ne croient pas en nous. Même dans le domaine du sport, avant que tout le pays ne vous porte à la première marche pour le représenter, ceux qui ont réussi se sont battus eux-mêmes pour s'en sortir, avoir un club, accumuler de l'expérience et devenir des super pros. Après, le pays se ramène pour créer une équipe nationale. Nous avons eu la chance de voyager à l'extérieur, en Allemagne, en Autriche, en France, un peu partout en Europe. Ce sont ces voyages qui nous ont rapporté un peu d'argent parce que c'est de l'argent que tu réinvestis tout en te permettant de vivre un peu mieux et d'aider les tiens. Ce n'est pas encore une manne financière, mais nous disons *Alhamdoulilah*.

C'est un peu dommage de ne pas pouvoir investir une partie de ces rentrées d'argent dans des projets plus conséquents, sachant qu'il n'y a pas de salles pour se produire, pas de programmes de formation pour le hip hop. Il faut du bon matériel disponible pour se produire, pour que les artistes prennent de meilleures habitudes sur scène. Si tu prends le cas des groupes de rap français, je n'aime pas les regarder sur scène. Ils sont là, statiques, c'est cela leur style. Le rap américain est exigeant. Tu payes pour un spectacle durant lequel l'artiste doit se donner, bouger, sauter sur scène et t'épater. C'est cela ma définition du *show*. Comment cultiver cet art du *show* au Sénégal si nous n'avons ni lumières, ni bon matériel, ni chorégraphes, ni régisseurs, ni danseurs. C'est à travers nos voyages que nous nous sommes rendu compte de nos lacunes. Nous faisons avec les moyens du bord, mais au bout d'un moment, quand même, la frustration devient trop grande. Surtout après nos retours de voyage, c'est terrible. Les *playbacks* nous exaspèrent, mais les rappeurs aiment cela car c'est tout ce qu'ils connaissent et dès que c'est du *live*, ils sont coincés ; tu sais alors qui fait vraiment l'affaire. Nous venons d'un quartier défavorisé. Nous sommes obligés d'être des leaders, de rester au top et garder le verbe "real", être tout le temps avec notre engagement et ne pas le pervertir tout en gagnant de l'argent.

Fou Malade

Notre hip hop se porte bien parce que ceux qui portent le mouvement Y'en a marre sont des hip hoppeurs. Ce mouvement va jouer un rôle important dans ce qui va se passer en 2012. Ce mouvement a inscrit 480 000 jeunes sur les listes électorales, sans Y'en a marre, il n'y aurait pas eu le 22 et le 23 juin. Nous avons dit aux hommes politiques : « Arrêtez vos discours et sortez dans la rue. »

Je pense qu'il a un bon avenir. Les jeunes qui viennent sont plein de talent et de plus en plus de rappeurs se professionnalisent. Ils ont compris que le hip hop doit être une industrie et ils sont en train de s'organiser pour cela.

Il y a des querelles, c'est vrai, mais cela est lié au fait que nous sommes sénégalais et que nous aimons parler. Nous sommes dans un pays où la perception est importante, les gens font dans la perception. « Si je déposais ma candidature, qu'est-ce que les gens en penseraient ? » Au lieu de te focaliser sur ton projet, tu te focalises sur ce que les gens en pensent. La perception des gens est un obstacle du processus de développement individuel et local. Tu engages un combat et aussitôt tes proches essayent de te mettre des bâtons dans les roues, ce qui veut dire qu'il y a un problème avec le Sénégalais en réalité. Tu portes un combat comme Y'en a marre et les gens pensent que tu y es pour une réussite matérielle, alors qu'il ne faut pas oublier que des gens comme Blondin Diop, Thomas Sankara, Kwame Nkrumah, Cheikh Anta Diop, peuvent y avoir leurs héritiers et certains sont peut-être rappeurs. Depuis que le mouvement Y'en a marre a commencé, le pouvoir passe par des rappeurs pour écraser le mouvement et c'est bien cela son erreur, il pense qu'il n'y a que des rappeurs alors qu'il y a beaucoup d'étudiants, de docteurs, bref, toutes les couches de la population sénégalaise qui portent le combat et qui ont adhéré. Ce n'est pas parce qu'il y a des rappeurs qu'il y a des supputations un peu partout, mais c'est parce que ce sont des Sénégalais.

Safouane Pindra, Dakar All Stars

L'envie d'innover est partie sur l'idée que c'est difficile de vendre les artistes sénégalais à l'extérieur. Je me suis dit : « Si nous prenons quatre artistes et que nous les mettons ensemble, c'est plus facile de les vendre ». Ils pourront en même temps préparer leur album solo. Les quatre sélectionnés durant les Hip Hop Awards 2006 étaient tous nominés ou lauréats et se fréquentaient. Gaston était le poulain ou le protégé de Keyti. Keyti et Nix sont amis et Ass Malick était l'ami de Gaston et il fréquentait beaucoup Keyti. Du coup, il fallait trouver des artistes qui s'entendaient bien. Il était question que Manu de BMG en fasse partie à un moment donné. Alors j'ai pris ces quatre et je leur ai dit : « Ce n'est pas l'album « Dakar All Star » mais plutôt le spectacle ». Nous nous sommes retrouvés en studio : cela s'est bien passé et tout le monde a aimé. Mais nous n'avons pas atteint nos objectifs à 100% parce qu'à chaque répétition, il y avait quelqu'un qui manquait. Lors de la dernière répétition, je devais animer un stage de formation à Lomé et après je devais les retrouver au Burkina Faso. J'avais donné des consignes pour qu'ils répètent et je devais louer une salle à Ouagadougou pour cela. Ils ne l'ont pas fait. Pour moi, c'est un manque de respect. Nous ne pouvions pas continuer. Et quand ils gagnaient leurs cachets, je leur disais qu'il fallait prendre un dixième du cachet et le donner au DJ, mais c'était trop leur demander.

Si le mouvement hip hop est à ce stade, c'est parce qu'il ne voit pas ce qu'il gagne : ce n'est pas une question d'argent. C'est un tout. Aujourd'hui, tu proposes à un rappeur sénégalais d'aller à Cotonou jouer pour 300 000 FCFA, billet d'avion, logement payé et tout, il va laisser tomber le contrat et aller jouer gratuitement à Paris. C'est pourquoi, il n'y a qu'Awadi qui tourne parce qu'il se débrouille pour rapper en français. Si c'est en Afrique, il part pour zéro FCFA mais il en profite pour laisser ses albums dans les radios. C'est pourquoi il tourne. Tous les artistes sénégalais qui ont joué à l'extérieur, c'est avec Optimiste Produktions et à 90% en Afrique. À travers les autres, nous avons créé un réseau virtuel où, à part Daara J, aujourd'hui « hip hop country » au Bénin ne peut prendre aucun groupe de rap sénégalais sans mon autorisation. À Niamey, à Ouagadougou, c'est pareil. À chaque fois, je les aide à s'améliorer afin que je puisse vendre les artistes. Quand tu prends Fou Malade, il rappe en wolof et son *beat* n'accroche pas. Du coup, c'est Nix, Chronik 2H, Black Diamonds, ceux qui ont compris qu'il faut faire quelque chose pour l'Afrique.

Si tu prends par exemple le parcours d'Awadi, tu vois qu'il y a une réflexion qui se fait chaque année : il commence à mettre de la musique urbaine, il a compris que le hip hop 100% ne vend plus. Au Sénégal, aujourd'hui, tout le monde veut rapper *hardcore*. Seul Daara J a résisté à la tempête Rapadio parce qu'ils ont insisté sur leur musique. Sinon à l'époque, tous les rappeurs qui chantaient voulaient rapper. Cela a cassé le hip hop et la majeure partie des rappeurs sont partis entre 1999 et 2000. Tu as ta petite blanche et tu te casses, ou tu as une occasion de voyager et tu ne rentres plus parce que même dans la tête des hip hoppeurs, le hip hop est mort. Nous avons fait du travail et ceux qui sont partis sont revenus pour continuer leur hip hop et ceux qui sont restés ne travaillent pas. Je ne regrette pas, je pense que j'ai apporté ma pierre au hip hop. C'était possible mais nous n'avons pas su exploiter le mouvement hip hop. Aujourd'hui, si un rappeur a 100 000 FCFA, tout s'arrête : tu l'appelles, il ne vient pas. Mais quand c'est fini, il a besoin de toi, il passe la nuit devant ta maison. C'est pourquoi nous ne progressons pas : quand l'argent rentre, au lieu de faire des projets pour demain, on gère l'instant présent. Si je prends l'exemple du mouvement Y'en a marre, c'était très bien parti, mais ils sont rentrés dans autre chose. Je les ai appelés pour leur dire de faire signer des conventions à ces gens pour qu'au moins demain, on puisse profiter de ce changement. Nous l'avons fait pour Abdoulaye Wade et aujourd'hui, nous ne sommes nulle part.

Daara J Family

Ndongo : Pas de manager, c'est vrai, un studio à gérer avec un peu d'aide, des *deals* et des dates à caler, tout seuls, c'est pas facile. Il y a eu un vide au moment de passer sur le plan professionnel au niveau international. En signant avec une maison de disques, tout ce qui est management local n'était pas pris en considération. Il y a eu Moustapha Diop, Président du Fans Club Daara J. devenu manager un moment. Mais voilà, nous sommes responsables de notre sort à présent. À une époque, nous avons tourné autour de 200 dates de concerts par an. Les premières tournées entre 1997, 1999 et l'an 2000 sur beaucoup de dates, nous étions en train d'installer des choses sur le plan international. Nous avions même fait des premières parties qui n'étaient pas payées. Nous avions démarré avec une boîte de tournée qui venait de démarrer, Furax, qui est devenue une grosse boite. Je pense que quatre, cinq ans après, cela a commencé à prendre forme, surtout avec la tournée de l'album « Boomerang ». C'est avec cet album que nous avons commencé à gagner de l'argent. Nous nous sommes dit que nous n'allions plus enregistrer chez BMG, mais plutôt installer un studio à Dakar.

Les sénégalais pensent qu'une date à l'international est payée 50 millions de FCFA, comme au Nigéria. « Non !, Non ! » Le cachet de l'album « Boomerang » était entre un à cinq millions de FCFA). Dans ce montant, il fallait calculer les billets d'avion, la prise en charge. C'était à une période où cette somme avait une valeur différente de celle d'aujourd'hui.

Faada : Il n'y avait pas encore la crise. Mais nous étions plutôt intéressés à investir dans un studio et dans du matériel de sonorisation.

Ndongo : Nous avons acheté de la sonorisation, nous n'avons pas pensé à acheter des biens immobiliers et autres.

Faada : Nous n'étions pas encore mariés à l'époque, on pensait juste à aider les nôtres. Nous sommes une famille nombreuse et il faut que chacun participe. Il fallait acheter son premier instrument, acheter des livres de jazz. C'est grâce à cela que nous avons aujourd'hui notre studio. Nous savions que si nous n'avions pas la matière grise formatée musicalement, nous n'irions pas loin. Nous nous sommes assez tôt rendu compte qu'il fallait étudier la musique pour savoir où allait le marché, quelles étaient les tendances et qu'est ce qu'il fallait garder. Après, les fruits peuvent aller n'importe où, tomber où ils veulent mais les racines doivent être là.

Ndongo : En ce qui me concerne, quand je me suis marié, il n'y avait pas d'album. Nous étions restés deux ans sans en produire. Ça commençait à devenir dur, cela m'a permis de me rendre compte qu'il fallait projeter quelque chose musicalement. Il arrivait que je me dise : « Je suis resté un mois, deux mois sans faire de concert, je n'ai plus d'argent. Que faire ? » Mais je crois qu'après l'album « Xalima[4] » en 1998–1999, nous avons commencé à nous organiser de façon interne. Nous avions un bureau à la Médina et nous investissions beaucoup dans le groupe. Les gens nous regardaient et pensaient que nous étions démunis alors que nous avions un bureau, une sonorisation. Il fallait investir. Sur le plan familial, nous ne nous disions pas qu'il nous fallait avoir une maison, mais je me rappelle que mon oncle me disait toujours : « Maintenant que tu es marié, tu dois penser à avoir une maison. » Huit mois après mon mariage, je me suis installé à Thiaroye Azur, dans la banlieue. C'était très bien, et c'est là que j'ai connu le groupe de rap Wa Gëblë.

Bideew Bou Bess

Nous n'avons pas émigré. Nous sommes restés actifs : en 1999, nous avons sorti l'album « Ndékétéyo[5] » avec Youssou N'Dour et fait 65 concerts à travers le monde. Nous avons fait des premières parties de Youssou N'Dour, la première partie de Bercy, beaucoup de festivals. Nous sommes entrés dans ce mouvement très jeunes : en 1994, j'avais 14 ans. À un moment donné, nous nous sommes rendu compte que nous voyagions et que nous ne maitrisions plus le business. Passi, qui voulait être notre producteur, se chamaillait avec Jololi. Nous n'y comprenions

---

4   La plume.
5   En fait.

absolument rien et nous étions entre deux avions. En 2002-2003, nous avons eu des problèmes avec les maisons de production, Jololi et notamment avec Passi avec qui nous avons sorti le premier album. Des termes n'étaient pas clairs dans le contrat ; nous avons décidé de retourner au Sénégal, histoire d'y voir plus clair. Plein de gens pensaient que nous étions restés en Europe. Cette période de 2003 a coïncidé avec la maladie de mon frère, Makhtar, qui est resté paralysé pendant deux, trois ans. Nous sommes allés nous installer à Keur Massar afin qu'il se refasse une santé et pour réfléchir à notre carrière. C'est ce qui est à l'origine du *break* que nous avons observé jusqu'en 2010. La même année, nous avons sorti notre album et nous en sommes là. L'album est une continuité du style « Bideew Bou Bess ». Nous l'avons réalisé entre Keur Massar et Dakar. Nous voulons continuer notre carrière avec une meilleure maîtrise des aspects juridiques et du monde du *showbiz*. Nous avons voulu relancer notre carrière avec une autoproduction parce que nous avions déjà eu des contrats non équitables, nous ne voulions plus traverser cela.

Da Brains

Bakhao : Notre hip hop n'est pas mort. Il y a des styles nouveaux qui s'y développent, c'est de la recherche et ça prouve qu'il y a de la vie. Nous sommes des porteurs de voix positives. Le Sénégal est un pays foncièrement croyant, que nous soyons musulmans ou chrétiens. Les vendredis, tu vas à la mosquée, tu ne vois que des jeunes, les dimanches c'est pareil à l'église. Sans le rap, ça aurait pu être des agressions ou d'autres choses négatives.

Djiby : Il y a du positif comme du négatif. Nous ne pouvons pas être tous positifs donc, il y aura d'autres messages qui seront véhiculés.

Bakhao : Un négatif, c'est quelqu'un qui essaye de virer d'autres artistes ou qui fait de la musique qui pervertit les fans. Nous en voyons ici. Leur musique est mise plus en avant alors que le Sénégal est, à la base, purement positif. Durant ces cinq dernières années, combien de danses en vogue ont été créées par les chanteurs de mbalax qui pervertissent les enfants sans que nous ne réagissions ?

Djiby : Qui se plaint ?

Bakhao : C'est toujours les rappeurs qui s'en plaignent et nous sommes taxés de mal éduqués. Je donne l'exemple du clip de Nix : tout le monde dit qu'il y a des filles en maillots de bain. Tu vas à la plage, tu ne vas quand même pas mettre des boubous traditionnels ou des jeans Levi Strauss pour te baigner. C'est pourquoi je dis souvent aux chanteurs mbalax que leur musique n'est pas exportable et ne peut pas exister sur le plan international. Tu ne verras jamais l'un d'eux en Europe se produire dans une grande salle à part Youssou N'Dour.

Djiby : Même dans un stade, tu ne verras pas que des consommateurs de musique mbalax. Si, par exemple, Youssou N'Dour se produit au Stade Demba Diop et Jazzy se fait un ticket d'entrée fixé à 5 000 FCFA, il y aura plus de monde chez Jazzy que chez Youssou N'Dour.

Bakhao : Aujourd'hui, la musique ivoirienne est partout dans le monde, mais la musique mbalax a un temps faible et n'existe pas dans la musique. Après, ils te disent que c'est une musique qui va aller loin. Demandez aux gens quels sont les chanteurs sénégalais qui ont eu un disque d'or, ils vous répondront tous : Youssou N'Dour, Thione Seck, Coumba Gawlo Seck. Je leur rétorque qu'ils l'ont eu, certes, mais pas sur le mbalax : Youssou N'Dour l'a eu sur un *funk* avec Neneh Cherry, Coumba Gawlo avec « Pata Pata », Thione Seck avec un morceau de l'album de Disiz la Peste. Nous ne les condamnons pas, mais quand tu fais quelque chose, fais le bien.

Djiby : Nous étions danseurs, aujourd'hui nous sommes rappeurs, peut-être que demain nous serons producteurs. C'est ce que nous souhaitons. Nous voulons monter un studio et avoir une grande structure afin d'encadrer les jeunes, leur faire suivre des formations comme la Musique Assistée par Ordinateur (MAO), leur apprendre le rap, la culture hip hop comme le PBS l'a fait pour nous.

Maxi Krezy

J'écoute beaucoup de musique. Je suis toujours tourné vers les États-Unis. Je suis très ouvert à ce que font les autres, même hors du Sénégal. Si tu veux faire la différence, tu es obligé d'être plus créatif. Sur le plan de l'écriture, nous avons tendance à la rendre profonde parce que le rap c'est d'abord l'écriture. La musique ne fait que l'accompagner. Les gens pensent que les rappeurs américains ne font qu'insulter, mais quand tu écoutes Keith Murray, Nas, tu te rends compte qu'ils savent écrire et que ce sont des intellectuels. Nous prenons de l'âge, nous essayons de faire en sorte que nos messages soient plus positifs, plus professionnels.

Nous avons choisi la musique donc il faut que nous parvenions à en faire un métier.

Je suis allé en Suède en 2005. J'avais un producteur à Stockholm. C'est lui qui a fait mon deuxième album « Lux Mea Lex », la lumière est ma loi. Il a fait beaucoup de bruit, cet album, parce que quand tu travailles avec des gens comme eux, cela influe sur ce que vous produisez. Dans le même label, tu es avec d'autres artistes d'un certain niveau, si tu ne te bats pas tu es laissé en rade. Nous avons voyagé en Angleterre, aux États-Unis. Aux États-Unis, je travaille avec une organisation américaine qui existe depuis 1911 qui s'appelle Phelps Stokes. C'est une organisation de développement qui aide les pays démunis en Amérique Latine et en Afrique. Elle m'a nommé ambassadeur depuis 2009. C'est pourquoi je me rends souvent aux États-Unis. Nous essayons également de rencontrer des artistes de renommée internationale, d'enregistrer dans de grands studios plus professionnels. J'essaye toujours de rehausser mon niveau. Le problème au Sénégal, c'est la prolifération des studios. Les gens pensent que c'est une bonne chose alors que c'est négatif. Les rappeurs vont dans n'importe quel studio enregistrer alors qu'un album ne se fait pas ainsi. C'est plutôt des maquettes que les rappeurs font. Quand tu te rends souvent à l'étranger, tu te rends compte que c'est différent. Au Sénégal, les rappeurs confondent même les termes de base : *mixtape*, *maxi*, *single*. C'est pourquoi nous organisons des conférences pour leur expliquer la signification exacte de ces termes, les techniques d'écritures etc…

La chanteuse Viviane et Fou Malade

Feu Bourba Djolof
de Sen Kumpe.

Chapitre 13

Impact

Mass, Black Diamonds
Ceux qui viennent des zones rurales sont encore plus fiers de nous, car nous sommes nombreux à être venus de là-bas et à cultiver l'excellence. Nous faisons partie de ceux qui ne disent jamais que nous rappons mieux que tout le monde. Quand tu parles et que ton interlocuteur, qui peut être n'importe qui, se tait et t'écoutes, tu lui dévoiles ta personnalité. Tu ne peux pas parler pendant trois minutes sans que les gens ne perçoivent le genre d'individu que tu es. Quand tu essays de jouer au plus fin, les gens peuvent aisément deviner ce que tu vaux. Maintenant, certains voudront te catégoriser en disant que ton credo, c'est de dénoncer alors que toi, du lundi au dimanche, tu te réveilles à midi, tu prends du thé jusqu'à 19 heures, tu vas voir des filles jusqu'à minuit, une heure du matin, tu vas en boîte jusqu'à deux heures, trois heures du matin, c'est une routine. Tu ne vas pas à l'école, tu n'apprends rien. Nous ne sommes pas ainsi et ce n'est pas le message que nous voulons véhiculer. Nous sommes des hommes debout et tous les jeunes qui nous écoutent doivent respecter cela et ceux qui viennent du fin fond du Sénégal, en particulier, doivent croire en nous. Ils doivent savoir que certaines personnalités qui sont dans le gouvernement aujourd'hui viennent des villages : les Souleymane Ndéné Ndiaye et les Macky Sall. Ils ont eu le mérite d'avoir étudié. Seulement, il faut savoir être intègre et se dire que ce que l'on m'a confié appartient au peuple. Il y a certains dirigeants qui le sont : ceux comme Obama, Nelson Mandela, Kwame Nkrumah ne courent pas les rues. Il ne faut jamais dire jamais. Certains s'offusquent de la gestion des deniers publics, mais à leur place, ils se comporteraient de la même

manière. Si tu penses qu'on mettra ces millions à ta disposition et que tu ne vas pas les dilapider alors si tu as 5 000 FCFA, travaille.

Depuis que j'ai eu mon BFEM, j'ai su que je n'allais jamais chômer. Même si je quittais le bureau, j'étais sûr de pouvoir travailler parce que, chez moi, j'avais ma propre clientèle. Quand j'étais en classe de première à Diourbel, j'étais sollicité pour décorer les télécentres, les maisons, réaliser des banderoles. Quand j'étais à l'université, j'ornais les façades des jardins d'enfants et je percevais des cachets qui me permettaient de financer mes études et d'être autonome. Que Dieu m'en garde, mais si aujourd'hui, je suis indisposé et je ne peux pas faire mon travail d'infographiste, je pourrais toujours faire autre chose pour ne pas tendre la main, même si je dois balayer les rues. Les gens que je respecte le plus dans ce pays, ce sont les balayeurs de rue. J'en rencontre de mon âge et il m'arrive de leur donner entre 500 et 2 000 FCFA parce qu'ils gagnent peut-être 40 000 FCFA à la fin du mois, ce qui est insuffisant, alors que moi, en une journée, je peux dépenser ce montant, sinon plus. Ils ont une famille à nourrir, alors que des jeunes valides disent qu'ils font du rap et s'en contentent. Quand nous sommes encore chez nos parents, nous sommes sous couvert : nous mangeons à midi sans soucis. À présent, nous avons entre 26 et 30 ans. Si ta musique ne te rapporte pas et que tu n'as pas une autre source de revenus, alors tu vas perdre ton honneur. C'est quoi l'honneur ? Si tu ne rapportes rien à la maison, tes sœurs, tes parents vont te regarder d'un autre œil. Si tu ne veux pas être dans cette situation, il faut être indépendant financièrement et pouvoir dire ce que tu penses. Sinon, si on te donne de l'argent, tu vas vendre ton âme. Notre hip hop est saint et c'est cela que nous véhiculons, point barre.

Nix

Le hip hop a changé les mentalités des jeunes et des moins jeunes. Tout le monde attendait et voulait ce changement, sans vraiment savoir par quoi ça passerait. Cela dit, les changements politiques de 2000 ne peuvent pas être les seuls. Il y a d'autres choses à retoucher dans notre manière d'être et cela je ne suis pas sûr que tout le monde en ait pris conscience, parce que le développement ce n'est pas seulement le gouvernement et les populations. Nous avons tous notre part de travail à fournir et je pense que c'est ainsi que les choses iront plus vite que nous le pensons. Maintenant, ce serait un peu prétentieux de dire que le chef d'État Wade a donné de l'espoir à sa jeunesse, même si l'on a vu des progrès en termes d'infrastructures au Sénégal. Je pense qu'ils ont encore du travail à faire et la volonté est là, surtout dans cette jeunesse, nourrie par le hip hop, qui est autonome depuis le début et qui croit au travail. Ce pays sera fait par cette jeunesse bercée par son hip hop. Notre musique les accompagne, les encourage, et contribue à leur éducation, surtout sur le plan politique et citoyen. C'est maintenant que les hommes politiques savent qu'ils ne peuvent rien faire sans les jeunes et ils sont obligés de les impliquer. L'impact du hip hop est très fort. Plus les générations se succèdent plus tu sens l'impact du hip hop. Tous ceux qui sont nés après 1989 en particulier, sont nés avec cette musique.

Je vais vous raconter une anecdote, j'étais à l'anniversaire d'un petit cousin âgé de 11 ans et j'ai halluciné parce que, arrivé là-bas, les enfants faisaient tous du *break-dance*, habillés à la mode hip hop, et c'était impressionnant. Ce hip hop-là est vraiment présent au Sénégal et cela vaut la peine d'aller voir comment ils le vivent parce qu'à notre âge, nous ne vivions pas comme cela. Nous avions encore le choix, il y avait le reggae qui était encore présent, le disco, et nous avons fait notre choix. Le rap maintenant a explosé et je pense qu'aujourd'hui, aucun gosse n'y échappe. Personne n'a le choix.

Matador

Déjà en 2000, les journalistes ont pensé qu'ils étaient à l'origine du changement à la tête du pouvoir. Ce n'est pas faux non plus parce que ce sont eux qui donnent les informations. Mais, ce que le mouvement hip hop a apporté de concret, les gens préfèrent le taire. Je commence par la presse qui est le relais entre le public et ce que nous faisons. Elle diffuse des choses plus négatives que positives. Je l'ai dit un jour à un journaliste du quotidien « L'Observateur » qui m'a appelé après le concert de fin d'année des « 72 heures hip hop » pour me demander ce qui s'était passé avec Fata. Je lui ai répondu que j'étais désolé mais que je n'avais pas le temps d'en parler. Nous avions fait ce concert avec des conférences, des prestations, des projections de films. Après trois jours, il ne s'intéressait qu'à cet incident et voulait l'amplifier. Je lui ai dit que ce n'était pas un sujet à débattre et que c'était un incident. Alors que nous avions parlé des droits d'auteurs, des techniques d'écriture et que la population est venue suivre les concerts de 20 heures à 5 heures du matin. Mais le journaliste n'en a pas parlé.

Je sais comment fonctionne le journalisme : j'ai géré la page culture du magazine « Icône », j'avais mon propre journal, « Car rapide ». Donc je comprends le souci de vendre. Mais il faut rédiger des articles qui encouragent les organisateurs. D'un autre côté, la population ne mesure pas ce que nous avons fait pour la jeunesse. Elle pense que nous faisons de la musique pour nous distraire, alors qu'il y a des parents dont nous avons sauvé les enfants. Sans le mouvement hip hop, des milliers de jeunes seraient dans la rue : les jeunes sont sans emploi, certains n'ont pas de qualification professionnelle, sont dans la misère. Comme disait quelqu'un, le rap est facile à pratiquer aujourd'hui, aie ton instrumental et mets toi à rapper dessus. C'est cette occupation qui fait que le jeune n'est pas dans la rue en train de se droguer ou d'agresser les gens. L'espoir d'être célèbre un jour, d'être vu à la télé ou de devenir une idole, influe leurs mentalités. Le rap leur a appris des techniques de rimes comme le faisait le poète Verlaine alors qu'ils ne savent même pas qui c'est, ils ne savent même pas ce que c'est qu'une rime mais en font quotidiennement. Sur le plan économique, le mouvement hip hop a créé des acteurs de développement : les faiseurs d'images. Récemment, le groupe Gélongal à gagné le prix du meilleur réalisateur vidéo. Tout cela c'est important. Nous obligeons aussi les autres à s'améliorer : les chanteurs de mbalax avant ne faisaient que des clips médiocres mais la donne a changé. En plus de l'organisation qu'il y a autour de ce mouvement : chaque quartier a son groupe, chaque groupe a son staff, son manager, certains vont à l'étranger apprendre le *deejaying* pour pouvoir s'en sortir. Ceux qui savent dessiner font du graffiti et organisent des expositions. Mais on n'en parle pas : on n'a pas rendu à César ce qui est à César.

Keyti

L'histoire de Rapadio ce n'est pas celle de personnages hors du commun mais c'est un esprit. Certains disaient qu'ils avaient peur de montrer leurs visages. Mais quand je réécoute la cassette de 1998, je me rends compte qu'il n'y a absolument rien de grave dedans. C'est juste qu'en 1998, il n'y pas eu d'albums de rap, mais il y a eu d'autres genres musicaux où les gens parlaient d'agresseurs, de prostituées, de prisonniers ; bref qui exposaient une réalité sénégalaise sous cet angle. Comme les Sénégalais n'étaient pas habitués à cela, ils l'ont considéré comme de la violence. Parler de cette frange de la société qu'ils préfèrent oublier, pour eux, c'est être violent. Quand le rap était bien sympa et que les rappeurs disaient :

« J'étais à l'angle d'une rue et la fille m'a vu et m'a dit : "Awadi, je suis amoureuse de toi." », cela divertissait les gens.

Quand Rapadio est arrivé, les autres rappeurs ont musclé leurs discours pour pouvoir suivre parce qu'à l'époque, quand tu montais sur scène pour raconter des histoires, le public te huait. Donc, sur scène, tu etais obligé de faire du rap *hardcore*. L'un des seuls groupes à ne pas suivre la tendance, c'était Daara J et c'est ce qui les a sauvés. Mais tous les autres groupes qui ont essayé de faire comme Rapadio sont passés à côté. Rapadio a servi à démocratiser le rap parce qu'auparavant, si tu habitais Pikine Guinaw Rail et que tu faisais du rap, personne ne t'écoutait. C'est grâce à Rapadio que la donne a changé. C'est cela qui fait que des rappeurs comme Fou Malade montent sur scène avec un grand tee-shirt et que le public ne fasse même pas attention. Rapadio a permis au rap d'être pris beaucoup plus au sérieux. Nous nous sommes dit que nous sommes écoutés par des milliers de gens et il faut que nous parlions de choses sérieuses pour changer les choses. C'est vrai que tu fais des choix. Tu gagnes sur certains points et tu perds sur d'autres. Peut-être que nous aurions pu avoir de belles carrières, voyager à travers le monde, gagner beaucoup d'argent parce que nous avons évité de parler de certaines choses. Aujourd'hui, quand je vais chez un copain coiffeur au quartier de la Sicap Liberté 1 et qu'au crépuscule, des marchands ambulants passent devant sa cantine « Baba Shop » et que l'un d'eux vient vers moi pour me dire : « Keyti, c'est à cause de vous que j'ai mis terme à mon oisiveté. Cela fait plaisir parce que tu te dis que ton combat n'est pas vain. Il a servi à changer des vies. Quand tu y réfléchis bien peut-être que tu as toujours certaines difficultés, mais d'un autre côté, ce n'est pas la seule personne que tu as sauvé. Si elle était restée chez elle à ne rien faire, elle continuerait à fumer son joint, boire son thé et arrivera au jour où elle perdra sa vie en agressant quelqu'un. C'est la seule satisfaction morale que nous avons.

J'ai fait un son avec 23-3 dans lequel je dis : « Si le rap ne te donne pas de quoi prendre ton déjeuner, la rue est là pour te servir le dîner. » Aujourd'hui, beaucoup d'entre nous arrivent à vivre de façon correcte, pourtant, ce que nous gagnons ne vient pas du rap. Certes, nous ne faisons pas toujours des choses très catholiques mais la plupart d'entre nous ne tend pas la main. Ma famille ne m'a jamais défendu de m'adonner au rap, de même que mes sœurs qui m'ont éduqué. Elles m'ont toujours conseillé de poursuivre mes études. Mais pour des gens comme Iba, c'était beaucoup plus difficile. À l'époque, comme mes sœurs voyaient

Cool Cock 6, Sun Souley, venir à la maison puisqu'ils avaient sorti des produits bien avant nous et passaient à la télévision, alors elles me disaient : « Quand est-ce que tu vas devenir célèbre comme eux ? » Il y avait cette pression-là. Aujourd'hui, s'il arrive que les enfants de mes sœurs tombent malades, ils sont soignés avec l'argent gagné dans le rap parce qu'elles font appel à moi. Lors des fêtes religieuses comme la Tabaski, même si leurs maris leur achètent un mouton, je leur donne encore de l'argent. Et c'est toujours l'argent gagné dans la musique. Même si cela ne change rien à leur vie, ça leur fait énormément plaisir. Elles se rendent compte que tu n'as pas choisi le rap, histoire de fumer des joints. Ma sœur avec qui je vivais a aujourd'hui 55 ans, sa fille aînée est plus âgée que moi. À présent, elle vit en France mais nous nous entendons bien et nous nous parlons souvent au téléphone. Nous en rigolons et elle me dit : « Tu penses que je t'avais laissé à toi-même quand tu faisais le rap ? Quand tu revenais de la Médina, de Grand-Dakar, j'attendais que tu sois au lit pour fouiller tes poches. » Aujourd'hui, c'est cela ma fierté, qu'elle sache que je n'ai pas fini mal. Je suis fier qu'elle sache que même si je ne peux prendre des décisions qui vont changer le Sénégal, j'ai mon mot à dire. C'est aujourd'hui que mes sœurs ont compris tout cela.

Aujourd'hui, dès que les gens ont la possibilité de me rencontrer, la première question qu'ils me posent c'est de savoir ce qui est à l'origine de l'éclatement du groupe Rapadio. Mais tout cela n'est pas important. Le plus important est de reconnaître que chacun d'entre nous a beaucoup appris avec Rapadio. Ce groupe a changé nos vies. Quelles que soient les histoires de jalousie et autres, chaque rappeur sénégalais rêve de changer la face du rap. Cela va même au-delà des gens qui sont loin d'être intéressés par le rap. Je pense que quand nous sommes venus nous avons eu cette mentalité-là. Un artiste comme Fou Malade l'a réussi sauf qu'il n'était pas aussi radical que Rapadio. Il ne pouvait pas l'être parce qu'il faisait tout passer par l'humour. Donc, l'impact n'est pas le même. Alors que Rapadio était très violent. À chaque fois que nous accordions des interviews-radios, nous nous disputions avec les journalistes. Aujourd'hui, ma plus grande fierté c'est d'avoir vécu tout ce dont un rappeur rêve, c'est-à-dire sortir un album qui a eu beaucoup d'impact au Sénégal. C'est pour cela que je n'arrive pas à avoir des regrets par rapport à l'histoire de Rapadio, autant sur le fait d'avoir clashé certaines personnes, que sur l'éclatement du groupe. Nous sommes des adultes, nous devrions cheminer ensemble. Si un couple peut éclater après 30 ans de vie commune en ayant des enfants, à plus forte raison des jeunes unis simplement par le rap. L'essentiel est que cela ne soit pas violent.

Xuman

Dans ce mouvement, il n'y a pas que des rappeurs. Tous ceux qui soutiennent le hip hop, grandi avec le hip hop, aiment le franc-parler et la manière de manier la langue. Quand tu es hip hop, cela se voit partout : que tu sois ici, à New York, à Kinshasa, ou ailleurs. On se reconnaît à la musique que nous aimons, aux activités que nous menons, aux choix vestimentaires, qu'ils soient excentriques ou non. C'est l'état d'esprit qui demande de faire cela, et nous ne sommes pas forcément des marginaux. Nous avons eu besoin d'un truc à part. Il y a des actes rebelles très distincts c'est sûr, mais n'ignorez pas qu'il y a des chefs d'entreprises, des avocats, des médecins hip hop. Une fois qu'ils rentrent chez eux et qu'ils enlèvent l'habit que leur impose leur métier, ils s'habillent relax, et deviennent d'autres personnes. C'est cela l'impact du hip hop sur le monde.

Simon, artiste, rappeur, producteur et directeur du label Jolof4life.

Docta alias Amadou Lamine Ngom est un pionnier dans la pratique du graffiti au Sénégal. Il est l'initiateur du festival GRAF à Dakar.

Conclusion

Outro, la liberté normée

« Trouves l'histoire des quartiers et tu trouveras les secrets des hommes, des femmes, de la jeunesse et de l'engagement social. »
Ousmane Sembène

Ce que j'ai vu.
Pour l'honneur de leur mère, pauvre, gaillarde, abandonnée, remariée, courageuse, compréhensive, partie au paradis... pas une rencontre avec un fils ou une fille du hip hop sans que ces jeunes ne parlent d'elles. Rap, amour, rage, mission, rêve de célébrité, tout en restant le Robin des Bois de son quartier, de son pays, de son continent, c'est tout un programme. Tous veulent fédérer le mouvement et tous doutent que la conscience collective soit restée intacte. Pourtant, tous donnent des coups de pieds dans le collectif qui les unit. Cela est probablement leur héritage des familles du pays : la critique au bout de la langue.

Tous veulent du vrai rap qui ressemble à celui qu'ils font et pas à celui du confrère, seulement voilà, le problème avec l'autre, c'est qu'il est différent et que l'on aimerait qu'il soit comme nous. Pas de mélange de makossa ou de zouglou comme beaucoup se permettent sur scène quand le public se déchaîne, Kool Daddy Bibson est formel. Ça, c'est déjà être en mode *show business* donc *fake* et pas underground. Ils y perdent leur latin : business, underground, *show*, engagement social, politique, musique ou action concrète dans la rue.

Ils m'ont livré leurs histoires sans pudeur, ces péripéties qui sont les ingrédients de l'histoire du hip hop de leur pays, parce qu'ils n'ont pas peur d'être jugés sur leur passé et qu'ils ont eu confiance en la manière dont ce sera consigné puis restitué. J'espère que j'en serai à la hauteur. Ceux qui ne se supportaient pas au moment des entretiens sont comme des frères aujourd'hui, certains sont même associés.

La vie est dure pour tout le monde, que l'on soit un artiste ou juste un citoyen ordinaire avec un métier quelconque, tentant de vivre au rythme de sa communauté, sa société, ses préoccupations propres, au rythme de nos religions, de nos cultures qui nous offrent tant, mais qui savent si bien nous châtier, nous casser, nous surcharger. Cette éducation que tous, chacun de nous, transporte sur le chemin de la quête de gloire, de lumière ou de vie tout simplement.

La pêche a-t-elle été bonne ? Ai-je trouvé des réponses dans cette immersion, dans cet univers et quelles étaient les questions, les attentes… ? Je ne sais plus, mais je sais ce que j'ai vu et ce que j'ai vécu.

J'ai vu des fils du pays racheter la dignité de la fille-mère qui leur a donné la vie et que sa communauté, sa famille, a jugée et écartée.

J'ai vu des fils du pays qui se sont faits tout seuls.

J'ai vu de jeunes intellectuels libres de dogmes et de conditionnement occidentaux être de sacrés croyants en leur pays, leur nation.

J'ai vu des fils de personne avec rien réfléchir avec une telle clarté.

J'ai vu des fils dont dépendent des familles entières reprendre à zéro comme le Daara J Family ou Alajiman, ex-complices, au moment où leur carrière aurait dû en faire des modèles de réussite économique, artistique et sociale pour toute une jeunesse, celle de ce continent qui peine avec ses *role models*. Une *success story* unanime qui avait donné raison au hip hop et qui s'est retrouvée à la case départ.

J'ai vu la solidarité à l'état pur quand les fils du hip hop ont pleuré Bourba Djolof de Sen Kumpe, un mois de février 2010, décédé suite à une opération du cœur. Jeune homme à la voix troublante que je fus la dernière à photographier sur la scène des « 72 heures Hip Hop », alors que Fata El Présidente était chassé par une pluie de pierres projetée par une foule de milliers de jeunes, allergiques, sans doute, à tout ce qui s'appelle « président ». Les mêmes jeunes fous ont hué Didier Awadi, sans respect pour le chemin parcouru par le « super ndannane[1] » à représenter et hisser le milieu quoi que l'on en pense.

J'ai vu les pionniers envisager le futur ensemble pour contenir le tsunami qui risque de se déverser sur toute la famille hip hop puisque

---

1 Un être qui maîtrise son art (un très bon professionnel).

Outro, la liberté normée

chaque génération est convaincue d'avoir la science infuse et quelques petites choses à enseigner aux précurseurs.

J'ai vu des fans, hauts comme trois pommes, se comporter comme des soldats buvant les textes de slam révolution, Wa Thia Clan de Thiaroye, d'Alien Zik et de Gaston alias « Bandit Mic », je les ai vus aussi devant Keur Gui de Kaolack, prêts à marcher sur le palais du roi, qui qu'il soit, je les ai vus chanter à tue-tête, « Fly On » avec Books le Magnifique, la larme à l'œil.

J'ai vu des fans encore plus petits à Waxinane "Ganaw Asamane"[2] attendre le Bat' Blin D jusqu'à 5 h du matin pour vibrer sur le son de « Please, Mr. President, Work Harder » ou « Gente Bi[3] » avec Niagass.

J'ai vu les *crews* se briser, s'insulter, se reformer, se réconcilier, s'en aller à la première opportunité. Mais, au moins, j'ai vu l'autonomie de travail, de production qui est la seule donne de confiance. Tout se joue autour de projets nouveaux, tout est une bataille, et l'objectif est de se battre davantage pour les projets et passer à une vitesse supérieure. Toujours « perfectionner », c'est ce que j'ai vu le hip hop prôner.

J'ai aussi vu le hip hop sauver la vie de jeunes prisonniers, coutumiers de leurs petites visites régulières en prison. Je les ai vu redevenir de jeunes hommes sérieux qui avouent ouvertement avoir pris la vie, commis des larcins.

J'ai vu le combat pour du nouveau avec Y'en a marre. D'une manière ou d'une autre, descendre dans la rue ou non, se battre ou non, se positionner devant ou au milieu, sans réfléchir, en tout cas le pays a vibré avec eux et a quitté son fatalisme légendaire, l'espace d'un moment, dirigé par les benjamins et non les aînés pour une fois. Puis, le Sénégal a vu des morts pour la liberté, une première, de vrais morts, des jeunes, des forces de l'ordre et cela a fait trembler. La jeunesse qui, d'ordinaire, boit les paroles des guides religieux, n'écoutait plus; les prières et slogans appelant à la paix ne les concernaient plus. Au contraire, le Ndiggel montrait ses limites. Les chefs de familles priaient, quand leurs progénitures allaient sur la ligne de front montrer leur désaccord, leur mécontentement, leur ras le bol. Puis la jeunesse chantait, rappait, faisait toutes sortes de clips et les diffusait par tous les moyens pour redire encore que l'heure n'était plus au gaspillage, au pillage, aux privilèges, aux mensonges, et que la démocratie n'était pas un vain mot.

---

2   Quartiers éloignés et pauvres.
3   Le rêve.

J'ai vu le Sénégal à la une de toute la presse mondiale à cause du hip hop et des instances de régulations d'images vétustes depuis belle lurette renaître de leur cendres pour dire « stop », il y a trop de sang à la télé, trop de contestation, il y a trop d'images envahissantes inappropriées dans cette même télé qui diffuse du rêve, de la beauté, de la richesse, de la politique et de la religion. Instances à double visages incapables de réguler quoi que ce soit.

La presse internationale a accouru parfois avec peu de connaissance de la situation. La presse américaine était convaincue que le débat était entre le chanteur vedette Youssou Ndour et le président Abdoulaye Wade. Alors que retentissait dans le pays, « Nous ne sommes pas des « Y'en a marristes » mais tout le monde en a marre. » Et pourtant, des milliers de familles étaient encore dans les grâces présidentielles le jour et encore perfusées aux caisses noires de l'Etat la nuit. Les mouvements de femmes si faciles à corrompre avec du tissu, du riz et quelques billets pour améliorer un repas, un jour faisaient allégeance au chef de l'État et à son état-major, et un autre jour, elles marchaient contre sa candidature. Le hip hop avait déjà consigné tous ces faits-là, que cette presse ne sut montrer au monde.

J'ai vu le 5-Kièm Underground monter sur une scène comme des prophètes et les yeux du public s'illuminer, l'effet, le feu qui se propageait vers les publics, les paroles récitées religieusement par la jeunesse.

J'ai aussi vécu d'autre énergies dans ce hip hop avec une Sister Fa, Still, Ling'Star, Zair ak Baatine, Mots V Esprit, Coalition Niamu Mbaam, Kang Fory Clan, $2m^2$, Reskp, Seydiman, tant de sensations différentes au sein d'une seule forme musicale. J'ai pensé à ceux qui ne sont plus au Sénégal, Manu de Wa BMG, Wa Gëblë, Gokh-Bi System, Makhtar le Kagoulard, à qui cette adrénaline doit manquer cruellement depuis les cieux de l'Oncle Sam, ou de l'Europe où ils sont allés suivre leur destin. Où sont As Malick ? Baay Biya, Prési, Bayre Ji, Elvis, Tina Badji, Mame Thier, tous des personnages qui ont traversé le mouvement puis avancé vers autre chose. Je me suis demandé comment on revient sur la terre ferme et que l'on reprend son clando ou son bus le lendemain pour aller être journalier sur un chantier dans les quartiers huppés à 2500 FCFA la journée de 8 heures de travail comme Lalataké de Rapattack.

J'ai revu la magie qu'il a provoqué à la prison en 2005 lorsque Lalataké a traversé furtivement l'allée destinée aux artistes nous séparant des détenus pour monter sur scène et que les anciens codétenus l'ont reconnu. Purs moments magiques au cœur de cette prison surpeuplée.

J'ai vu la vie des Sénégalais face à face, sans fioriture, j'ai vécu avec des hommes et des femmes dans leur baraque à Dalifort en imaginant les soirs de fortes pluies, les concessions familiales qui sont au même niveau que les poteaux électriques vibrants dans leurs oreilles, ou les maisonnées sous les eaux, puis j'ai écouté des *mixtape* dans les villas cossues du Plateau, du Point E où les problèmes sont autres, mais existent bel et bien.

J'ai tourné dans tous les quartiers de Ndakarou à toute heure de la nuit ou du jour, sous les iconographies de chefs religieux, les posters de la Kaaba, dans les fumées hallucinogènes, dans l'odeur âcre de pichets à bas prix ou de tabac froid, souvent accompagnée de mon amie Sabel Cissé, si bien élevée, qui ne laissa jamais transparaître sa peur, son malaise ou sa fascination. Mon immersion, finalement, était une virée au cœur de la vie.

Qui choisit d'habiter à Ten-Bi, à Guinaw Rail, à Boune ? Qui souhaite y élever des enfants ?

Lors d'une répétition dans le quartier inondé de Boune, les jeunes rappeurs étaient assis sur le lit hissé sur des briques, d'autres sur des bancs de fortune et sous les pieds de chacun d'eux, encore des briques pour ne pas patauger dans l'eau verdâtre. Qui peut vivre ainsi, à plus forte raison, créer dans ces conditions ?

Le hip hop a permis à la jeunesse de ce pays de voyager, de s'en aller. Finalement, la contestation s'est enrouée, puis, découragés, ses acteurs ont été obligés de grandir et se rendre à l'évidence. Keyti aurait-il raison quant à l'existence de ce mouvement aujourd'hui ? Qu'il n'y a que des gars qui se débrouillent en ne pensant qu'à eux d'abord ?

Nigger Jah de Tigrim Bi de Pikine a dit : *Gnak fayda weesu wul di yengu ci dara te mënuloo fa jëlee depaanse*[4]. Ce mouvement, finalement, dans mon pays a un engagement citoyen reconnu, un rôle social important, certes, mais jusqu'où et jusqu'à quand, s'il ne développe pas son aspect rémunérateur. Les rappeurs grandissent et se retrouvent confrontés à la vie, aux responsabilités et au regard de leur société. Un rôle social peut-il être fort si l'on ne vit pas de son choix de profession, leur demande souvent Luc Mayitou lorsqu'il martèle qu'il faut rééduquer le public face à la gratuité des événements culturels alors que même en

---

4 Le comble du manque d'ambition est de se fatiguer dans une entreprise qui ne peut t'assurer la dépense quotidienne.

Guinée, à côté, un pays plus petit et moins développé, on paye pour voir le plus petit spectacle et on fait la queue tôt dans l'après-midi pour être sur d'avoir une bonne place pour le spectacle du soir. Y a-t-il des objectifs définis par les acteurs du mouvement, par ses précurseurs qui pourraient être des leaders moraux, du soutien à l'organisation par le ministère de la Culture ou de la Jeunesse, ou même le Bureau des droits d'auteurs qui impulserait une certaine structuration s'ils avaient la loi de leur côté pour contraindre les télés et radios à payer les droits d'auteur aux artistes ? C'est une victoire de faire de cette activité quelque chose de viable et que des jeunes sénégalais nourrissent leur famille.

Nous y sommes, le serpent a mordu sa queue, face à la réalité, la vérité. Tous ont dit « Joloff for life », « Hip hop for life » et voilà que je suis conviée à plusieurs mariages de mes amis hip hop avec des Européennes, des Américaines, des fêtes de départ vers le Grand Nord, ou certains mêmes disparaissent complètement de la sphère hip hop—loin de moi l'idée de critiquer leur choix de compagnes. On ne peut ignorer que cela est un fait.

Mêmes les *come-back* sont révolus. Les signes ne trompent pas. Il y a un sacré lot de jeunes du hip hop convaincus que ce sont des femmes de l'ailleurs qui sont capables de les comprendre et de les accepter dans leurs délires, et les aider à accéder à la technologie et à l'organisation. Paroles de Niagass, avis partagé par DJ Alla et la liste est longue. Et si le hip hop *new generation* au Sénégal n'était qu'un hangar pour transiter, une autre forme d'émigration, qui marche, cela dit. Le chemin vers un mouvement cohérent et efficace semble bien long, les données ont changé. Pourtant, tous sont d'accord que sans le hip hop, nous serions dans un mutisme général et livrés à nos systèmes.

Le hip hop est-il *show*, est-il business, est-il l'instrument de notre liberté ? Liberté, mais un tantinet normée, la sentinelle qui permet au Sénégal de frimer sur la plateforme internationale en disant que nous ne sommes pas le Congo, ni la Côte-d'Ivoire, ni la Sierra Léone ou, aujourd'hui, le Mali, la liste s'étire. Ici, on dit que des religieux y ont jeté une bénédiction, bref, nous serions une nation bénie, à l'abri des effusions de sang, l'intermède de la Mauritanie en 1989 n'ayant été qu'un vent satanique vite contrecarré par nos prières. Nous soufflons du *peace and love* et nous crachons du feu aussi, c'est à en avoir le tournis dans mon pays…

Lorsque j'ai rencontré le groupe Sen Family de la Sicap Baobab, dans les petites allées, petites maisons où on est frères et on épouse les voisines, un collectif riche de trois groupes : Complices, la secte, les notes, les danseurs, des amis d'enfance, avant tout, qui ont grandi ensemble et qui ont la même vision des choses, avec un rap à peine *hardcore*, plaisant et sympathique de jeunes encore polis et qui sont probablement passés à autre chose aujourd'hui ; en opposition avec le Fuk'N'Kuk, dix mecs rugueux, disgracieux, qui vocifèrent des maux réels de l'underground, qui lèvent le voile sur nos cafards, notre vécu collectif, les choses qui nous déplaisent. Groupe dont les manières laissent à désirer même avec leurs frères du milieu. Les deux groupes n'ayant pas vécu le hip hop de la même manière, je me suis dit, qu'en effet, il y a bel et bien un dilemme dans le collectif quant aux objectifs, mais c'est le cas dans le monde entier. Nous n'y échapperons pas. Si je vois le jeune et brillant Canabasse qui rappe en anglais américain de manière impeccable même s'il n'y a jamais été et que ses paroles parlent d'extase, de kamasutra, de meufs, et aussi de devoir civique. Si je prend Simon qui ouvre la discussion sur les talibés que l'on persiste à ne pas voir souffrir dans la rue ; Keyti qui s'offusque de la bêtise que l'on nous impose comme modèle d'épanouissement et Keur Gui qui veut que le pays redistribue de manière équitable et que leur région retrouve son équilibre d'antan, peut-on organiser tout cela, est-ce nécessaire ? Ou est-ce que cela se fait tout seul ? Qui peut organiser ce business de la performance dans un pays où le hip hop dérange et fascine en même temps, et où les lois du *showbiz* ne sont pas assez souples pour permettre aux tourneurs et autres promoteurs de monter des spectacles qui généreraient assez de fonds pour des cachets intéressants pour les artistes et du bénéfice pour le business.

Toutes les questions sont déballées et restent ouvertes jusqu'à la veille de la fermeture de cet *outro*, qui me donnait du fil à retordre quand Daddy Bibson est extirpé d'un taxi et agressé par des jeunes en cagoule et que, plus tard dans la même soirée, Fou Malade fut déféré à la prison 100 m² où il organisait si souvent des concerts et des formations en hip hop pour ceux qui se trouvaient de l'autre côté. Placé sous mandat de dépôt et jugé en flagrant délit pour avoir agressé et saccagé le studio de Gaston alias « Bandit Mic », et cela le jour de la grande *manif* à la place de l'obélisque en protestation à la décision du Conseil constitutionnel de valider la candidature de maître Abdoulaye Wade pour un troisième mandat, ce jour où tous les projecteurs étaient sur le Sénégal, sa jeunesse, son hip hop et le mouvement Y'en a marre.

Certains crieront au complot, d'autres au lynchage de Fou Malade, mais cela annonce une période de mauvais augure entre fans, entre acteurs du monde hip hop donc au sein de la jeunesse, des quartiers et certainement de la prison aussi. Ce système fustigé, cette justice désavouée depuis des années par les groupes de hip hop au Sénégal, avait l'opportunité à présent de leur rendre la monnaie à travers le procès de ses deux vedettes les plus appréciées. Justement sans qu'un mouvement n'ait pu gérer cela en amont, ni lorsque Fou Malade fut convoqué à la Division des Investigations Criminelles (DIC) suite à la plainte de Gaston… Les jeunes se sont donc livrés au système auquel ils ne sont pas censés croire. Gaston avait produit un single en *featuring* avec Goor Maak incitant les jeunes à ne pas mettre le pays à feu et à sang, de retourner à la tradition et à leur foi en un pays béni par des saints, tout en critiquant le Président Abdoulaye Wade mais aussi les membres du mouvement citoyen Y'en a marre, accusés de récupération et de vouloir se mettre en lumière. Un single qui avait un goût de règlement de compte, que l'on dit être un ingrédient important dans la rixe qui a opposé nos deux artistes vedettes.

Fou Malade fut relâché après une bonne semaine d'attente à la prison et il présenta des excuses publiques que Gaston accepta et il ne jugea pas nécessaire de revenir sur cette affaire. On assista avec des jeunes qui étaient encore plus nombreux dehors qu'à l'intérieur du tribunal et on a été témoin de l'implication des familles respectives de ces deux jeunes qui sont retournés aux pratiques de chez nous, de pardon, de clémence. Gaston a pris son avion pour aller dans des capitales européennes, voir ses fans, histoire de se faire oublier et Fou Malade fut mis au frigo par rapport au mouvement citoyen Y'en a marre, déménagea et se terra pour penser à la méthodologie pour retrouver ses fans. Pendant ce temps dans le pays, les manifestations redoublèrent d'intensité, on enregistrera des blessés et quelques morts à chaque confrontation, mais la détermination de cette jeunesse et des partis politiques était claire. Il est loin le temps des révoltes hip hop du club hip hop du campus, quand Kodjahzzzz dénonçait les conditions des étudiants dix ans plus tôt. Jamais on n'avait vu pareil durcissement. Une chose était claire, l'épisode Gaston et Fou Malade ne s'est pas réglé à la East Coast et West Coast, *hardcore* style, mais plutôt à la sénégalaise.

Nos élections du 26 février 2012 pour la réélection du candidat sortant ne se sont pas déroulées comme le candidat Wade avait pensé. Au second tour, le 25 mars 2012, il n'a pas attendu tous les résultats, il a compris que son adversaire et ancien Premier ministre, qu'il avait humilié, avait fait front commun avec tout le Sénégal et gagné la partie et il lui téléphona pour le féliciter.

Outro, la liberté normée

Notre ancien président est un fin tacticien, tout le Sénégal le sait et y a cru ; mais le hip hop criait son refrain que notre chef d'État ne montrait pas de stratégies efficaces et que la faille était sous nos yeux. Abdoulaye Wade en se séparant de tous ses premiers ministres, Moustapha Niasse, Mame Madior Boye, Idrissa Seck et Macky Sall, avait affaibli son parti en se privant de lieutenants efficaces. Le hip hop a accompagné le mouvement, le M23 a tenu le haut parleur jusqu'à ce que la bête s'effondre. La fin du PDS et la chute de son candidat octogénaire étaient prévisibles. Le projet monarchique de ce président avait un goût amer que les citoyens n'auraient pas réussi à faire passer avec l'*ataya* ou le *bissap* national. Il faudra que l'on fasse confiance aux peuples pour générer des acteurs de la contestation, que cela porte le nom de hip hop ou non.

Quant à moi, un pied dans le hip hop, un autre dans la recherche, un bras dans l'institutionnel, un autre dans le monde des arts, ce n'est pas une schizophrène qui a entrepris cette immersion. Mon objectif, je m'en souviens à présent, c'était, au sortir de mes recherches, de détenir les arguments pour convier à des discussions sincères, de véritable conversations entre les fils et filles du hip hop dont je suis tout de même issue et ceux qui, officiellement, détiennent le savoir, une plateforme de discussion, de *master class*, mais aussi une cellule de crise pour se battre pour le droit à l'éducation, le droit à l'espoir d'une vie meilleure qui ne peut pas être conditionnée par la distance qui sépare les quartiers populaires du temple du savoir.

Bibliographie

Cachin, Olivier, 2008, *Rap Stories*, Paris : Éditions Denoël.

Demba, R., 2012, "Poids du rap au Senegal et tradition orale en Afrique", http://terangaweb.com/poids-du-rap-au-senegal-et-tradition-orale-en-afrique/

Niang, Abdoulaye, 2010, "Intégration sociale et insertion socioprofessionnelle des jeunes bboys par le mouvement hip-hop à Dakar", Thèse de doctorat, sociologie, Université Gaston Berger de Saint-Louis.

Nelson, George, 2005, *Hip Hop America*, New York: Penguin Books.

Sarig, Roni, 2007, *Third Coast: OutKast, Timbaland & How Hip-Hop Became a Southern Thing*, Cambridge, MA: Da Capo Press.

Thomas, Greg, 2009, *Hip Hop Revolution in the Flesh : Power, Knowledge and Pleasure in Lil' Kim's Lyricism*, New York: Palgrave Macmillan.

A propos de l'Éditeur

Plus qu'un simple projet éditorial, les éditions **Amalion** se sont donné pour mission la publication et la diffusion du savoir africain, savoir innovant et de grande qualité, pour renforcer la compréhension de l'humanité. Notre but principal est de promouvoir une compréhension plus approfondie de l'Afrique et de ses peuples.

Amalion se veut une plateforme d'expression à partir de laquelle les auteurs pourront présenter des perspectives alternatives et audacieuses sur les grandes questions qui façonnent notre monde. Nous invitons nos auteurs à aller au-delà des réalités pour explorer des nouveaux domaines de production de connaissances.

Amalion propose des monographies, des manuels, et des textes littéraires qui visent un vaste lectorat de chercheurs, d'universitaires, d'étudiants, et autres lecteurs qui cherchent à accroître leur connaissance de la vie et de la société. Nous publions essentiellement en anglais et en français, mais nous sommes disposés à étudier des propositions de publication en d'autres langues nationales africaines.

www.ingramcontent.com/pod-product-compliance
Lightning Source LLC
Chambersburg PA
CBHW030336240426
43661CB00052B/1647